東海大学付属浦安高等

〈収録内容〉

便利な DL コンテンツは右の QR コードから

解答用紙

過去年度

国語の問題は
紙面に掲載

⇒

※データのダウンロードは 2025 年 3 月末日まで。
※データへのアクセスには、右記のパスワードの入力が必要となります。 ⇒ 343472

〈合格最低点〉

2024年度	198点
2023年度	205点
2022年度	192点
2021年度	195点
2020年度	165点
2019年度	150点
2018年度	143点

本書の特長

実戦力がつく入試過去問題集

- ▶ 問題 …………… 実際の入試問題を見やすく再編集。
- ▶ 解答用紙 …… 実戦対応仕様で収録。
- ▶ 解答解説 …… 詳しくわかりやすい解説には、難易度の目安がわかる「基本・重要・やや難」の分類マークつき（下記参照）。各科末尾には合格へと導く「ワンポイントアドバイス」を配置。採点に便利な配点つき。

入試に役立つ分類マーク

基本 確実な得点源！
受験生の90%以上が正解できるような基礎的、かつ平易な問題。
何度もくり返して学習し、ケアレスミスも防げるようにしておこう。

重要 受験生なら何としても正解したい！
入試では典型的な問題で、長年にわたり、多くの学校でよく出題される問題。
各単元の内容理解を深めるのにも役立てよう。

やや難 これが解ければ合格に近づく！
受験生にとっては、かなり手ごたえのある問題。
合格者の正解率が低い場合もあるので、あきらめずにじっくりと取り組んでみよう。

合格への対策、実力錬成のための内容が充実

- ▶ 各科目の出題傾向の分析、合否を分けた問題の確認で、入試対策を強化！
- ▶ その他、学校紹介、過去問の効果的な使い方など、学習意欲を高める要素が満載！

解答用紙ダウンロード 解答用紙はプリントアウトしてご利用いただけます。弊社ＨＰの商品詳細ページよりダウンロードしてください。トビラのＱＲコードからアクセス可。

UD FONT 見やすく読みまちがえにくいユニバーサルデザインフォントを採用しています。

東海大学付属浦安高等学校中等部

生徒数　449名
〒279-8558
千葉県浦安市東野 3-11-1
☎ 047-351-2371
京葉線新浦安駅、東西線浦安駅
各バス 10 分
京葉線舞浜駅　徒歩18分またはバス10分

社会で通用する国際感覚と人間性豊かな人材を育成するためのシティズンシップ教育を推進

URL	https://www.urayasu.tokai.ed.jp/

プロフィール

大学の先にある人としての在り方生き方の探求

1955年、東海大学付属高等学校として設立された。1975年に浦安に移転。1988年に共学の中学校を開設し、1991年には高校も共学となった。2008年より東海大学付属浦安高等学校中等部に校名変更した。

若き日に汝の思想を培え
若き日に汝の体躯を養え
若き日に汝の智能を磨け
若き日に汝の希望を星につなげ

という、東海大学および付属校の創立者である松前重義博士が掲げた建学の精神のもと、総合教育を通して、生徒の個性を伸長し、人生の基盤を作り、社会に貢献できる人材の育成を目指している。

環境

広大な敷地の中に充実の各施設

校地面積５万㎡の広大な敷地の中に、中等部・高校の校舎や各施設がゆとりをもって配置されている。

電子黒板機能付きプロジェクター、人工芝の全天候型グラウンド、野球場、雨天野球練習場、武道館、テニスコートなど体育施設も充実している。特に、松前記念総合体育館は、地下１階地上５階建ての施設で、地下には温水プール、地上には２フロアのアリーナ、ホール、トレーニングルーム、シャワー室などの設備も整っている。

土曜講座

カリキュラム

魅力あるカリキュラム「浦安人生学」を実施

土曜日は、「土曜講座」を設定し、幅広い教養と課題発見解決能力を高めている。「総合的な学習の時間」では「思いやり」「キャリア教育」「課題学習」を軸に、ボランティア活動から奉仕・社会貢献へ、職業研究から大学へと中・高・大10年間の一貫教育を軸に据えた教育を展開する。さらに、習熟度別少人数授業やティーム・ティーチング、外国人講師による英会話など、多彩なカリキュラムを実施している。

「浦安人生学」を中心に、「大学の先にある人としての在り方生き方の探究」を重視した教育を推進している。また、グローバル&サイエンスへの取り組みも重視し、学年進行による英語教育を充実させている。１・２年次は国内の英語研修施設を利用したコミュニケーション体験、３年次ではホームステイによるニュージーランド英語研修を実施している。サイエンスクラスでは、体験・探究活動・地域貢献を展開し、理系大学・学部への進路選択に寄与している。

学校生活

県大会・全国大会出場の部活動学校行事も重視

学習とスポーツの両立を目指しており、部活動も盛んである。柔道・剣道が全国大会に出場し、野球は毎年全国大会出場を果たすなど活躍が目覚ましい。

進路

付属校ならではの進路指導

東海大学付属高校の卒業生は、東海大学などへの推薦入学が認められており、約80％の生徒が東海大学に進学している。他大学進学も含め、現役進学率は97％。

ICT 教育の充実（iPad を活用した授業）

進路指導でユニークなのが、高１での湘南の大学校舎の見学会や進路適性検査、高２での大学教授による学部学科説明会。また、高３では大学教授による個別相談会が実施されるほか、東海大学への体験留学や、ハワイ東海インターナショナルカレッジへの中期留学(約２ヶ月)なども行われている。

2024年度入試要項

試験日　12/1(推薦)
1/20(Ａ試験)
1/24(Ｂ試験)

試験科目　国・算・理・社＋面接(推薦)
国・算・理・社(Ａ試験)
国・算または国・算・理・社
(Ｂ試験)

2024年度	募集定員	受験者数	合格者数	競争率
推薦	70	164	111	1.5
Ａ試験	30	557	251	2.2
Ｂ試験 2科/4科	20	126/197	49/77	2.6/2.6

過去問の効果的な使い方

① **はじめに**　ここでは，受験生のみなさんが，ご家庭で過去問を利用される場合の，一般的な活用法を説明していきます。もし，塾に通われていたり，家庭教師の指導のもとで学習されていたりする場合は，その先生方の指示にしたがって，過去問を活用してください。その理由は，通常，塾のカリキュラムや家庭教師の指導計画の中に過去問学習が含まれており，どの時期から，どのように過去問を活用するのか，という具体的な方法がそれぞれの場合で異なるからです。

② **目的**　言うまでもなく，志望校の入学試験に合格することが，過去問学習の第一の目的です。そのためには，それぞれの志望校の入試問題について，どのようなレベルのどのような分野の問題が何問，出題されているのかを確認し，近年の出題傾向を探り，合格点を得るための試行錯誤をして，各校の入学試験について自分なりの感触を得ることが必要になります。過去問学習は，このための重要な過程であり，合格に向けて，新たに実力を養成していく機会なのです。

③ **開始時期**　過去問との取り組みは，通常，全分野の学習が一通り終了した時期，すなわち6年生の7月から8月にかけて始まります。しかし，各分野の基本が身についていない場合や，反対に短期間で過去問学習をこなせるだけの実力がある場合は，9月以降が過去問学習の開始時期になります。

④ **活用法**　各年度の入試問題を全問マスターしよう，と思う必要はありません。完璧を目標にすると挫折しやすいものです。できるかぎり多くの問題を解けるにこしたことはありませんが，それよりも重要なのは，現実に各志望校に合格するために，どの問題が解けなければいけないか，どの問題は解けなくてもよいか，という眼力を養うことです。

算数

どの問題を解き，どの問題は解けなくてもよいのかを見極めるには相当の実力が必要になりますし，この段階にいきなり到達するのは容易ではないので，この前段階の一般的な過去問学習法，活用法を2つの場合に分けて説明します。

☆偏差値がほぼ55以上ある場合

掲載順の通り，新しい年度から順に年度ごとに3年度分以上，解いていきます。

ポイント1…問題集に直接書き込んで解くのではなく，各問題の計算法や解き方を，明快にわかるように意識してノートに書き記す。

ポイント2…答えの正誤を点検し，解けなかった問題に印をつける。特に，解説の 基本 重要 がついている問題で解けなかった問題をよく復習する。

ポイント3…1回目にできなかった問題を解き直す。同様に，2回目，3回目，…と解けなければいけない問題を解き直す。

ポイント4…難問を解く必要はなく，基本をおろそかにしないこと。

☆偏差値が50前後かそれ以下の場合

ポイント1～4以外に，志望校の出題内容で「計算問題・一行問題」の比重が大きい場合，これらの問題をまず優先してマスターするとか，例えば，大問2までをマスターしてしまうとよいでしょう。

理科

理科は1から順番に解くことにほとんど意味はありません。理科は，性格の違う4つの分野が合わさった科目です。また，同じ分野でも単なる知識問題なのか，あるいは実験や観察の考察問題なのかによってもかかる時間がずいぶんちがいます。記述，計算，描図など，出題形式もさまざまです。ですから，解く順番の上手，下手で，10点以上の差がつくこともあります。

過去問を解き始める時も，はじめに1回分の試験問題の全体を見通して，解く順番を決めましょう。得意分野から解くのもよいでしょう。短時間で解けそうな問題を見つけて手をつけるのも効果的です。くれぐれも，難問に時間を取られすぎないように，わからない問題はスキップして，早めに全体を解き終えることを意識しましょう。

社会

社会は1から順番に解いていってかまいません。ただし，時間のかかりそうな，「地形図の読み取り」，「統計の読み取り」，「計算が必要な問題」，「字数の多い論述問題」などは後回しにするのが賢明です。また，3分野（地理・歴史・政治）の中で極端に得意，不得意がある受験生は，得意分野から手をつけるべきです。

過去問を解くときは，試験時間を有効に活用できるよう，時間は常に意識しなければなりません。ただし，時間に追われて雑にならないようにする注意が必要です。“誤っているもの”を選ぶ設問なのに“正しいもの”を選んでしまった，“すべて選びなさい”という設問なのに一つしか選ばなかったなどが致命的なミスになってしまいます。問題文の“正しいもの”，“誤っているもの”，“一つ選び”，“すべて選び”などに下線を引いて，一つ一つ確認しながら問題を解くとよいでしょう。

過去問を解き終わったら，自己採点し，受験生自身でふり返りをしましょう。できなかった問題については，なぜできなかったのかについての分析が必要です。例えば，「知識が必要な問題」ができなかったのか，「問題文や資料から判断する問題」ができなかったのかで，これから取り組むべきことも大きく異なってくるはずです。また，正解できた問題も，「勘で解いた」，「確信が持てない」といったときはふり返りが必要です。問題集の解説を読んでも納得がいかないときは，塾の先生などに質問をして，理解するようにしましょう。

国語

過去問に取り組む一番の目的は，志望校の傾向をつかみ，本番でどのように入試問題と向かい合うべきか考えることです。素材文の傾向，設問の傾向，問題数の傾向など，十分に研究していきましょう。

取り組む際は，まず解答用紙を確認しましょう。漢字や語句問題の量，記述問題の種類や量などが，解答用紙を見て，わかります。次に，ページをめくり，問題用紙全体を確認しましょう。どのような問題配列になっているのか，問題の難度はどの程度か，などを確認して，どの問題から取り組むべきかを判断するとよいでしょう。

一般的に「漢字」→「語句問題」→「読解問題」という形で取り組むと，効率よく時間を使うことができます。

また，解答用紙は，必ず，実際の大きさのものを使用しましょう。字数指定のない記述問題などは，解答欄の大きさから，書く量を考えていきましょう。

算数　出題傾向の分析と合格への対策

●出題傾向と内容

近年の出題数は，大問が5～6題であり，小問数は20題である。出題範囲は広く，重点がおかれる分野も一定していない。出題率が高い分野は「平面図形」・「速さの文章題」・「割合と比」・「数列・規則性」・「論理」・「和と差」である。

推理力を試す問題が含まれていることもあり，難問はないが，思考力が試されている。また，条件や図を正確に読み取り，適切に処理していく能力が試される。

見慣れぬ問題が含まれていても，十分な時間が与えられているのでじっくりと考えれば必ず解けるはずである。後半の問題に落ち着いて取り組めるよう，前半を正確に速くこなしたい。

✔学習のポイント

日ごろから分野に偏りがでないように，計算練習をふくめ，基本を中心に学習して，柔軟な対応力を養成しておこう。

●2025年度の予想と対策

出題の割合が高い分野，特に，「平面図形」，「速さ」に関する問題，「割合」に関する問題，「数列・規則性」，「論理・推理・集合」，「和と差」に関する問題を中心にして各分野の基本問題を反復して練習し，解法を身につけてしまうことが先決である。

見たことのないタイプだからといって，これまで積みあげてきた基礎力が通用しないと思ったら大間違いである。問題文をよく読み，解法の鍵になる内容を見つけるようにしよう。また，過去問を解けるまで反復練習して，実力を養成しよう。

▼年度別出題内容分類表

※　よく出ている順に☆，◎，○の５段階で示してあります。

出題内容			2020年	2021年	2022年	2023年	2024年
数と計算		四則計算	◎	◎	○	○	◎
		概数・単位の換算	○	☆	○	○	◎
		数の性質			○		
		演算記号					
図形		平面図形	☆	☆	☆	○	○
		立体図形	◎		☆	○	
		面積	○	○	○	○	○
		体積と容積			○	○	
		縮図と拡大図					
		図形や点の移動	○	○	☆		
速さ		三公式と比	○	☆	○		○
	文章題	旅人算		◎		○	
		流水算					◎
		通過算・時計算	○		○		○
割合		割合と比	○	☆	☆	◎	☆
	文章題	相当算・還元算		○			
		倍数算					
		分配算					
		仕事算・ニュートン算	○		○	◎	○
文字と式							
2量の関係(比例・反比例)						○	
統計・表とグラフ						◎	
場合の数・確からしさ			○		○		☆
数列・規則性			☆	☆	○		
論理・推理・集合			☆		☆	◎	☆
その他の文章題		和差・平均算	○	○		◎	
		つるかめ・過不足・差集め算	○	○		○	
		消去・年令算					
		植木・方陣算			◎		

東海大学付属浦安高等学校中等部

算数 ——グラフで見る最近5ヶ年の傾向——

最近5ヶ年に出題されたすべての問題を内容別に分類・集計し，全体に対して何パーセントくらいの割合になっているかを示しました。

……50校の平均　　……東海大学付属浦安高等学校中等部

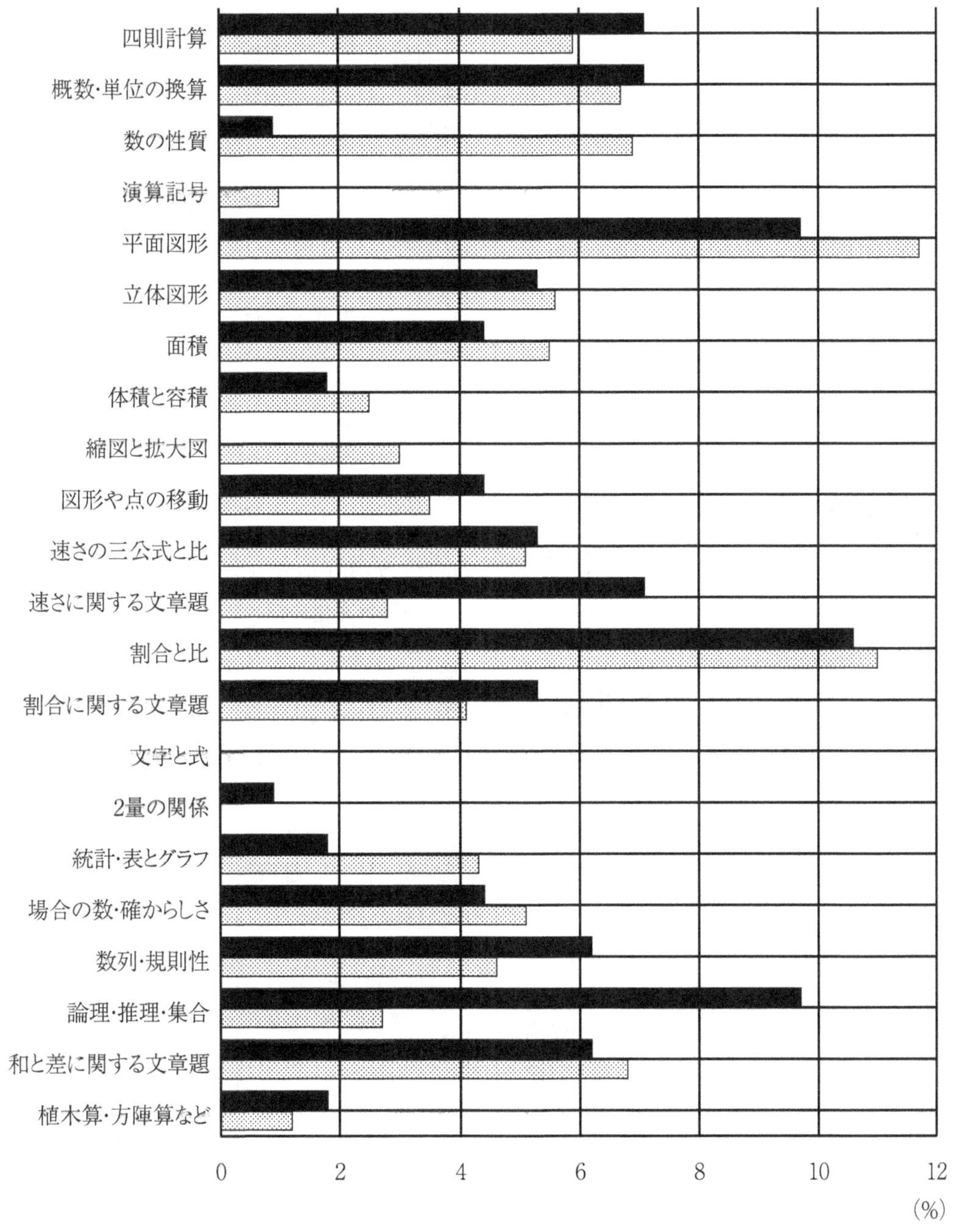

理科

出題傾向の分析と合格への対策

●出題傾向と内容

試験時間は社会とあわせて60分で，難問がないので無理のない分量といえるが，時間配分には注意したい。今年も大問が5題であった。

全体的なレベルは基本問題が大半である。また，時々の時事的な科学的話題が取り上げられることもあり，普段から科学的な話題に関心を持つようにしたい。今年は2023年2月に行われたH3ロケットの打ち上げについての問題が取り上げられた。さらに実験操作や器具の扱い等にも注意する必要がある。

理科全般の学習を行い，苦手分野を作らないように心掛けたい。

学習のポイント

基本的な問題が多いので，教科書の理解を中心に基礎的な問題をしっかりと解いておこう。

●2025年度の予想と対策

出題の多い分野はあるとはいえ，これまで出題されていない分野からの出題も十分予想されるので，偏りのない学習を心がけることが必要である。

問題のレベルとしては，標準的な問題が多いので，典型的な問題，よく出題される問題をしっかりマスターするようにしよう。

加えて，日常生活の出来事や，最近の科学的話題，地域の自然環境を題材にした問題などが出題されることもあるので，日頃から身近なニュースや，新聞で取り上げられる科学的なニュースには関心を持つようにしたい。

▼年度別出題内容分類表

※　よく出ている順に☆，◎，○の５段階で示してあります。

出題内容		2020年	2021年	2022年	2023年	2024年
生物	植物	○		☆	☆	☆
	動物	○	☆			
	人体					
	生物総合					
天体・気象・地形	星と星座					◎
	地球と太陽・月			☆		◎
	気象				☆	
	流水・地層・岩石	☆	☆			
	天体・気象・地形の総合					
物質と変化	水溶液の性質・物質との反応	☆	☆		☆	
	気体の発生・性質					
	ものの溶け方			☆		◎
	燃焼					
	金属の性質					
	物質の状態変化				○	○
	物質と変化の総合					
熱・光・音	熱の伝わり方					
	光の性質					
	音の性質	☆				
	熱・光・音の総合					
力のはたらき	ばね				☆	
	てこ・てんびん・滑車・輪軸					
	物体の運動					
	浮力と密度・圧力		☆		○	
	力のはたらきの総合					
電流	回路と電流			☆		
	電流のはたらき・電磁石					
	電流の総合					
実験・観察		◎	○	◎	◎	○
環境と時事／その他		☆	☆	☆	☆	☆

東海大学付属浦安高等学校中等部

理科 ――グラフで見る最近５ヶ年の傾向――

最近５ヶ年に出題されたすべての問題を内容別に分類・集計し，全体に対して何パーセントくらいの割合になっているかを示しました。

（網掛け）…… 50校の平均　　　　（黒塗り）…… 東海大学付属浦安高等学校中等部

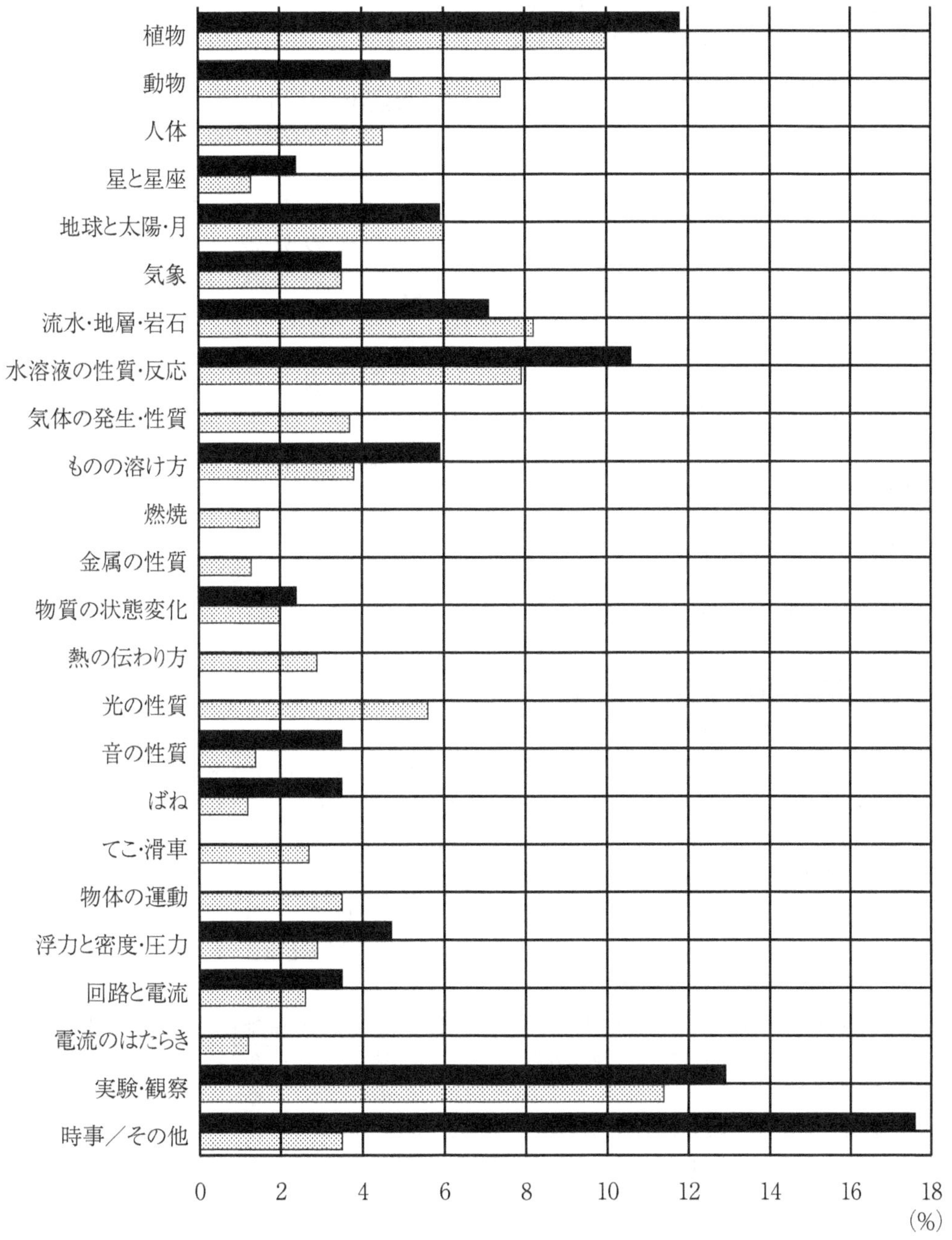

社会 出題傾向の分析と合格への対策

●出題傾向と内容

本年も例年同様に大問が3題で，地理・歴史・政治の順に出題された。小問数もこれまでと変わらず35問前後で，2024年度は地理が7問，歴史が14問，政治が11問であった。解答形式は記号選択が22問，語句記入が10問で，記述問題はなかった。

地理は日本の災害と防災に関する問題，歴史は各時代の史料と説明文に関する問題，政治は日本の財政や景気変動，税金の種類がそれぞれ出題された。基本レベルの問題が多数だが，やや難しいと思える問題が例年より多かった。正しいものを選ぶもの，正しくないものを選ぶものが混在しているので注意が必要である。

学習のポイント

どの分野も基本的な問題を確実に。
参考書の太字の部分を中心におさえる。
資料の読み取り問題はていねいに読もう！

●2025年度の予想と対策

大問数は3題，小問数は35問前後と変化はないと思われる。出題形式も記号選択や語句記入のみである可能性が高い。

地理は日本の国土と自然に関する問題が中心となる。時事的な内容にも注意しよう。歴史は各時代の総合問題で，年表や資料を使った問題が出題される。参考書の太字の部分はもちろん，資料集の絵画や写真にも目を通しておこう。政治は日本国憲法や政治の仕組みに関する問題が出題される。財政や為替など，経済分野もしっかり準備をしておきたい。

資料の読み取りについてはスピーディーかつ正確に読み取れる練習を心がけよう。

▼年度別出題内容分類表

※　よく出ている順に☆，◎，○の５段階で示してあります。

出題内容			2020年	2021年	2022年	2023年	2024年
地理	日本の地理	地図の見方		☆		◎	
		日本の国土と自然		○	☆	☆	☆
		人口・土地利用・資源				○	
		農業					
		水産業					
		工業	◎		◎		
		運輸・通信・貿易	☆				
		商業・経済一般	◎				
	公害・環境問題						
	世界の地理						
日本の歴史	時代別	原始から平安時代	☆	○	☆	◎	☆
		鎌倉・室町時代	◎	◎		☆	☆
		安土桃山・江戸時代	○	◎	◎	☆	
		明治時代から現代	○	○	☆	◎	☆
	テーマ別	政治・法律	◎	◎	◎	◎	◎
		経済・社会・技術	○	◎	◎	◎	○
		文化・宗教・教育	◎			○	○
		外交	○	◎	◎	○	
政治	憲法の原理・基本的人権			☆		◎	
	政治のしくみと働き				☆		○
	地方自治						
	国民生活と福祉					☆	☆
	国際社会と平和		☆				
時事問題				◎	○		
その他							◎

東海大学付属浦安高等学校中等部

社 会 ――グラフで見る最近５ヶ年の傾向――

最近５ヶ年に出題されたすべての問題を内容別に分類・集計し，全体に対して何パーセントくらいの割合になっているかを示しました。

░……50 校の平均　　　■……東海大学付属浦安高等学校中等部

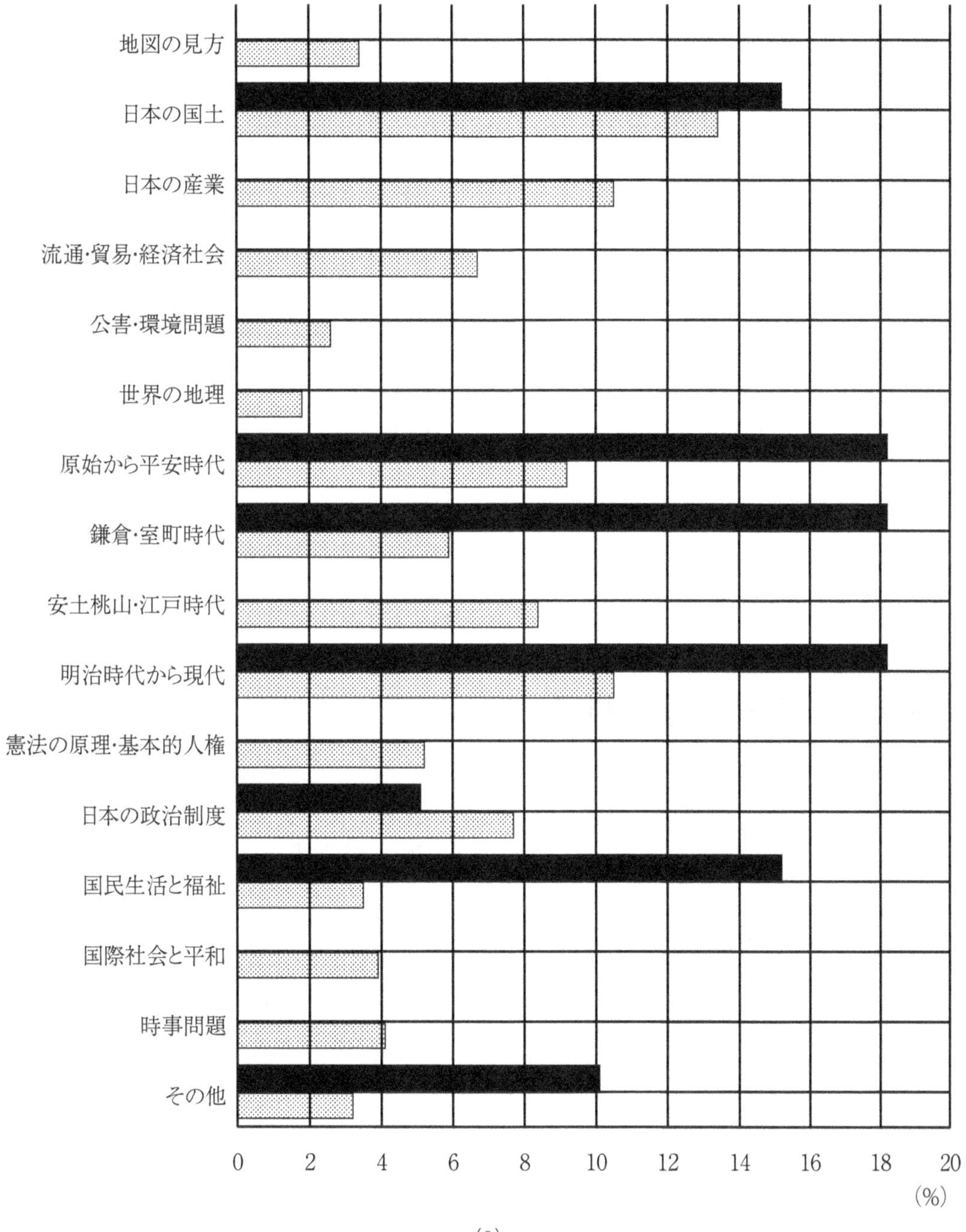

国語　出題傾向の分析と合格への対策

●出題傾向と内容

今年度は，論理的文章と文学的文章の読解問題2題と，知識問題1題の大問3題構成であった。

論説文は，言いかえや要旨など，内容を筋道立てて理解できているかどうかが問われている。小説は，心情や情景を丁寧に読み取る力が求められている。どちらの文章も比較的長いので，内容を的確に読み取る必要がある。

設問は，選択と書き抜きが中心。まぎらわしい選択肢も見られるので要注意。記述式も過去に出題されている。

知識問題は，本文にも組み込まれて出題されており，独立問題では漢字のほか，敬語，文学作品と作者など幅広く出題されている。

学習のポイント

・幅広い分野の知識問題を十分にこなすようにしよう。
・要旨や物語の展開を的確につかめるようにしよう。

●2025年度の予想と対策

論理的文章と文学的文章に知識問題という大問構成は，今後も続くことが予想される。

文学的な文章は，筆者や登場人物の心情を考えながら読むようにしたい。論理的な文章は，かなり長いものも読みこなせるようにしておくこと。文章や問題を，あわてずに落ち着いて読むことを心がけたい。

知識問題は，広い分野の知識が必要。ことわざ，慣用句，同類語・反対語などについて，基礎的な知識を身につけておこう。「その他」に分類されるような，例えば，グラフの読み取りなどの問題も視野に入れておこう。

▼年度別出題内容分類表

※　よく出ている順に☆，◎，○の５段階で示してあります。

出題内容			2020年	2021年	2022年	2023年	2024年
内容の分類	読解	主題・表題の読み取り					
		要旨・大意の読み取り	◎	◎	◎	◎	◎
		心情・情景の読み取り	◎	◎	◎	◎	◎
		論理展開・段落構成の読み取り					
		文章の細部の読み取り	☆	☆	☆	☆	☆
		指示語の問題					○
		接続語の問題	○			○	○
		空欄補充の問題	○	◎	○	◎	◎
	知識	ことばの意味	○			◎	◎
		同類語・反対語	○			○	○
		ことわざ・慣用句・四字熟語		◎	◎	◎	○
		漢字の読み書き	◎	◎	◎	◎	
		筆順・画数・部首					
		文と文節					
		ことばの用法・品詞					
		かなづかい					
		表現技法				○	○
		文学作品と作者	○	◎			○
		敬語					○
	表現	短文作成	○				
		記述力・表現力	○				
文の種類		論説文・説明文		○	○	○	○
		記録文・報告文					
		物語・小説・伝記	○	○	○	○	○
		随筆・紀行文・日記	○				
		詩（その解説も含む）					
		短歌・俳句（その解説も含む）					
		その他	○				

東海大学付属浦安高等学校中等部

国語 ——グラフで見る最近5ヶ年の傾向——

最近5ヶ年に出題されたすべての問題を内容別に分類・集計し，全体に対して何パーセントくらいの割合になっているかを示しました。

▨……50校の平均　　■……東海大学付属浦安高等学校中等部

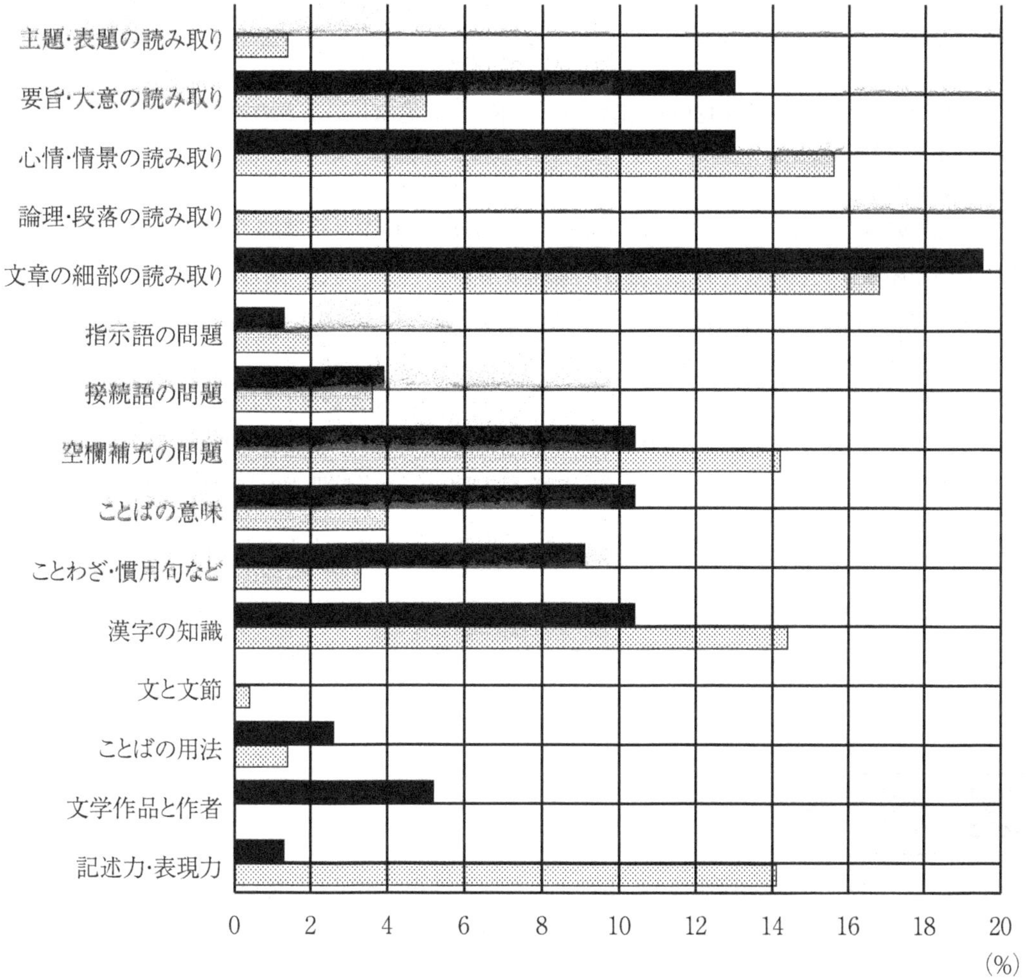

	論　説　文 説　明　文	物語・小説 伝　　　記	随筆・紀行 文・日記	詩 （その解説）	短歌・俳句 （その解説）
東海大学付属浦安 高等学校中等部	40.0%	50.0%	10.0%	0.0%	0.0%
50校の平均	47.0%	45.0%	8.0%	0%	0%

2024年度　合否の鍵はこの問題だ!!

算　数　$\boxed{5}$

基本的な流水算の問題。川を下るのと上るので速さが変わることに注意(自転車で坂を下るのと上るので大変さが違うのと似ている)。

①速さを求める

下るときは川の流れの速さが助けてくれるが，上るときは川の流れの速さに逆らって進むことになる(自転車で坂を下るときはこがなくても進むが，坂を上るときは頑張ってこがなければいけないことと同じ)。

船は流れのない水面上を時速18kmで進むので，下りのときは川の流れの速さだけ早くなり，時速18＋6＝24km，上りのときは川の流れの速さだけ遅くなり，時速18－6＝12kmとなる。

②距離を求める

下りと上りの速さが求まったので，後は速さの公式(速さ×時間＝距離)を用いて考えれば良い。下りと上りで進む距離は変わらないので，速さ×時間は下りと上りで同じ。速さが2倍になれば時間は$\frac{1}{2}$になり，速さが$\frac{1}{2}$倍になれば時間は2倍になる。このことから下りと上りでかかった時間がわかり，速さと掛け算することにより，距離が求まる。

「下りと上りの速さは流れのない水面上の速度に川の流れの速さを足し引きして出すので，下りと上りの速さの平均は流れのない水面上の速度になる。だから流れのない水面上の速度にかかった時間をかけて距離を出せる」とはならないので注意。実際，時速18km×$\frac{3}{2}$時間÷2(往復の距離を片道分にする)＝13.5kmとなり，下りにかかる時間：13.5÷24＝$\frac{9}{16}$時間，上りにかかる時間：13.5÷12＝$\frac{9}{8}$時間であり，合計$\frac{9}{16}+\frac{9}{8}=\frac{27}{16}$時間となり$\frac{3}{2}$時間とならない。往復の平均速度は12km×2(往復分)÷$\frac{3}{2}$時間＝時速16kmとなる。このように，平均速度と速度の平均とは異なることに注意。

理　科　$\boxed{2}$

大問が5題で各分野から1題ずつと，$\boxed{5}$のような時事問題が出題されている。全般に標準的な問題で，基礎力をしっかりと身につけていれば，十分対応できる問題である。

今回，合否の鍵となる問題として，$\boxed{2}$を取り上げる。天体の運行の問題である。

問3　星は地球の公転により，1か月に30°東から西へ移動するように見える。また，自転のため1時間に15°東から西へ移動するように見える。2月中旬の午後9時頃，オリオン座が真南に見えた。1か月後の午後9時にはこれより30°西に見える。その日オリオン座が南中する時刻は2時間前の午後7時である。これより，1か月に南中時刻は2時間早くなることわかる。午前5時に南中するのは，8か月後の10月中旬頃である。

問4　この日の昼の時間の長さは，18：17－5：11＝13：06である。正午に明石市で太陽が南中するので，この日の明石市の日の出の時刻は13：06を2で割って，12：00より6：33前の午前5時27分であった。安さんが駅で日の出を見た時刻は午前5時11分で，明石市の日の出より16分早かった。太陽は4分間に1°東から西へ移動するので，16分は4°に相当する。つまり，この駅の東経は明石市(東経135°)より4°東の東経131°である。

例年，最後の問題は時事的な内容の出題である。難しい内容が聞かれることは無いが，世の中でどんな科学的な出来事やニュースが話題になっているかは知っておくようにしたい。さらに，理科全般の基礎的な知識を身につけるようにしておきたい。全体に基本的な問題なので，標準レベルの問題集で演習を行うとよいだろう。

試験時間が社会と合わせて60分であり，問題数からすると時間の余裕はない。できる問題から効率よく解答することも大切である。

社 会　2　問3，問4

奈良時代～平安時代の律令制度における税や労役・兵役についてはよく出題される。それぞれの内容について，表にしてまとめておくと覚えやすい。

<table>
<tr><th>区分</th><th>名称</th><th>内容</th><th>場所</th><th>性別</th></tr>
<tr><td rowspan="3">税</td><td>租</td><td>口分田からとれる稲の3%</td><td>国府へ</td><td>男女</td></tr>
<tr><td>調</td><td>地方の特産物</td><td rowspan="2">中央へ</td><td rowspan="5">男のみ</td></tr>
<tr><td>庸</td><td>麻の布(労役の代わり)</td></tr>
<tr><td>労役</td><td>雑徭</td><td>60日以内の労役</td><td>国府</td></tr>
<tr><td rowspan="2">兵役</td><td>防人</td><td>北九州の3年間の警備</td><td>北九州</td></tr>
<tr><td>衛士</td><td>都の1年間の警備</td><td>都</td></tr>
</table>

日本の土地や人民はすべて天皇が所有するという原則を公地公民という。その上で，6年ごとに戸籍を作成し，6歳以上の男女には口分田を与える代わりに租を納めさせた。そして死んだら口分田を返させることを班田収授法という。

また，租は女性も納税の義務があったが，その他の税や労役・兵役は男性のみが課せられた。性別によって負担差に大きな違いがあったため，戸籍上では性別を偽るケースが多く見られた。

国 語 二 問四

★合否を分けるポイント

――線④「本質を知ること」とはどういうことか，最も適切なものを選ぶ選択問題である。本文の論の流れをつかみ，要旨を的確に読み取れているかがポイントだ。

★選択肢の説明が，要旨を正しく言いかえているかを確認する

本文は，西洋哲学の父，ソクラテスの時代から，哲学は役に立たないとバカにする人はたくさんいたが，哲学は独特の仕方でとても役に立ってくれるものであり，【「本質を知ること」，すなわち，本質をとらえること】は，物を考える時の一番大事なことである→「そもそも教育とは何か？」のような「そもそも」を考えるための思考法が哲学であり，【哲学とはさまざまな物事の〝本質〟をとらえる営み】である→現代は「相対主義」の時代で，世界には絶対に正しいことなどはないが，お互いに対話を通して〝本質〟を深く了解し合える可能性があり，だれもが納得できる本質的な考え方，【物事の〝本質〟を洞察することこそが，哲学の最大の意義】である→相対主義の現代では「絶対に正しいことなんて何もない」「考え方は人それぞれ」で済ませようとする傾向がある→でも，対立を解消したり，協力し合ったりするために【〝共通了解〟がどうしても必要な時があり，そんな時，哲学は「ここまでならだれもが納得できるにちがいない」という地点まで考えを深め，思考を追いつめて】，それを多くの人びとの納得へと投げかけてきた，という内容である。これらの内容の「本質を知ること」にかかわる【　】部分では，「本質を知ること」とは「本質をとらえること」→哲学とはさまざまな物事の〝本質〟をとらえる営み→〝共通了解〟が必要な時，哲学は「ここまでならだれもが納得できるにちがいない」という地点まで考えを深め，思考を追いつめていく，ということを述べているので，このことをふまえたウが正解となる。本文では「本質を知ること」を端的に述べていないので，論の流れに沿ってどのように論じているかをたどっていく必要がある。また，選択肢の説明がいずれも本文そのままではなく，要旨を言いかえて説明していることにも注意しなければならない。それぞれの選択肢を本文とていねいに照らし合わせながら，要旨を正しく説明しているものをしっかりと見極めていこう。

2024年度
★★★★★★★★★★★★★★★★★★★★★★★
入　試　問　題

2024年度

東海大学付属浦安高等学校中等部入試問題

【算　数】（50分）〈満点：100点〉

1 次の計算をしなさい。

（1） $413+17\times23$

（2） $1\frac{3}{7}\times\frac{3}{5}+2\div\frac{7}{8}$

（3） $1.15\times3+2.1\div0.35$

（4） $2\frac{1}{7}\div0.15-2\div\frac{1}{7}$

（5） $0.314\times3.14+0.43\times0.628$

（6） $5\div\left\{3-2\times\left(\frac{1}{3}-\frac{1}{7}\right)\right\}$

2 次の各問いに答えなさい。

（1） 1個298円の品物を15個買いました。10%の税がかかるとき，支払う金額は何円になりますか。

（2） ある自動車が1kmの道のりを72秒で走り抜けました。このとき，時速何kmでしたか。

（3） 午後6時27分の$2\frac{7}{12}$時間前は午後何時何分ですか。

（4） 食塩12gを水に溶かして3%の食塩水を作ります。水は何g必要ですか。

（5） ある製品をA工場では1日37個，B工場では1日27個作ります。この2つの工場で同時に製品を作るとき，1000個目の製品ができるのは何日目ですか。

（6） 右図の斜《しゃ》線部の面積は何cm^2ですか。
ただし，円周率は3.14とします。

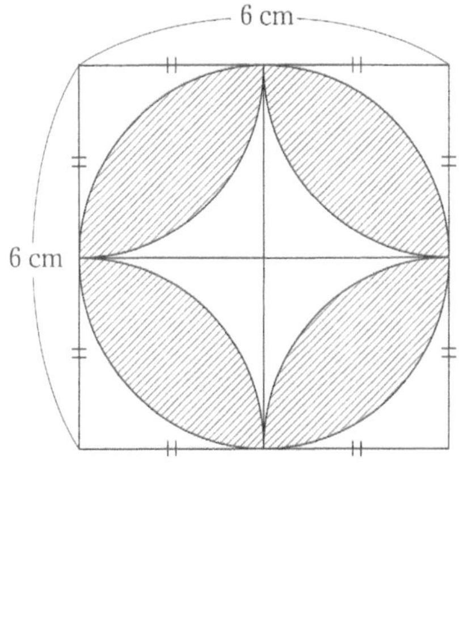

3

1個のさいころを2回投げます。このとき，次の問いに答えなさい。

（1） 1回目と2回目に出た目を足したとき，その和が7になるのは何通りですか。

（2） 1回目と2回目に出た目をかけたとき，その積が奇数になるのは何通りですか。

（3） 1回目と2回目に出た目をかけたとき，その積が4の倍数になるのは何通りですか。

4

ある中学校の全生徒数は432人です。

各学年の生徒数について，次のことがわかっています。

① 3年生の生徒数は2年生の男子の人数と同じ。

② 1年生の生徒数は全体の3分の1。

③ 全生徒数の男女比は11：7。

④ 2年生の女子は1年生の女子よりも20人多い。

⑤ 1年生の男子は1年生の女子より40人多い。

このとき，次の問いに答えなさい。

（1） 1年生の生徒数は何人ですか。

（2） 2年生の女子の人数は何人ですか。

（3） 3年生の男子の人数は何人ですか。

5

分速100mの速さで流れている川の上流にA市があり，下流にB市があります。A市とB市の間を船が定期的に往復しています。午前9時にA市を出て，B市に向かいます。B市で25分休んだあと出発し，A市に午前10時55分に着きました。ただし，船は流れのない水面上を時速18kmで進むものとします。このとき，次の問いに答えなさい。

（1） 川の流れの速さは時速何kmですか。

（2） A市とB市の間の距離《きょり》は何kmですか。

【理　科】（社会と合わせて60分）〈満点：50点〉

1　浦君は自由研究のテーマとして農業体験に行きました。あとの各問いに答えなさい。

問１　浦君はジャガイモの収穫体験をしました。畑に行くとジャガイモの葉がしげっているのが見えました。ジャガイモの葉を次のア～エより１つ選び，記号で答えなさい。

ア．

イ．

ウ．

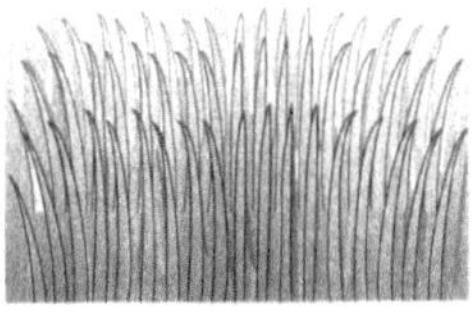

エ．

問２　浦君はジャガイモに花が咲いているのを見つけました。図１は浦君が観察したジャガイモの花をスケッチしたものです。スケッチの方法として間違っているものを次のア～エより１つ選び，記号で答えなさい。

図１

ア．ボールペンなどは使用せず，ＨＢやＢの鉛筆を用いて書く。

イ．二度書きをしてかげをつけることで立体的に書く。

ウ．スケッチをする物のみを書く。

エ．スケッチに色はつけない。

問３　浦君はピーマンの種まき体験をしました。ピーマンの種を次のア～エより１つ選び，記号で答えなさい。

ア．

イ．

ウ．

エ．

問４　種をまいたピーマンの様子を別の日に観察したところ，発芽していました。植物が発芽する条件には水分の他に２つあります。それぞれ答えなさい。

問５　ピーマンが育っている畑は図２のように２種類ありました。Ａは畑に直接種をまいて育てていました。Ｂは一定の間かくで穴を開けたビニールを畑にかぶせ，穴の開いた部分に種をまいて育てていました。ＡとＢで発芽した数に差があるかを調べるために，浦君はピーマンの発芽数の記録をとりました。その結果を表１にまとめたところ，ＡよりもＢの発芽した割合が高いことがわかりました。表１からＢの発芽した割合が高い理由として予想されるものを次のア～エより１つ選び，記号で答えなさい。ただし，植物が発芽する条件は満たしており，種の発芽する割合の差はないものとします。

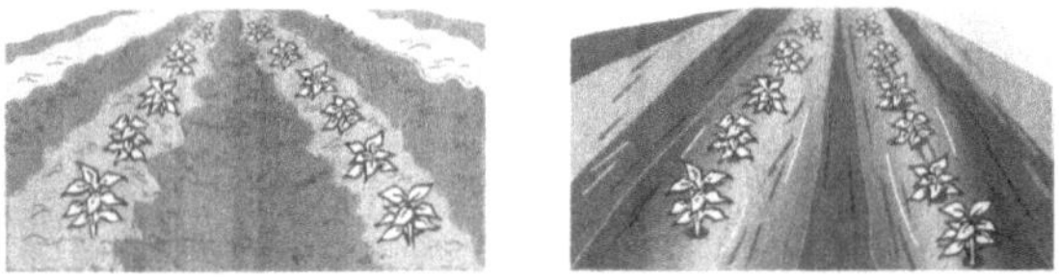

Ａ　　　　Ｂ

図２

表１　種のまき方による発芽した割合の違い

	Ａ	Ｂ
まいた種の数[個]	30	30
発芽した数[本]	10	22
発芽した割合	33%	73%

ア．雑草の成長をうながしたことで，発芽した割合が増えた。

イ．まいた種の数を少なくすることで，発芽した割合が増えた。

ウ．ビニールをかぶせることで水分量の保持などができ，発芽した割合が増えた。

エ．ビニールで土を押さえつけることにより種を力強くさせ，発芽した割合が増えた。

2 東海大浦安の卒業生安さんは長距離通勤のため毎朝，午前４時50分に家を出て，午前５時３分の電車に乗ります。家を出るときの明るさ，空に見える星空によって，季節を実感することができます。あとの各問いに答えなさい。

問１　家を出るとき，空が真っ暗，東の空が明るい，太陽が東の空に少し昇《のぼ》っていたなど，季節によって様子が違います。このようになる理由を説明した次の文章の空らん(　ア　)，(　イ　)に当てはまる言葉をそれぞれ答えなさい。

地球は(　ア　)が23.4°傾《かたむ》いて，太陽の周りを(　イ　)しているから。

問２　12月ごろ南西の空に，おおいぬ座の１等星シリウスが輝《かがや》いていました。この星は毎朝観測すると見え方はどのように変わりますか。正しいものを次のア～ウより１つ選び，記号で答えなさい。

ア．毎日，東に移動して１ヶ月後に南の空に見える。

イ．毎日，西に移動して１ヶ月後には，地平線の近くに見える。

ウ．毎日，同じ位置に見える。

問３　２月中旬《じゅん》の午後９時ごろ帰宅した時に，オリオン座が真南に見えました。毎日家を出る午前５時ごろにオリオン座が真南に見える(ある)のは，いつごろですか。正しいものを次のア～オより１つ選び，記号で答えなさい。

ア．８月中旬　　イ．９月中旬　　ウ．10月中旬

エ．11月中旬　　オ．12月中旬

問４　ある日，家を出るのがおそくなり，自宅の最寄り駅に着くのが少しおくれてしまいました。電車を待っているとき，東の空から太陽が昇るのが見えました。この日の日の出の時刻は午前５時11分で，日の入りの時刻は午後６時17分でした。この駅の経度は東経何度になりますか。ただし，日本の時刻は兵庫県明石市に太陽が南中した時を正午とします。

問５　職場の最寄り駅でバスを待っているとき，上空に月が見えました。図１はその時の様子をスケッチしたものです。３日後の同じ時間の月の様子を書いたスケッチとして，正しいものを次のページのア～エより１つ選び，記号で答えなさい。ただし，月の大きさは実際よりも大きめに書いてあります。

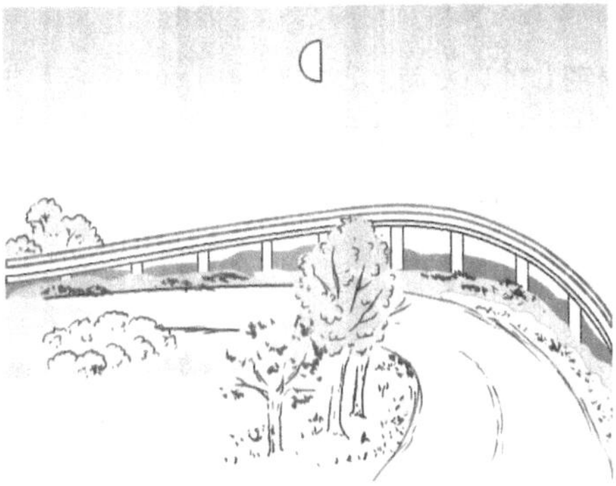

図１

ア

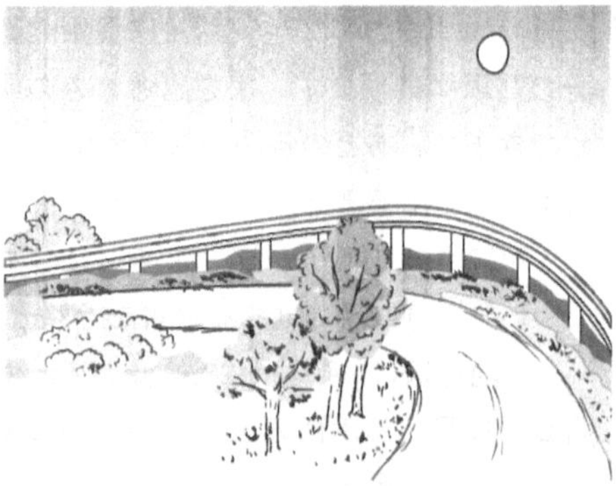

イ

ウ

エ

問６　冬のある日，吐《は》く息が白く見えました。この理由を説明した次の文章の空らん（　ア　），（　イ　）に当てはまる言葉をそれぞれ答えなさい。

人間の体温と同じ温度の吐く息に含まれる（　ア　）が，気温が低いため急激に冷やされて（　イ　）となって現れるため。

3　浦君は，学校から帰宅していた時，とても強い雨に降られました。その雨によって，もっていたカバンやカバンの中のプリントまでぬれてしまいました。その時，先生が書いていた赤ペンの文字がにじんでいることに気づき，学校の理科実験室を利用して，調べました。実験１・２を参考に，あとの各問いに答えなさい。

【実験１】

円形のろ紙を２枚と水性・油性の黒ペンを１つずつ用意して，ろ紙の中心に点を描《えが》きました。水性のペンを使用したろ紙Ａと油性のペンを使用したろ紙Ｂを，図１のように駒込《こまごめ》ピペットを使って水でぬらしたあと，様子を観察しました。

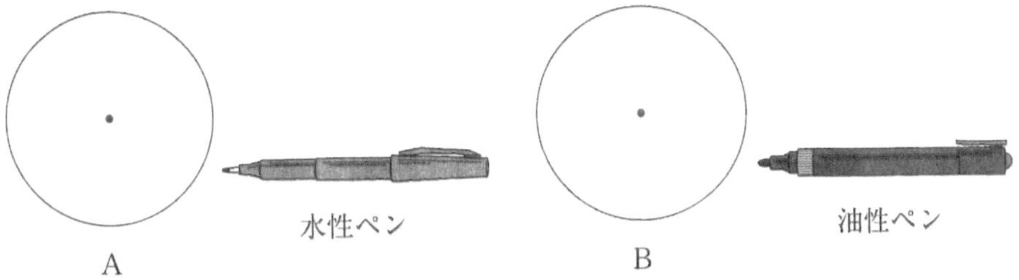

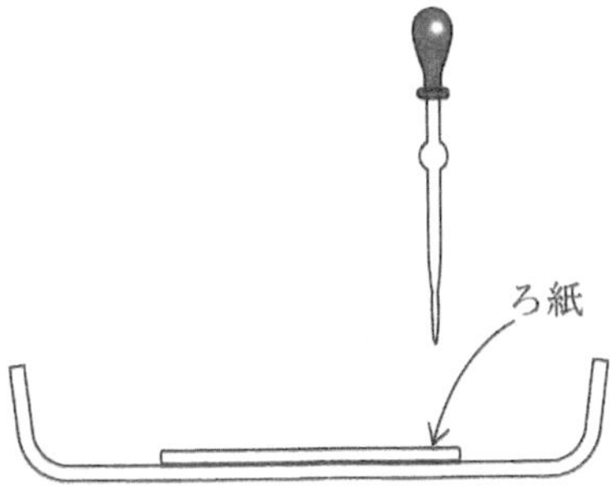

図１

【実験２】

長方形のろ紙Ｃを作成して，図２のように水でぬらしました。ろ紙Ｃには，Ｘ・Ｙ・Ｚそれぞれの場所に，水性赤ペン・油性黒ペン・水性黒ペンで印をつけてあります。

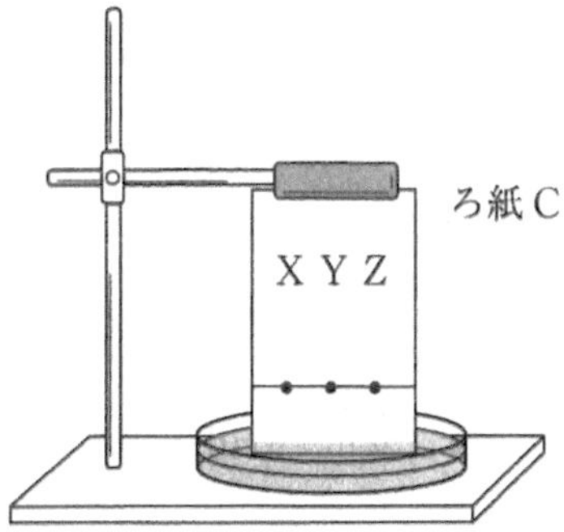

図２

問１　学校の理科実験室を利用したとき，実験を始める前に，机の上がぬれていることに気が付きました。安君は，自分の持っているティッシュペーパーを使って，その液体を拭《ふ》き取ろうとしたところ，先生から注意を受けました。注意を受けた理由として，正しいものを次のア～エより１つ選び，記号で答えなさい。

ア．ティッシュペーパーではなく，雑巾を使って拭き取らなければいけないから。
イ．水などの危険性のない液体とは限らないから。
ウ．自然に蒸発して，なくなるまで待つ必要があるから。
エ．実験室のドライヤーで乾かすことがルールだから。

問２　実験１において，時間をおいたあとのろ紙Bの様子として正しいものを次のア～エより１つ選び，記号で答えなさい。ただし，ろ紙に駒込ピペットで水を落とした位置を×で記してあります。

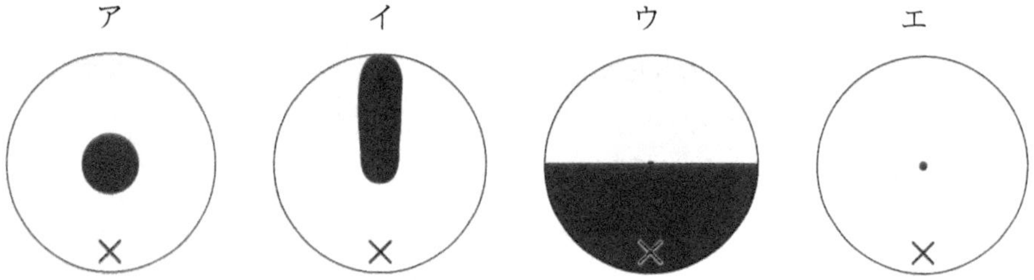

問３
（１）　実験１の結果に関する次の文章の空らん(　①　)～(　③　)に当てはまる言葉として，正しい組み合わせを次のア～オより１つ選び，文章を完成させなさい。

油性ペンは，(　①　)からできているものがインクの原料となっています。(　①　)は(　②　)に溶けないため，点を書いたろ紙を(　②　)につけてもそのままで，変化がありません。お皿に入れた(　②　)に一滴だけ油をたらしたら，油は(　②　)に(　③　)ままになります。

	①	②	③
ア	石油	水	沈んだ
イ	海水	水	浮いた
ウ	石油	油	浮いた
エ	海水	油	沈んだ
オ	石油	水	浮いた

（２）　次のア～オの中から下線部の現象に関係している言葉をすべて選び，記号で答えなさい。

ア．密度　　イ．体積　　ウ．温度　　エ．重さ　　オ．色問４　実験２の結果(ろ紙Cの様子)として，正しいものを次のア～エより１つ選び，記号で答えなさい。

ア．Xの印は，赤インクのため，何も変化が起こらなかった。

イ．Yの印は，にじみながら上昇していった。

ウ．Zの印は，黒以外の色が現れて，にじみながら上昇していった。

エ．X・Y・Z全ての印に変化が起こらなかった。

問５　水性ペンのインクと油性ペンのインクを取り出してビーカーの中で混ぜ合わせたとき，どのような反応が見られますか。問１～問４を参考にして簡単に答えなさい。

4　私たちの生活と電気について，（１）～（３）の文章を読み，あとの各問いに答えなさい。

（１）　私たちの生活は，電気を使えなかった時代と比べ，とても便利になりました。照明や料理，仕事，遊びなど多くのことに電気を使うようになり，日本で使う電気の量は，50年前の約６倍に増えています。私たちは，未来のために地球環境《かんきょう》を守りながら限りある地球の資源を有効に利用していかなければなりません。そのため，燃料を使わない発電方式(これを再生可能エネルギーといいます)の太陽光発電と(A)発電などの利用や，使う電気の量が少ない発光ダイオードの照明などの利用が増えてきました。

（２）　私たちが使う電気の半分以上は，火力発電という方法でつくられています。火力発電のしくみは，図１のように(B)や石炭，天然ガスなどの化石燃料を燃やして水を熱し，そのときに発生する水蒸気の力で(C)を回すことで，電気がつくられます。

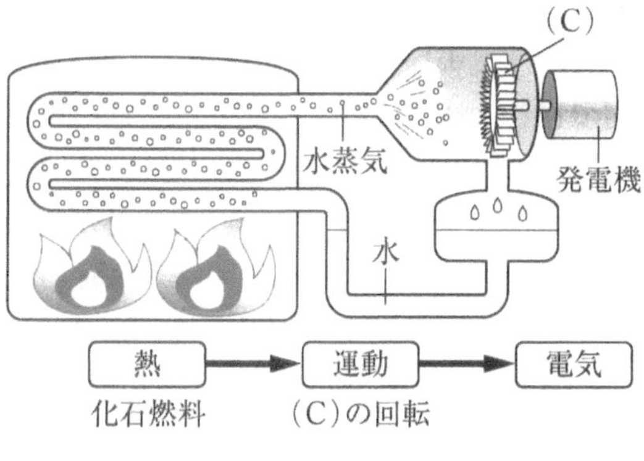

図１　火力発電のしくみ

（３）　図２のようなスマートハウスは電気を効率的に使うことができるように設計された家のことです。このスマートハウスは，屋根にとりつけた光電池(ソーラーパネル)で発電します。つくった電気は，家庭用蓄電《ちくでん》池《ち》などにため，その電気で自動車を走らせたり，家電製品や部屋の照明などに使用したりします。そして，余った電気は，電力会社に売ることもできます。

図2　スマートハウス

問1　文中の(A)～(C)にあてはまる言葉を，次のア～クよりそれぞれ1つずつ選び，記号で答えなさい。

ア．原子力　イ．風力　ウ．火力　エ．石油
オ．灯油　カ．タービン　キ．手回し発電機　ク．コンデンサー

問2　(1)の下線部は，別名では何といいますか。アルファベット3文字で答えなさい。

問3　(3)のスマートハウスの欠点を簡単に説明しなさい。

問4　雪が多く降る地域の信号機には，発光ダイオードではなく電球を利用しています。これは，電気が何に変わる性質を利用しているのか答えなさい。

問5　私たちは，くらしの中で空気中の酸素を多量に使い，多量の二酸化炭素を空気中に出しています。その結果，地球全体に影響を与えている環境破壊《はかい》を何といいますか。漢字5文字で答えなさい。

5　次の文章を読み，空らんに入る言葉の組み合わせとして正しいものを下のア～エより1つ選び，記号で答えなさい。

日本の次世代ロケット「(　①　)」初号機は，(　②　)から2023年2月17日午前に打ち上げ予定でしたが，直前で打ち上げを中断しました。中断の原因について(　③　)は状況を調査しました。

ア．①　H2　②　種子島宇宙センター　③　JAXA
イ．①　H3　②　種子島宇宙センター　③　JAXA
ウ．①　H2　②　筑波宇宙センター　③　NASA
エ．①　H3　②　筑波宇宙センター　③　NASA

【社　会】（理科と合わせて60分）〈満点：50点〉

1　次の先生と生徒の会話文を読んで，あとの問いに答えなさい。

先生　：今日は日本の自然災害と防災について考えてみましょう。自然災害というとA君はどんなことが思い浮かびますか。

生徒A：昨年の夏休みに家族で宮崎県に旅行したのですが，大雨の影響で交通機関が大きく乱れてしまって，浦安に帰ることができませんでした。

先生　：それは大変だったね。どんな様子だったのですか。

生徒A：８月10日の明け方から土砂降《どしゃぶ》りの状態が続いて，24時間の雨量が300mmをこえる大雨で道路も水につかってしまい，翌日の夕方までホテルで待機していました。

先生　：台風６号が①この時期の台風としてあまり例がないルートを通っていたので，影響が長く続きましたね。②台風や前線に大量の水蒸気が集まり，雨雲が数時間にわたってほぼ同じ場所を通過《つうか》・停滞《ていたい》することで，大雨が長時間続いたんですね。

先生　：Bさんはどうですか？

生徒B：私も昨年に家族で岩手県へ行き，陸前高田《りくぜんたかた》市の「東日本大震災《ひがしにほんだいしんさい》津波伝承館《つなみでんしょうかん》」を見学したことが印象に残っています。

先生　：2011年からもうすぐ13年になりますね。

生徒B：伝承館は海に近い復興《ふっこう》祈念《きねん》公園にあって，多くの人が訪れていました。展示には被災した実際の物などもあって，災害の様子がよくわかりました。

先生　：日本列島は４つのプレートが集まっていて，フィリピン海プレートなどの(　1　)のプレートが，ユーラシアプレートなどの(　2　)のプレートに沈み込んでいるため，常に地震の危険がありますね。陸前高田市のある太平洋岸の東北地方では，③海岸の地形の影響で津波の被害が大きくなりやすいといわれています。町の様子はどうでしたか？

生徒B：④新しい防潮堤《ぼうちょうてい》が完成し，住宅街が山側の高台に移され，新しい市街地《しがいち》をかさ上げするなど，町づくりの工事はほぼ完成していました。ただ，人口の流出《りゅうしゅつ》が続いていて，地域の再生には課題が多いそうです。

先生　：町や道路ができても，地域が再生されるまでには多くの課題がありますね。

問１　文中の下線部①に関連して，台風の説明として正しいものを，次のア～エから2つ選び，記号で答えなさい。

ア．日本の南にあたる太平洋上で発生した温帯低気圧である。

イ．台風の最大風速は毎秒約17m以上である。

ウ．台風の気圧は960hpa以下である。

エ．日本の南にあたる太平洋上で発生した熱帯低気圧である。

問2　文中の下線部①に関連して，11月に日本列島にくる台風の平均的なルートを下の図中ア～ウから1つ選び，記号で答えなさい。

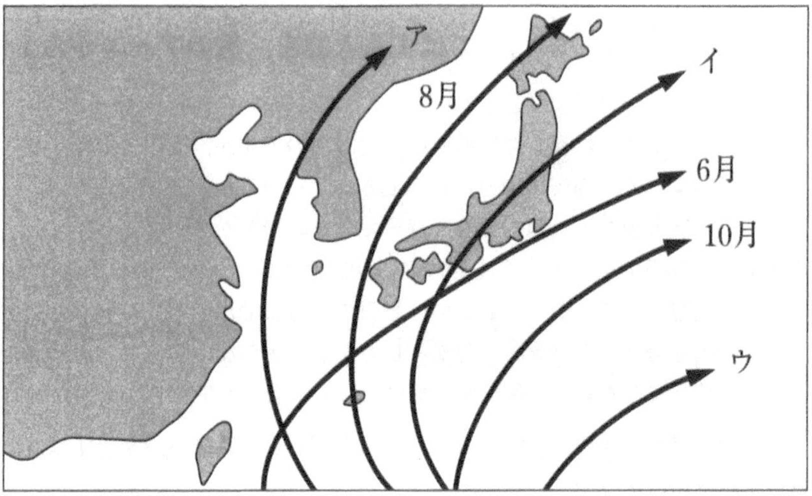

（気象庁HPのデータをもとに作成）

問3　文中の下線部②に関連して，このような気象現象の用語として正しいものを，次のア～エから1つ選び，記号で答えなさい。

ア．ゲリラ豪雨《ごうう》　　イ．線状降水帯《せんじょうこうすいたい》　　ウ．熱帯低気圧《ねったいていきあつ》　　エ．梅雨前線《ばいうぜんせん》

問4　文中の（　1　）・（　2　）にあてはまる言葉を，それぞれ漢字1字で答えなさい。

問5　文中の下線部③に関連して，この海岸地形の名称を答えなさい。

問6　文中の下線部④に関連して，災害が起きる前提《ぜんてい》のもとで，複数の対策によって被害を最小限におさえる考え方を何といいますか。次のア～エから1つ選び，記号で答えなさい。

ア．防災《ぼうさい》　　イ．被災《ひさい》　　ウ．甚災《じんさい》　　エ．減災《げんさい》

2

次の各時代の史料とその説明文を読み，あとの問いに答えなさい。

飛鳥時代	一、①皇族や豪《ごう》族の土地・人民を国家が直接支配する。 二、全国を国・郡に分ける。 三、戸籍をつくり，人民に田を分け与えて耕作させる。 四、②新しい税制度を定める。	左は，中臣鎌足《なかとみのかまたり》とともに蘇我蝦夷《そがのえみし》・入鹿《いるか》を滅ぼした（　1　）が，646年に発表した天皇中心の国をつくるための基本方針です。この後の701年，（　2　）律令が制定され，天皇を中心とした政治制度は完成しました。

問1　文中の（　1　）にあてはまる人物を，次のア～エから1つ選び，記号で答えなさい。

ア．藤原不比等《ふじわらのふひと》　　イ．小野妹子《おののいもこ》

ウ．中大兄皇子《なかのおおえのおうじ》　　エ．聖徳太子《しょうとくたいし》（厩戸皇子《うまやどのおうじ》）

問2　文中の（　2　）にあてはまる元号を，次のア～エから1つ選び，記号で答えなさい。

ア．大化《たいか》　　イ．大宝《たいほう》　　ウ．養老《ようろう》　　エ．延喜《えんぎ》

問3　文中の下線部①について，このような原則を何といいますか。解答欄に合わせて漢字で答えなさい。

問4　文中の下線部②について，男子に課《か》された地方の特産物を納める税を，次のア～エから1つ選び，記号で答えなさい。

ア．雑徭《ぞうよう》　　イ．庸《よう》　　ウ．調《ちょう》　　エ．租《そ》

室町時代	一、けんかをした者は，いかなる理由でも処罰《しょばつ》する。	③8代将軍足利義政《あしかがよしまさ》のあとつぎをめぐって(　3　)がおき，下剋上《げこくじょう》の風潮《ふうちょう》が広がりました。そして，幕府の権威《けんい》ではなく実力で領国を治める戦国大名が登場しました。左は，④甲斐《かい》の戦国大名の分国法(家法)です。

問5　文中の(　3　)にあてはまる言葉を答えなさい。

問6　文中の下線部③が建立《こんりゅう》した慈照寺の観音殿《かんのんでん》について正しくないものを，次のア～エから1つ選び，記号で答えなさい。

ア．銀閣とよばれ，2階は黒の漆塗《うるしぬ》りである。

イ．京都の東山に建立された。

ウ．世界文化遺産に登録されている。

エ．建築様式《ようしき》は寝殿造りを取り入れている。

問7　文中の下線部④の人物を，次のア～エから1つ選び，記号で答えなさい。

ア．今川義元《いまがわよしもと》　　イ．武田信玄《たけだしんげん》　　ウ．上杉謙信《うえすぎけんしん》　　エ．浅井長政《あざいながまさ》

明治時代	余《よ》は日露非開戦論者であるばかりではない。戦争絶対反対論者である。戦争は人を殺すことである。・・・・	左はキリスト教徒の(　4　)が雑誌に掲載《けいさい》した日露の開戦に反対する主張の一部です。⑤日露戦争は日本が有利に進めましたが，両国とも戦争継続《けいぞく》が困《こん》難《なん》な状況になり，1905年，⑥ポーツマス条約が結ばれました。⑦この戦争前後，日本は第2次産業革命がおこり，貿易量が大きく伸《の》びました。

問8　文中の(　4　)にあてはまる人物を，次のア～エから1つ選び，記号で答えなさい。

ア．内村鑑三《うちむらかんぞう》　　イ．与謝野晶子《よさのあきこ》　　ウ．幸徳秋水《こうとくしゅうすい》　　エ．平塚《ひらつか》らいてう

問9　文中の下線部⑤について，当時の外務大臣は関税自主権を回復させたことでも有名です。この人物を次のア～エから1つ選び，記号で答えなさい。

ア．小村寿太郎《こむらじゅたろう》　　イ．伊藤博文《いとうひろぶみ》　　ウ．陸奥宗光《むつむねみつ》　　エ．大隈重信《おおくましげのぶ》

問10　文中の下線部⑥について述べた文として正しくないものを，次のア～エから１つ選び，記号で答えなさい。

ア．遼東《りょうとう》半島南部の租借《そしゃく》権を得た。　　イ．賠償金《ばいしょうきん》を得ることができなかった。

ウ．韓国の指導・監督権を得た。　　エ．同盟国イギリスの仲介で開催された。

問11　文中の下線部⑦について，この当時の輸出入の変化の資料から読み取れる文として正しいものを，次のア～エから１つ選び，記号で答えなさい。

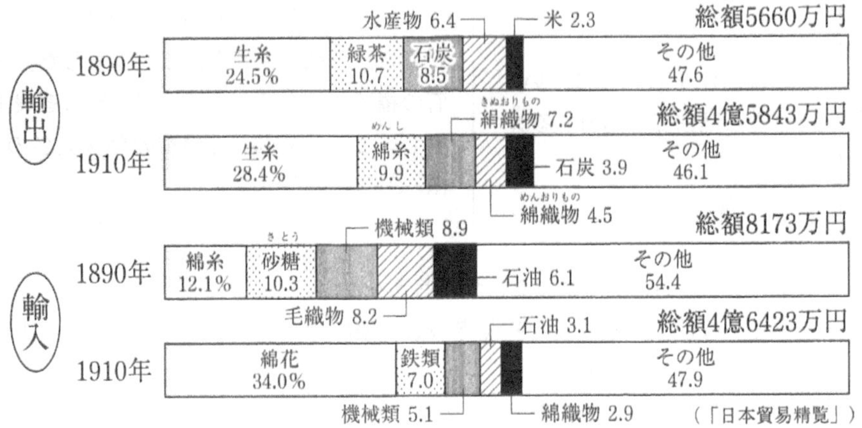

（「日本貿易精覧」）

ア．輸入品の総額は1890年と1910年と比べ，２倍に増えている。

イ．1890年の輸入品の中心は生糸であり，製糸《せいし》業より紡績《ぼうせき》業の方が発展していた。

ウ．1910年には原料の綿花を輸入して，綿糸として輸出するようになった。

エ．1910年には重化学工業が発達し，機械類などの輸出が大きな割合を占めた。

昭和時代	第１条　連合国は，日本国とその領海に対する日本国民の完全な主権を認める。 第２条　日本国は，朝鮮の独立を承認し，・・・日本国は，⑨台湾《たいわん》・澎湖諸島《ほうこしょとう》に対する全ての権利を放棄する。 ・・・	左は⑧1951年に結ばれた条約の一部で，日本はこの条約によって独立国としての主権を回復しました。1956年には(　５　)と国交を回復させ，同年に国際連合への加盟が認められて国際社会に復帰しました。

問12　文中の(　５　)にあてはまる国を，次のア～エから１つ選び，記号で答えなさい。

ア．イギリス　　イ．アメリカ　　ウ．中国　　エ．ソ連

問13　文中の下線部⑧の条約を答えなさい。

問14　文中の下線部⑨は，日本が戦争に勝利して領有した地域である。この戦争の講和条約を，次のア～エから１つ選び，記号で答えなさい。

ア．南京条約　　イ．北京条約　　ウ．下関条約　　エ．ワシントン条約

3 次の文を読み，あとの問いに答えなさい。

国や地方公共団体が税金などを集めて，公共事業やさまざまなサービスに支出することを(A)といいます。

国は，1年間(4月1日から翌年の3月31日まで)の収入と支出の見積もりを出します。これを①予算といい，予算案は(B)が作成し，国会が議決します。税金や②国債などを中心とした収入である歳入から，様々な政策などを通じて支出されることになります。この支出を歳出といいます。

収入の中の税金は，国に納められる(C)税と，地方公共団体に納められる(D)税とに分けられます。また，税の徴収の仕方は，③税を負担する者と税を納める手続きをする者とが同じ直接税と，税を負担する者と納める手続きをする者とが異なる間接税とに分けることができ，これをもとに様々な税目《ぜいもく》が定められています。

一般的には，(A)活動などによって，世の中に出回るお金の量を増やせば景気は(E)なりますが，(F)とよばれる物価高を招《まね》く恐《おそ》れがあります。逆にお金の量を減らせば景気は(G)なり，(H)と呼ばれる物価安を招く恐れがあります。このように国は，(A)を通じて経済をコントロールし，人々の暮らしの安定化に努めています。

問1 文中の(A)～(D)に入る言葉を，それぞれ漢字で答えなさい。

問2 文中の(E)～(H)に入る言葉の組み合わせとして正しいものを，次のア～エから1つ選び，記号で答えなさい。

ア．(E)悪く	(F)デフレーション	(G)良く	(H)インフレーション
イ．(E)良く	(F)デフレーション	(G)悪く	(H)インフレーション
ウ．(E)悪く	(F)インフレーション	(G)良く	(H)デフレーション
エ．(E)良く	(F)インフレーション	(G)悪く	(H)デフレーション

問3 次のグラフを参考に設問に答えなさい。

一般会計税収，歳出総額および国債発行額の推移

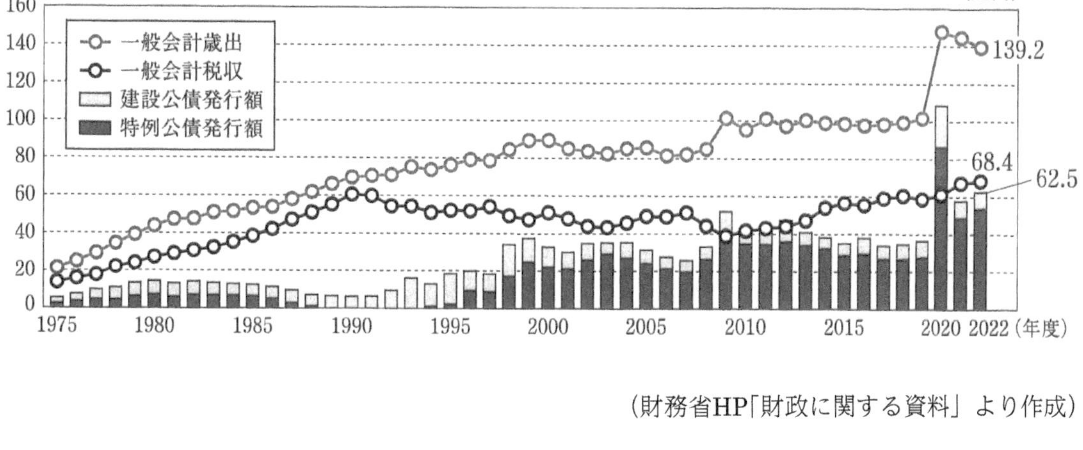

(財務省HP「財政に関する資料」より作成)

（1） 下線部①について，前のページのグラフは日本の国家予算の推移を表したものです。ここから読み取れる文として正しくないものを，次のア～エから１つ選び，記号で答えなさい。

ア．2022年度の歳出総額は，約139兆2000億円である。

イ．統計にある1975年以降で見ると，歳出を税収だけではまかなえていないことがわかる。

ウ．歳出は1975年以降で見ると，増加傾向であることがわかる。

エ．税収は1975年以降で見ると，減少傾向であることがわかる。

（2） 下線部②について，国債の説明として正しくないものを，次のア～エから１つ選び，記号で答えなさい。

ア．国債とは，国の借金のことである。

イ．国債は，利子をつけて将来返す必要がある。

ウ．国家予算の歳入のうち，国債が占める割合は1975年度から2022年度の間で一度も10%を超えたことはない。

エ．2020年の公債(国債)発行額が突出しているのは新型コロナウイルスへの対応が一番の理由である。

問４ 下線部③について，以下の１～４の税は直接税と間接税のどちらですか。直接税の場合はア，間接税の場合はイで，それぞれ記号で答えなさい。

１．消費税　２．法人税　３．所得税　４．酒税

問二　次の動詞の尊敬語をア～クから一つずつ選び、記号で答えなさい。

①　食べる
②　言う
③　来る
④　くれる
⑤　見る

ア　くださる　　イ　いただく
ウ　めしあがる　　エ　申し上げる
オ　いらっしゃる　　カ　ご覧になる
キ　おっしゃる　　ク　拝見する

問三　次の作品の作者名をア～コから一つずつ選び、記号で答えなさい。

①　源氏物語
②　枕草子
③　坊っちゃん
④　舞姫
⑤　羅生門

ア　紀貫之　　イ　清少納言
ウ　紫式部　　エ　鴨長明
オ　夏目漱石　　カ　樋口一葉
キ　太宰治　　ク　森鷗外
ケ　芥川龍之介　　コ　正岡子規

び、記号で答えなさい。

ア　レールに寄りそう親切さと、汽罐車や箱に対する非情さ。

イ　考えても仕方がない問題を追及する好奇《き》心と、人に認められたいというどん欲さ。

ウ　約束を全うしようというまじめさと、誰にも大した影響《えいきょう》を与えられない無力さ。

エ　誰にでも分けへだてなく接する優しさと、人々を明るく照らす太陽に対する劣《れつ》等感。

問六　――線部⑤「そのこと」が指す内容として最も適切なものを次から一つ選び、記号で答えなさい。

ア　汽罐車がたくさんの材木と米だわらなどをいっぱい貨車に積んでいたということ。

イ　冷酷な汽罐車に傷つけられたことと、毎日太陽が頭から照りつけたこと。

ウ　これから雲が出てきて太陽の光を隠《かく》してくれるということ。

エ　花が自分にしんせつにしてくれたことと、これから雨が降るだろうということ。

問七　――線部⑥「昨日の苦痛を忘れてしまいました」に関連のあることわざとして、「のどもと過ぎれば□を忘れる」という言葉があります。□に当てはまる語を、漢字を用いた二字で答えなさい。

問八　――線部⑦「物思いに沈んでいました」とはどういう意味ですか。最も適切なものを次から一つ選び、記号で答えなさい。

ア　ふつうは考えないこともいろいろ考えて暗い気持ちになること。

イ　これからの不安をかき消して、前を向こうとすること。

ウ　自分がこの先どうしていいか分からず、人に助けを求めること。

エ　昨日まで仲が良かった人物を急に憎らしく感じること。

問九　本文の内容として間違っているものを次から一つ選び、記号で答えなさい。

ア　レールは、自分が受けた悲しみや苦しみも一晩経つと忘れてしまうという、ある意味での人間らしさを持っている。

イ　雨は、レールが傷つけられたことを最初から知っていたため、レールに同情して月の存在をほのめかした。

ウ　汽罐車は、レールを傷つけた自覚がありながらも、人間に対して不信感を抱いている。

エ　月は、赤ん坊が自分を見て笑っていたので、ますます誰が悪いのかわからなくなった。

三　次の各問いに答えなさい。

問一　――線部のカタカナを漢字で答えなさい。

① 彼の狂言《きょうげん》はエンジュクの域に達する。

② ささいな言葉でジソンシンを傷つけられた。

③ 彼女《かのじょ》はエソラゴトばかり言う。

④ 彼《かれ》はホガらかな性格でクラスの人気者だ。

⑤ 学芸会のイショウを考える。

ていた人間が、憎《にく》らしくてしかたがありません……」と訴《うった》えたのであります。

「そんなら、おまえも、体をいためたのか？」と、月は問いました。

「そうです。どこかでレールとすれ合って、一つの車輪を傷つけました」と、汽罐車は答えました。

　月は、それを聞くと、だれが悪いということができなかった。そして、レールを傷つけたといって汽罐車をしかることもできなかったのであります。

「その荷物は、どこまで載《の》せていったんですか」と、さらに月はききました。

「どこといって一ところではありませんでした。大きな箱は、港の駅までつけていき、また石炭や木材は、ほかの町で降ろしました」と、汽罐車はいいました。

「どうぞ、お大事に……」といって、月はこんどは、港の方へまわったのであります。すると、いま、汽船が煙《けむり》をはいて出ようとしていました。その船には、大きな箱がいくつも載せられてありました。月は、さっそく、船の上へやってきて、箱を照らしたのであります。

「これからどこへいくのですか」と、月はたずねました。箱は、黙って⑦物思いに沈《しず》んでいましたが、

「私たちは、どこへやられるのかわかりません。故郷を出てから、長い間汽車に載せられました。そして、いまこの広々とした海の上をあてもなく漂《ただよ》っているのをみると心細くなるのであります」と、箱は答えたのです。

　月は、そこで、いったいだれが悪いのかと考えました。そこで、こんどは、人間のようすを見とどけようと思いました。そして、街へ降りて、あたりを見まわしましたが、もうだいぶんおそかったとみえて、みんな窓がしまっていました。一軒《けん》、二階の窓がガラス戸になっているのがありましたので、月はそれからのぞきました。すると、そこには、かわいらしい赤ん坊《ぼう》がちょうど目をさまして、月を見て喜んで、笑っていたのであります。

（小川未明『小川未明童話集2』）

問一　――線部①「レール」が直接話した登場人物として適切でないものを次から一つ選び、記号で答えなさい。

ア　雨　　イ　花　　ウ　月　　エ　箱

問二　この作品では「レール」や「なでしこの花」が話しますが、これは何という表現技法ですか。最も適切なものを次から一つ選び、記号で答えなさい。

ア　倒《とう》置法　　イ　反復法　　ウ　擬《ぎ》人法　　エ　直喩《ゆ》

問三　――線部②「汽罐車」はどこを負傷しましたか。本文中から五字で抜き出して答えなさい。

問四　――線部③「夕立」とはどういう意味ですか。最も適切なものを次から一つ選び、記号で答えなさい。

ア　しばらく晴れわたった後に、急に気温を下げる曇《くも》り空。

イ　太陽の光をおおう分厚い雲。

ウ　夕方から翌朝にかけて一晩中降り続く雨。

エ　夏の午後に一時的に激しく降って、しばらくしてやむ雨。

問五　――線部④「月」の性質として最も適切なものを次から一つ選

されたら、けっして悪いように取りはからいはしなかろうと思います……」と、雨は静かな調子でさとしてくれました。

はたしてほどなく雲が去り、そして降っていた雨は晴れてしまいました。あとには、すがすがしい夕空が青々と水のたたえられたように澄《す》んで見えました。

その夜《よ》、平原を照らした月は、いつも見る月よりは清らかで、その光のうちには、慈悲《じひ》の輝《かがや》きを含《ふく》んでいました。やさしい花は、雨にぬれたままうなだれて、早くから眠《ねむ》ってしまい、そしてその葉蔭のあたりから、虫の泣く声が流れていました。

去っていった雨が月にささやいてでもいったものか、月が、この平原を照らしたときは、まずレールの上に、その姿を映しました。レールは、月に向かって、今日、自分を傷つけていった汽罐車があったことを告げたのであります。「どんな汽罐車であるかしれないけれど、そんなことをしてしらぬ顔をしているとは冷酷な汽罐車である。私がいって不心得をさとしてやるから、もし見覚えがあったら聞かしなさい」と、月はいいました。

レールは、汽罐車の番号を教えました。

月は、さっそく、町から村へ、村から山の間へというふうに、力のおよぶかぎり、レールの告げた汽罐車をさがして歩いたのです。ちょうどその時分、鉄橋の上を走っている汽車がありました。月はその汽罐車ではないかと飛び下りてみましたが、番号がちがっていました。

月は海岸という海岸、野原という野原をさがしてまわりました。そして、いたるところに汽車が走っているのを認めました。貨車ばかりのもあれば、また客車に貨車がまじっていたのもありました。海岸では海水浴をしている人間もありました。彼らは、

「ほんとうに、いい月夜だこと」といって、砂浜でねころんだり、また暗い波の中を泳いだりしていました。客車の窓からは、人々が頭を出して、海の景色をながめながら、笑ったり、話したりしていました。

しかし、この汽車の汽罐車も、月のたずねている番号ではありませんでした。こうしてほとんど同じ時刻に、地上をたくさんの汽車が走っていましたが、レールのいった汽罐車は、トンネルの中へでもはいっていたものか、つい月の目にとまりませんでした。

涼しい一夜を送って、レールは、もはや、⑥昨日の苦痛を忘れてしまいましたけれど、約束をした月は翌日の夜も、レールを傷つけた汽罐車を探してまわったのでした。すると、ある停車場《ていしゃば》の構内に、ここからは、遠くへだたっている平原の中のレールから聞いた番号の汽罐車がじっとして休んでいました。

月は、さっそく、汽罐車の上へたどりつきました。そして、いつものように、静かな調子で、

「どうして、そんなに、沈《しず》んで、じっとしているのだ」といって、たずねました。

汽罐車は、月に、こういって話しかけられると、はじめて、口を開きました。

「私はどんなに、疲《つか》れているかしれません。毎日、毎日、遠い道を走らせられるのです。そして昨日は、いままでにない重い荷をつけさせられていたので、一つの車輪を痛めてしまいました。私は、あの重い荷物と車室の中で、そんなことには無頓着《むとんちゃく》に、笑ったり、話したりし

「やさしいあなたが、私をなぐさめてくださるので、どれほど、私は、うれしく思っているでしょう。あなたが、すぐ近くで咲かない時分はどんなに、私は、さびしかったでしょう……」と、日ごろは、いたって強く黙《だま》っていて、辛抱《しんぼう》しているレールは、つい涙《なみだ》ぐましい気持ちになりました。

　すると、うす紅色をした花は、いいました。

「しかし、私の命もそう長くはありません。このあつさで、私の体は、弱っています。長いこと雨が降らないのですもの」と、歎《なげ》いたのでした。

　このとき、風が、レールの上をかすめて、花を揺《ゆ》すっていったのであります。

　レールは、耳をすましながら、

「③夕立がやってきそうですよ。遠方で雷《かみなり》が鳴っています。それは、あなたの耳には、はいりますまい。ずっと遠くでありますから。けれど私どもは、こうして長く、つづいていますので、その音が伝わって聞こえてくるのです」といいました。

　花は風に吹《ふ》かれながら、

「ほんとうでしょうか。そうであれば、どれほど私はうれしいかしれません」と答えました。

　このとき、花を吹いている風がいいました。

「ほんとうですよ。今日は、こちらも降るでしょう。もうすこしたつと、雲がぐんぐん押《お》し寄せてきて、あの太陽の光を隠《かく》してしまいますから」と、知らしてくれました。

　レールは、熱くなった体を、早く水に浴びて冷したいと思いました。また、花は、早く、水を吸って死にそうな渇《かわ》きをば、いやしたいと思いました。

　しばらくすると、はたして、黒い雲や、灰色の雲がぐんぐんとあちらから押し寄せてまいりました。そして、青々としていた空をしだいに征《せい》服して、いつしか太陽の光すら、まったくさえぎってしまったのです。

　焼けるように、赤くいろどられていた野は、急に涼《すず》しく、うす暗くかげったのでした。その時分から雷の音は、だんだん大きく近づいてきたのでした。

　レールも花も、声をたてずに、ものすごくなった空の模様をながめていました。雨がとうとう降ってきたのであります。雨は花に降りそそぎました。また、レールの上に降りかかりました。そしてレールの熱くなった体を冷やして、その傷痕《きずあと》を洗ってやりながら、「まあ、かわいそうに……」と、雨はいいました。

　レールは、涙ぐみながら、雨に向かって、今日、冷酷《れいこく》な汽罐車に傷つけられたこと、太陽が、これまでというものは、毎日、毎日、用捨《ようしゃ》なく、頭から照りつけたことなどを話しました。すると雨は、こういいました。

「それは、お気の毒なことです。私はあつくなっていたあなたの体をひやしてあげました。私たちはもうじきにここを去らなければなりません。その後にはきっと、④月が出るでありましょう。月は、太陽とはまったく気性がちがっています。そして、万物《ばんぶつ》の運命をつかさどる力は、いまこそ太陽のようになくても、昔は、えらかったものだそうです。⑤そのことを月に向かってお話しなさい。月は、あなたが訴《うった》えな

でも、こうした「そもそも」を考えるための〝思考法〟を、二五〇〇年もの長きにわたってとことん磨《みが》き上げてきたものこそが、哲学なのだ。

問八　本文の内容にふさわしいものはどれですか。最も適切なものを次から一つ選び、記号で答えなさい。

ア　人間は、共通認識があればどんな人とでも分かり合うことができる。

イ　現代のように唯《ゆい》一無二の正解がない時代では、人びとは哲学を必要とすることは少ない。

ウ　哲学は絶対的なものではなく、一人一人にとって自分らしい正解が存在する。

エ　物事を哲学的に考えることは、他人の物の見方や考え方を自分と共有することにつながる。

二

次の文章を読んで、あとの問いに答えなさい。

①レールが、町から村へ、村から平原へ、そして、山の間へと走っていました。

そこは、町をはなれてから、幾《いく》十マイルとなくきたところでした。ある日のこと、汽車が重い荷物や、たくさんな人間を乗せて過ぎていきましたときに、レールのある部分に傷がついたのであります。

レールは、痛みに堪《た》えられませんでした。そして泣いていました。

自分ほど、不運なものがあるだろうか。毎日、毎日、幾たびとなしに、重い汽罐《きかん》車に頭の上を踏《ふ》まれなければならない。②汽罐車は、それをば平気に思っている。そればかりでなく、太陽が、身を焼くほど、強く照らしつける。日蔭《ひかげ》にはいろうとあせっても自由に動くことができない。太い釘《くぎ》が自分の体をまくら木にしっかりと打ちつけている。考えてみると、いったい自分の体というものはどうなるのであろうか……と、レールは、思って泣いていました。

「どうなさったのですか?」と、そばに咲《さ》いていた、うす紅色《べにいろ》をしたなでしこの花が、はじらうように頭をかしげてたずねました。

いつも、この花は、なぐさめてくれるのであります。こういわれて、レールはうれしく思いました。

「いえ、さっき、汽罐車が、傷をつけていったのです。たいした傷ではありませんけれども、私は、身の上を考えてつくづく悲しくなりました。それで泣いていたのです」と、レールは、答えました。

「まあ、そうでしたか……。あなたのような、強い方がお泣きなさるのは、よくよくのことでございましょう。私どもだったら、どうなってしまったかしれない。そういえば、さっきたくさんの材木と、米だわらと、石炭と、なにかの箱を、いっぱい貨車に積んでいきました。そして、今日は客車もいつもよりか長かったようでございました。山のあちらには、海があり、また、温泉などもありますから、そこへいく人たちでにぎわっていたのでしょう。それにしても、あなたの傷が、たいしたことがありませんで、ようございましたこと」と、花は、しんせつにいいました。

レールは、きらきらと光る顔を花の方に向けて、

僕たちは、お互《たが》いに話をつづけていくうちに、「なるほど～それってたしかに本質的だ」と納得し合えることがある。［⑦］、恋っていったい何なのか、教育って何なのか、といったテーマについても、対話を通して、その〝本質〟を深く了解し合える可能性がある。

繰り返すけど、それは「絶対の真理」とは全然ちがう。あくまでも、できるだけだれもが納得できる本質的な考え方。そうした物事の〝本質〟を洞《どう》察することこそが、哲学の最大の意義なのだ。

［A］主義の現代、人びとは――哲学者たちでさえ――「絶対に正しいことなんて何もない」といって問題を済ませようとする傾向がある。「よい社会って何だろう?」「よい教育って何だろう?」みたいなむずかしい問いに直面すると、「ま、考え方は人それぞれだよね」で済ませようとする傾《けい》向がある。

［⑧］、僕たちの人生にはそれでは済まない時がある。対立を解消したり、協力し合ったりするために、何らかの〝共通了解〟がどうしても必要になる時がある。

そんな時、哲学は、「ここまでならだれもが納得できるにちがいない」という地点まで考えを深めようとする。そしてすぐれた哲学者たちは、いつの時代も、もうこれ以上は考えられないというところまで思考を追いつめて、それを多くの人びととの納得へと投げかけてきたのだ。（d）

（苫野一徳『はじめての哲学的思考』）

問一　――線部①「ソクラテス」とありますが、ソクラテスは何を通して、物事への理解を深めようとしましたか。本文中から漢字二字で抜き出して答えなさい。

問二　――線部②「滑稽」の意味として最も適切なものを次から一つ選び、記号で答えなさい。

ア　最後までやり遂《と》げずに、無責任に投げ出すさま。

イ　言動に意外性があって、予期せずしてその場の人の笑いを誘うさま。

ウ　よい行いをしたつもりが、かえって迷惑《めいわく》になるようなさま。

エ　十分に慣れていないため、動作や表現が不自然であるさま。

問三　――線部③「哲学」とありますが、哲学にとって最も重要なことは何ですか。本文中から十四字で抜き出して答えなさい。（句読点や記号も一字と数えます。）

問四　――線部④「本質を知ること」とはどういうことですか。最も適切なものを次から一つ選び、記号で答えなさい。

ア　人々の感情の奥《おく》底にある気持ちをできるだけ読み取ること。

イ　哲学とは何かという問いを他者に投げかけること。

ウ　他者と分かり合える領域まで物事を熟考すること。

エ　他者と比較《かく》することで自分の考えをより明確にすること。

問五　［⑤］～［⑧］に当てはまる語として最も適切なものを次から一つずつ選び、記号で答えなさい。

ア　でも　　イ　だから　　ウ　つまり　　エ　たとえば

問六　［A］には「絶対」の対義語が入ります。漢字二字で答えなさい。

問七　次の文は本文の（a）～（d）のいずれかに入ります。最も適切なものを一つ選び、記号で答えなさい。

【国　語】（五〇分）〈満点：一〇〇点〉

一　次の文章を読んで、あとの問いに答えなさい。

西洋哲《てつ》学の父、①ソクラテス（紀元前469―399年）は、古代ギリシアのアテナイで、道行く人びとに「ねえ君、君、恋《こい》とはいったい何だと思うかね？」などと問いかけて、多くの人をげんなりさせていた。

「それは胸のドキドキ」とか「食事もノドを通らなくなる気持ち」とかいおうものなら、ソクラテスは、「そんなものは恋の本質じゃない。単なる症《しょう》状だ」みたいなことをいうものだから、人びとはついには、「はいはい、分かりましたよソクラテスさん。もういい加減にしてください」と、彼のもとを去っていくのだった。

そんなソクラテスに、ある時カリクレスという政治家がこんなことをいった（プラトン『ゴルギアス』）。

「ねえソクラテス、正義とは何かとか、徳とは何かとか、いい年した大人がそんなことばかり考えているのは②滑稽《こっけい》だよ。若い時に哲学に熱中するのはまあいいとしても、あなたももうおじさんなんだから、もっと処世術とか、儲《もう》け術とか、そういう人生の役に立つことを考えたまえ」

ソクラテスの時代から、③哲学は役に立たないとバカにする人はたくさんいたのだ。（a）

でも、僕《ぼく》はあえていいたいと思う。哲学は、僕たちの人生に、ある独特の仕方でとても役に立ってくれるものなのだ、と。

たとえば、今あげた私、愛、恋、生きる意味……。これらの④本質を知ることができたなら、それってちょっとすごいことじゃないだろうか？

ちょっとすごいだけじゃない。本質をとらえること、これは僕たちが物を考える時の、実は一番大事なことなのだ。

［　⑤　］教育について考えてみよう。もしも僕たちが、その本質について十分な共通了解《りょうかい》を持っていなければ、教育論議は、それぞれがそれぞれの〝教育観〟をぶつけ合うだけの、ひどく混乱したものになるだろう。実際、ちまたの教育論議は、「叱《しか》るべきか、ほめるべきか」とか、「体罰《ばつ》はありか、なしか」とかいった対立に満ちている。

その意味でも、哲学が「そもそも教育とは何か？」と問うことは、とても大事なことなのだ。

もちろん、哲学者じゃなくても「教育とは何か？」と考えることはある。（b）だから、僕たちがその思考法を身につけているといないとでは、思考の深さと強さにおいて圧倒《とう》的なへだたりがある。

そんなわけで、哲学とは何かという問いにひと言で答えるなら、それはさまざまな物事の〝本質〟をとらえる営みだということができる。

そんなこと本当にできるの？　そう思う人もいるかもしれない。特に現代は「［　A　］主義」の時代。［　⑥　］、世界には絶対に正しいことなんてなく、人それぞれの見方があるだけだという考えが、広く行き渡《わた》っている時代だ。

たしかにもちろん、この世に絶対に正しいことなんてない。（c）でもそれは、だからといって、僕たちが何につけても〝共通了解〟にたどり着けないことを意味するわけじゃない。

2024年度

解　答　と　解　説

《2024年度の配点は解答欄に掲載してあります。》

＜算数解答＞《学校からの正答の発表はありません。》

1　(1)　804　(2)　$\frac{22}{7}$　(3)　9.45　(4)　$\frac{2}{7}$　(5)　1.256　(6)　$\frac{21}{11}$

2　(1)　4917円　(2)　50km　(3)　午後3時52分　(4)　388g　(5)　16日目

(6)　20.52cm^2

3　(1)　6通り　(2)　9通り　(3)　15通り

4　(1)　144人　(2)　72人　(3)　64人

5　(1)　時速6km　(2)　12km

○推定配点○

各5点×20　計100点

＜算数解説＞

基本 1　(四則計算)

(1)　$413+391=804$

(2)　$\frac{10}{7}\times\frac{3}{5}+2\times\frac{8}{7}=\frac{22}{7}$

(3)　$3.45+\frac{21}{10}\times\frac{100}{35}=3.45+6=9.45$

(4)　$\frac{15}{7}\times\frac{100}{15}-2\times7=\frac{100}{7}-14=\frac{100}{7}-\frac{98}{7}=\frac{2}{7}$

(5)　$0.314\times3.14+0.43\times0.314\times2=0.314\times(3.14+0.43\times2)=0.314\times(3.14+0.86)=0.314\times4=1.256$

(6)　$5\div\left(3-2\times\frac{4}{21}\right)=5\div\left(3-\frac{8}{21}\right)=5\div\frac{55}{21}=5\times\frac{21}{55}=\frac{21}{11}$

基本 2　(税の計算・割合，速度，時計算，食塩水，仕事算，平面図形・面積)

(1)　298円の品物を15個買うと298×15＝4470円　10%の税がかかった後の金額は4470×(1＋10%)＝4917(円)

(2)　72秒＝$\frac{72}{3600}$時間　したがって，自動車の速度は時速1÷$\frac{72}{3600}$＝50km

(3)　$\frac{7}{12}$時間＝60×$\frac{7}{12}$＝35分より$2\frac{7}{12}$時間＝2時間35分　したがって，午後6時27分の2時間35分前は午後3時52分

(4)　できた食塩水の重さを□gとすると，$\frac{12}{\square}$＝3%　□＝12÷3%＝400g　したがって，水は400－12＝388(g)必要

(5)　A工場，B工場合わせて1日で37＋27＝64個の製品を作る。したがって，1000個目の製品ができるのは1000÷64＝15…40より，15＋1＝16(日目)

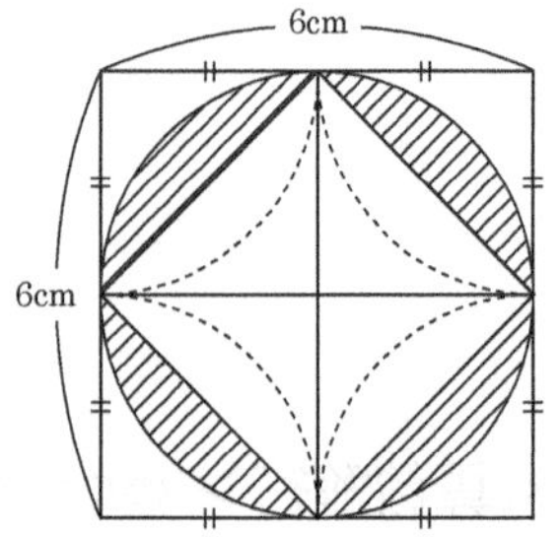

(6)　右図の通り，求める面積は円から正方形を除いたものの2倍となる。正方形の面積は小さい直角二等辺三角形の4つ分なので$3\times3\times\frac{1}{2}\times4=18(\text{cm}^2)$　　円の面積は$3\times3\times3.14=28.26(\text{cm}^2)$　したがって，求める面積は$(28.26-18)\times2=20.52(\text{cm}^2)$

重要 3　(場合の数)

(1)　(a, b)で，1回目にaの目が出て2回目にbの目が出ることを表すとする。和が7となるのは(1, 6)，(2, 5)，(3, 4)，(4, 3)，(5, 2)，(6, 1)の6(通り)

(2)　積が奇数となるのは奇数×奇数となる場合であり，1回目，2回目とも奇数が出る場合である。奇数の目は3通りあるので，1回目，2回目とも奇数が出るのは$3\times3=9$(通り)

(3)　積が4の倍数となるのは，
①1回目，2回目のどちらかが4
②1回目，2回目とも4以外の偶数(2もしくは6)
のいずれかのときである。①は(4, 1)，(4, 2)，(4, 3)，(4, 4)，(4, 5)，(4, 6)，(1, 4)，(2, 4)，(3, 4)，(5, 4)，(6, 4)の11通りあり((4, 4)を2回カウントしないように注意)，②は(2, 2)，(2, 6)，(6, 2)，(6, 6)の4通りである。したがって，積が4の倍数となるのは$11+4=15$(通り)

重要 4　(集合・論理)

(1)　②より$432\times\frac{1}{3}=144$(人)

(2)　⑤より1年生の女子は$(144-40)\div2=52$人　　④より2年生の女子は$52+20=72$(人)

(3)　③より全学年の女子の合計は$432\times\frac{7}{(11+7)}=168$人　　3年生の女子は$168-52-72=44$人
全学年の男子の合計は$432\times\frac{11}{(11+7)}=264$人　　1年生の男子は$144-52=92$人であり，2年生の男子と3年生の男子の合計は$264-92=172$人　　3年生の男子の人数を□とすると，①より，2年生の男子の人数は□＋44　　したがって，□＋□＋44＝172　　□＋□＝128　　□＝64(人)

重要 5　(流水算)

(1)　分速100mなので，時速$100\times60=6000$m＝6(km)

(2)　A市からB市へは時速$18+6=24$km，B市からA市へは時速$18-6=12$kmで進むので，A市からB市，B市からA市へかかる時間の比は，速度の逆比であり12：24＝1：2　　船がB市で休むことなくA市からB市の間を往復すると，10時55分－9時－25分＝1時間55分－25分＝1時間30分＝$\frac{3}{2}$時間なので，A市からB市までかかる時間は$\frac{3}{2}\times\frac{1}{(1+2)}=\frac{1}{2}$時間　　A市からB市へは時速24kmなので，A市とB市の間の距離は$24\times\frac{1}{2}=12$(km)

★ワンポイントアドバイス★

ケアレスミス，問題の読み間違いをしないように注意しよう。4はそれぞれの条件で何を求めることが出来るか整理しながら解答しよう。5は速さと時間と距離の関係をマスターしていればそれほど難しくはないと思われる。

＜理科解答＞《学校からの正答の発表はありません。》

1　問1　ア　問2　イ　問3　エ　問4　空気，温度　問5　ウ

2　問1　ア　地軸　イ　公転　問2　イ　問3　ウ　問4　東経131度　問5　ア
問6　ア　水蒸気　イ　水

3　問1　イ　問2　エ　問3　(1)　オ　(2)　ア，エ　問4　ウ　問5　混ぜ合わせても分離し，油性インクは水性インクの上になり二層に分かれる。

4　問1　A　イ　B　エ　C　カ　問2　LED　問3　雨や雪の多い地域では発電の効率が悪い　問4　熱に変わる　問5　地球温暖化

5　イ

○推定配点○

1　各2点×5(問4完答)　2　問1，問6　各1点×4　他　各2点×4
3　各2点×6(問3(2)完答)　4　各2点×7　5　2点　計50点

＜理科解説＞

1　(植物―葉，種，発芽条件)

基本　問1　ジャガイモの葉は茎の両側に互い違いにつく。

問2　植物のスケッチでは，輪郭は1本の連続した線で描き塗りつぶさない。

基本　問3　ピーマンの種は，エの形の薄い種である。

基本　問4　発芽の3要素は，空気，温度，水である。

問5　ビニールをかぶせると土からの水分の蒸発が抑えられ，適度な水分量を保てるので発芽する割合が多くなる。

2　(星と星座―星の動き・太陽の動き)

基本　問1　太陽の高さや昼間の時間の長さが変化するのは，地軸が23.4°傾いていて，太陽の周りを1年かけて公転しているからである。

重要　問2　星は1か月に30°東から西に移動して見える。12月ごろ南西の空に見えたシリウスは，1か月後の同じ時刻には地平線の近くに見える。

重要　問3　1か月後の同じ時刻にオリオン座は真南より30°西に見える。この日，南中する時刻は2時間前の午後7時である。つまり，1か月で南中する時刻が2時間早くなる。午前5時に南中するには，これより8か月後の10月中旬になる。

重要　問4　この日の昼間の長さは13時間6分である。明石市では正午に太陽が南中するので，明石市のこの日の日の出は午前5時27分であった。この駅の日の出が午前5時11分だったので，明石市より16分早かった。4分で太陽は1°東から西へ移動するので，16分では4°移動する。つまり，この駅の東経は明石市より4°東にある。明石市の東経が135°なので，この駅の東経は131°である。

問5　月は1日に約12°西から東に移動するように見える。図1の月は下弦の月であり，これからさらに欠けてゆく。3日後の同じ時刻には，左側が光る月がウの位置に見える。

基本　問6　体内の水蒸気が吐く息に含まれ，これが外気で冷やされると水になる。

3　(ものの溶け方―水性インクと油性インク)

問1　実験室なので，机の上の液体が危険物である可能性もある。ティッシュで拭くと手につく危険がある。

問2　駒込ピペットから落とした水はろ紙を広がっていく。油性インクのところに水が達しても，

油性インクは水には溶けないので変化はない。

問3 (1) 油性インクの原料は石油からできたものであり，水には溶けない。油は水より軽いので，水にたらすと水の表面に浮く。 (2) 油が水に浮くのは，油の方が水より密度が小さいため，油の方が重さが軽くなるためである。

問4 黒色はいろいろな色が混ざり合っている。Zは水性の黒インクなので，水に溶け成分に分かれてろ紙上を移動する。

問5 混ぜ合わせても分離し，油性インクに含まれる油(有機溶媒という)は水より軽いので，水性インクに含まれる水に浮いて二層に分かれる。水性インクに含まれる顔料(インクの成分)は有機溶媒側に移ると思われる。

4 (環境と時事―発電方法・再生可能エネルギー)

基本 問1 (A) 自然のエネルギーを利用して発電する方式には，太陽光エネルギーや風力，地熱発電などがある。 (B) 火力発電は石油，石炭，天然ガスを燃料としている。 (C) 化石燃料を燃やし，水を水蒸気に変えてその圧力でタービンを回し発電する。

基本 問2 発光ダイオードはLEDと呼ばれる。

問3 太陽光発電は天候に左右される。雨や雪の日は発電の効率が悪い。雪の積もる地域では，冬場の発電ができない。また，設置にコストがかかりすぎる問題もある。

問4 LEDは光っているときに放出する熱が少なく，消費電力が少ない。雪の降る地域では，白熱電球を使うことで，同時に熱が発生し信号に雪が積もりにくくする効果がある。

基本 問5 二酸化炭素は温室効果ガスと呼ばれ，地球温暖化の原因物質である。

5 (環境と時事―H3ロケット)

JAXAは2023年2月17日に種子島宇宙センターからH3ロケットの打ち上げを予定していたが直前に中止，3月7日に再挑戦したが失敗に終わった。2024年2月17日に再度打ち上げが行われ，この時は成功した。

★ワンポイントアドバイス★

基本的な内容を問う問題が大半である。基礎力をしっかりと身につけよう。さらに最後の問題は時事問題や地域の特色を題材とした問題である。

＜社会解答＞《学校からの正答の発表はありません。》

1 問1 イ，エ　問2 ウ　問3 イ　問4 (1) 海　(2) 陸　問5 リアス(海岸)
問6 エ

2 問1 ウ　問2 イ　問3 公地公民(制)　問4 ウ　問5 応仁の乱　問6 エ
問7 イ　問8 ア　問9 ア　問10 エ　問11 ウ　問12 エ
問13 サンフランシスコ平和条約　問14 ウ

3 問1 A 財政　B 内閣　C 国　D 地方　問2 エ
問3 (1) エ　(2) ウ　問4 1 イ　2 ア　3 ア　4 イ

○推定配点○

1 問2・問6 各1点×2　他 各2点×5(問1完答)

2　問1・問2・問4・問6・問11・問12　各1点×6　　他　各2点×8
3　問3・問4　各1点×6　　他　各2点×5　　　計50点

＜社会解説＞

1　(日本の地理－日本の災害と防災)

重要　問1　台風とは，日本の南の太平洋上で発生した熱帯低気圧のうち，最大風速が毎秒約17m以上のものをいう。よって，イとエが正しい。なお，ウのhPa(ヘクトパスカル)は大気圧の単位であり，一般に数値が低いほど台風の勢力は強い。

やや難　問2　台風は自力で移動するのではなく，太平洋高気圧のふちを時計回りに北上したあと，偏西風に流されて東に進むことが多い。太平洋高気圧は冬になると勢力が弱まって南に下がるため，11月のルートは日本列島の南を通るウとなる。なお，アは7月，イは9月の平均的なルートである。

重要　問3　雨雲(積乱雲)が次々に発生し，ほぼ同じ場所を雨雲が通過・停滞することで数時間にわたって大雨を降らせる雨域を線状降水帯という。よって，イが正しい。なお，アのゲリラ豪雨とは，激しい雨が短時間で局地的に降る現象のことをいう。

問4　地球の表面を覆っている厚さ約100kmの岩盤をプレートといい，日本列島の周りには海洋プレートの太平洋プレートとフィリピン海プレート，大陸プレートの北アメリカプレートとユーラシアプレートの4つがある。漢字1字で答えるので，答えは(1)は海，(2)は陸となる。

基本　問5　陸前高田市がある岩手県の太平洋岸は，海岸線が複雑に入り組んだリアス海岸である。リアス海岸は，波がおだやかで漁港や養殖場に適している一方で，津波の被害が大きくなりやすい。

問6　地震や火山の噴火などの自然災害を未然に防ぐことは現時点では不可能であるため，災害が起きる前提のもとで，その被害を最小限におさえるという考え方をエの減災という。なお，アの防災は災害の発生自体を未然に防ぐこと，イの被災は災害の被害を受けること，ウの甚災は規模の大きな災害のことをさす。

2　(日本の歴史－各時代の史料とその説明文)

基本　問1　645年，中臣鎌足とともに蘇我蝦夷・入鹿父子を滅ぼしたのはウの中大兄皇子である。なお，中大兄皇子は646年に改新の詔を出して天皇中心の国づくりを進め，668年に天智天皇となった。

基本　問2　701年，藤原不比等と刑部親王によってつくられたのはイの大宝律令である。なお，律は刑罰について，令は政治の仕組みについてそれぞれ定めた決まりである。

基本　問3　かつて皇族や豪族がそれぞれ支配していた土地や人民を，天皇を中心とした国家が直接支配するという原則を公地公民制という。なお，その後743年に聖武天皇が墾田永年私財法を出すと，荘園と呼ばれる貴族や寺社の私有地ができ，公地公民制はくずれた。

重要　問4　律令制下の税のうち，男子に課された地方の特産物を中央に納める税は，ウの調である。なお，アの雑徭は国司のもとでの労役，イの庸は中央での労役の代わりに布を納めること，エの租は口分田でとれた稲の3%を地方の役所に納める税で，租は男女が，それ以外は男子が負担した。

基本　問5　1467年，室町幕府8代将軍足利義政のあとつぎ争いや有力な守護大名どうしの争いがきっかけで応仁の乱が起きた。応仁の乱は京都を戦場に約11年続き，以後下剋上の風潮で知られる戦国時代をむかえた。

問6　慈照寺の銀閣は，足利義政が京都の東山に建てた2階建ての漆塗りの建物で，「古都京都の文化財」の一つとしてユネスコの世界文化遺産に登録されている。銀閣の建築様式は寝殿造りでなく，現在の和室のもとになった書院造りであるので，エが正しくない。

重要　問7　戦国大名のうち，甲斐を中心に勢力を広げたのはイの武田信玄である。なお，アの今川義元は駿河や遠江，ウの上杉謙信は越後，エの浅井長政は近江を拠点とした戦国大名である。

問8　明治時代の1904年に始まった日露戦争では，戦争に反対する人物もいた。そのうち，キリスト教徒の立場から反対したのはアの内村鑑三である。なお，イの与謝野晶子は女性の立場から『君死にたまふことなかれ』を発表し，ウの幸徳秋水は社会主義者の立場からそれぞれ戦争に反対した。また，エの平塚らいてうは1911年に青鞜社，1919年に新婦人協会を設立して婦人参政権運動を進めた人物である。

重要　問9　1905年にポーツマス条約の全権代表を務め，1911年にはアメリカと交渉して関税自主権の回復に成功した人物は，アの小村寿太郎である。なお，イの伊藤博文は1885年に初代内閣総理大臣になった人物，ウの陸奥宗光は1894年にイギリスと交渉して治外法権(領事裁判権)を撤廃し，1895年の下関条約では伊藤博文とともに全権代表を務めた人物である。また，エの大隈重信は1882年に立憲改進党を結成した人物である。

やや難　問10　ポーツマス条約は，アメリカのセオドア・ルーズベルト大統領の仲介で結ばれたのでエが正しくない。なおこの条約では，韓国の指導・監督権をロシアに認めさせたうえ，遼東半島の租借権や樺太(サハリン)の南半分，南満州鉄道の経営権をロシアから得たものの，賠償金は得られなかったため，日比谷焼き打ち事件という暴動が起こった。

問11　1910年のグラフで，綿花を輸入して綿糸を輸出していることから，国内で加工貿易を行っていたことがわかる。よって，ウが正しい。なお，アについて，輸入品の総額は1890年と1910年を比べると，約5.7倍に増えている。イについて，生糸は輸入品でなく輸出品の中心であり，綿糸をつくる紡績業と同様に生糸をつくる製糸業も発展したといえる。エについて，1910年の輸出のグラフに機械類は確認できないので，重化学工業が発達したとはいえない。

基本　問12　1956年，鳩山一郎首相は当時のソ連を訪問し，日ソ共同宣言を結んで国交を正常化した。その後国際連合への加盟が認められ，国際社会に復帰した。

基本　問13　1951年のサンフランシスコ講和会議で結ばれた条約を，サンフランシスコ平和条約という。なお，この条約に調印したのは吉田茂首相で，日本は翌年に主権を回復した。

重要　問14　日本が台湾・澎湖諸島を領有したきっかけは，1895年に結ばれた下関条約である。日清戦争の講和条約である下関条約では，他に朝鮮が独立国であることを清に認めさせ，多額の賠償金と遼東半島を得たものの，ロシア，フランス，ドイツによる三国干渉で遼東半島は清に返還した。

3　**(政治－財政と景気変動，税金など)**

問1　A　国や地方公共団体が税金などを集めて，公共事業やさまざまなサービスに支出することを財政という。また，財政を通じて世の中に出回るお金の量を調整するなど，経済をコントロールする。　B　国の予算は，まず内閣が予算案を作成し，それを国会が議決して成立する。

C・D　税金のうち，国に納められるものを国税，地方公共団体に納められるものを地方税という。

重要　問2　一般に，世の中に出回るお金の量を増やせば経済活動が活発化し，景気は良くなる。好景気になると物価が上がる一方で貨幣の価値が下がるインフレーションが起きる。逆にお金の量を減らせば経済活動がおさえられ，景気が悪くなる。不景気になると物価は下がり，一方で貨幣の価値が上がるデフレーションが起きる。よってエの組み合わせが正しい。

問3　(1)　グラフのうち，税収は1975年度と2022年度を比べると約4倍に増えており，その間も一時期を除いて増加傾向であると言える。よってエが正しくない。　(2)　数値が明記されている2022年度は，一般会計歳出は139.2兆円，一般会計税収は68.4兆円，公債発行額はあわせて62.5兆円である。歳入(税収＋公債)の130.9兆円のうち，公債が占める割合は62.5兆円÷130.9兆円×100＝47.7…となり，全体の約48％を占めている。これだけでもウが正しくないとわかる。

重要 問4　税金には，税を負担する者と税を納める物が同じである直接税と，負担する者と納める物が異なる間接税がある。1の消費税は間接国税(一部は地方にも納められる)，2の法人税と3の所得税はどちらも直接国税，4の酒税は間接国税である。なお所得税には，所得が多いほど税率も上がる累進課税制が導入されている。

★ワンポイントアドバイス★

理科と合わせて60分だが，社会はなるべくスピーディに解き，理科に時間を回せるように心がけよう。難しいと思った問題は時間をかけずに飛ばしてしまおう。資料の読み取り問題はていねいに読んで確実に正解したい。

<国語解答>《学校からの正答の発表はありません。》

一　問一　対話　　問二　イ　　問三　物事の〝本質〟を洞察すること　　問四　ウ
　問五　⑤　エ　　⑥　ウ　　⑦　イ　　⑧　ア　　問六　相対　　問七　b　　問八　エ

二　問一　エ　　問二　ウ　　問三　一つの車輪　　問四　エ　　問五　ウ　　問六　イ
　問七　熱さ　　問八　ア　　問九　イ

三　問一　①　円熟　　②　自尊心　　③　絵空事　　④　朗　　⑤　衣装[衣裳]
　問二　①　ウ　　②　キ　　③　オ　　④　ア　　⑤　カ　　問三　①　ウ　　②　イ
　③　オ　　④　ク　　⑤　ケ

○推定配点○

一　問五　各2点×4　　問六　3点　　他　各4点×6　　二　問七　3点　　他　各4点×8
三　各2点×15　　計100点

<国語解説>

一　**(論説文－要旨・大意・細部の読み取り，接続語，空欄補充，ことばの意味，反対語)**

重要 問一　――線部①のある段落で，「ソクラテス」は「道行く人びとに『ねえ君，君，恋とはいったい何だと思うかね？』などと問いかけて」いたことと同様のこととして，「僕たちは，……」で始まる段落で，「……恋っていったい何なのか……といったテーマについても，対話を通して，その〝本質〟を深く了解し合える可能性がある」とを述べているので，ソクラテスが物事への理解を深めようとしたのは「対話(2字)」を通してである。

問二　――線部②は，人の笑いを誘うような，常識を外れたおかしさや面白さという意味なのでイが適切。

問三　「繰り返すけど，……」で始まる段落で，「物事の〝本質〟を洞察すること(14字)」こそが，哲学の最大の意義であることを述べている。

重要 問四　――線部④は，直後の段落で述べているように「本質をとらえること」であり，「そんなわけで……」で始まる段落で「哲学とは……物事の〝本質〟をとらえる営み」であること，さらにこの「哲学」について，最後の2段落で，「僕たちの人生には……対立を解消したり，協力し合ったりするために，何らかの〝共通了解〟がどうしても必要になる時があ」り，「そんな時，哲学は，『ここまでならだれもが納得できるにちがいない』という地点まで考えを深めようとする」ことを述べているのでウが適切。これらの内容をふまえていない他の選択肢は不適切。

問五　⑤は直前の内容の具体例が続いているのでエ，⑥は直前の内容を言いかえた内容が続いているのでウ，⑦は直前の内容を理由とした内容が続いているのでイ，⑧は直前の内容とは反する内容が続いているのでアがそれぞれ当てはまる。

基本　問六　他との関係や比べることなしに成り立つという意味の「絶対」の対義語は，他との関係や比べることによって成り立つ「相対(2字)」である。

問七　ぬけている文の「こうした『そもそも』」は，「その意味でも……」で始まる段落の「『そもそも教育とは何か？』」のことを指し，「もちろん，……」で始まる段落で，ぬけている文とともに「哲学」の説明をしているのでbが適切。

やや難　問八　エは「そんなこと……」から続く4段落内容をふまえているが，「人びとは哲学を必要とすることは少ない」とは述べていないのでイは不適切。「僕たちは，……」で始まる段落で「対話を通して，その〝本質〟を深く了解し合える可能性がある」と述べているが，「どんな人とでも分かり合うことができる」とは述べていないので，アは不適切。「[A]主義の……」から続く2段落で「人びとは――哲学者たちでさえ――『絶対に正しいことなんて何もない』……『ま，考え方は人それぞれだよね』で済ませようとする傾向がある」が，「それでは済まない時がある」ことを述べているので，ウも不適切。

二　(物語－心情・情景・細部の読み取り，指示語，空欄補充，ことばの意味，ことわざ，表現技法)

重要　問一　アは「レールは，涙ぐみながら，……」で始まる段落，イは「『どうなさったのですか？』……」で始まる場面，ウは「去っていった……」で始まる場面で，「レール」が直接話している。エは「『これから……』……」で始まる場面で「月」と話しているが，「レール」とは話していない。

基本　問二　「レール」や「なでしこの花」を人が話すように描いているのでウが適切。アは語や文節をふつうの順序とは逆にする技法。イは同じ語句や似た語句をくり返す技法。エは「ような」などの語を使ってたとえる技法。

問三　「『私はどんなに，……』『そうです。……』」で始まるセリフで，「一つの車輪(5字)」を痛めて傷ついたことを「汽罐車」が話している。

問四　「夕立」は，夏の午後に降る激しいにわか雨のことなのでエが適切。

やや難　問五　「去っていった……」から始まる場面で描かれているように，汽罐車がレールを傷つけたことで「『不心得をさとしてやる』」というレールとの約束を守るために，月は汽罐車を探しまわった。「月は，さっそく，汽罐車の……」から始まる場面では，見つけた汽罐車から，重い荷物で体をいためたという話を聞くと「だれが悪いということができ」ず「レールを傷つけたといって汽罐車をしかることもできなかった」こと，その後で，荷物の大きな箱の話を聞いて「いったいだれが悪いのかと考え」た月の様子が描かれているのでウが適切。アの「非情さ」，イの「好奇心と，人に認められたいというどん欲さ」，エの「太陽に対する劣等感」はいずれも不適切。

問六　――線部⑤は「今日，冷酷な汽罐車に傷つけられたこと，太陽が……用捨なく，頭から照りつけたこと」というレールの話なのでイが適切。⑤前のレールの話をふまえていない他の選択肢は不適切。

問七　「のどもと過ぎれば[熱さ]を忘れる」は，熱いものも飲みこんでしまえば熱さは感じられない，ということから，苦しい経験も過ぎ去ってしまえばその苦しさを忘れるという意味。

問八　「物思いに沈む」は，悩み事や心配事を考えて暗い気持ちになるという意味で，――線部⑦直後で，どこへやられるかわからず，心細くなっていることを箱が話しているのでアが適切。先のことを考えて暗い気持ちになっていることを説明していない他の選択肢は不適切。

重要　問九　「レールも花も……」から始まる場面で，雨がレールを冷やし，レールの話を聞いていることが描かれているが，イの「最初から知っていた」とは描かれていないので間違っている。アは「涼しい一夜を……」で始まる段落，ウは「『私はどんなに……』『そうです。……』」で始まる汽罐車のセリフ，エは最後の段落から読み取れる。

三 (漢字の書き取り，文学作品と作者，敬語)

基本 問一　①は技術などが十分に熟達し，豊かな味わいをもつこと。②は自分自身を大切にし，自分に自信をもつ気持ちのことで，プライドともいう。③は大げさなことや，ありもしないうそのこと。④の音読みは「ロウ」。熟語は「明朗」など。⑤の「装」の部首は「衣(ころもへん)」であることに注意。

重要 問二　尊敬語は，先生や上司など相手の動作などを高めることで敬意を表す語である。謙譲語は，自分や自分の身内の動作をへりくだることで相手への敬意を表す語である。①の尊敬語はウで，イは謙譲語。②の尊敬語はキで，エは謙譲語。③の尊敬語はオで，謙譲語は「参る，うかがう」。④の尊敬語はアで，謙譲語は①と同じイ。⑤の尊敬語はカで，クは謙譲語。

やや難 問三　他の作者の作品は，アは『土佐日記』，また『古今和歌集』の選者の一人。エは『方丈記』など。カは『たけくらべ』など。キは『走れメロス』など。コは『歌よみに与ふる書』など。

★ワンポイントアドバイス★

物語では，時間や場所によって場面が変わる情景を，頭に描きながら読み進めていこう。

MEMO

大切なことはメモしておこうネ！

2023年度

★★★★★★★★★★★★★★★★★★★★★★★

入　試　問　題

2023年度

東海大学付属浦安高等学校中等部入試問題

【算　数】（50分）　＜満点：100点＞

1 次の各問いに答えなさい。

(1) 715－546÷13 を計算しなさい。

(2) 24＋12×（6－2）を計算しなさい。

(3) $\frac{5}{6}+4\frac{1}{12}-3\frac{2}{3}$ を計算しなさい。

(4) 8.84÷2.6＋0.8 を計算しなさい。

(5) 17×3.14－4×9.42 を計算しなさい。

(6) $0.8-\frac{6}{25}\times\left(\frac{1}{3}-0.125\right)$ を計算しなさい。

2 次の各問いに答えなさい。

(1) 63円切手と84円切手が合わせて60枚あり，合計の金額は4200円でした。63円切手は何枚ありますか。

(2) Aさんは図書館から1㎞はなれた駅に分速60mの速さで向かいました。BさんはAさんが忘れ物をしたことに気が付き，Aさんが出発してから5分後に同じ道を図書館から分速100mで追いかけました。BさんがAさんに追いつくのはAさんが出発してから何分何秒後ですか。

(3) 3％の食塩水150gと6％の食塩水450gを混ぜると何％の食塩水になりますか。

(4) 1個80円の値段で売ると，1日に300個売れる商品があります。この商品は値段を1円値下げするごとに，売り上げ個数が6個ずつ増えます。この商品の値段を3円値下げするとき，この商品の1日の売り上げ金額はいくらですか。

(5) 次の図形の斜《しゃ》線の部分の面積は何㎠ですか。ただし，円周率は3.14とします。

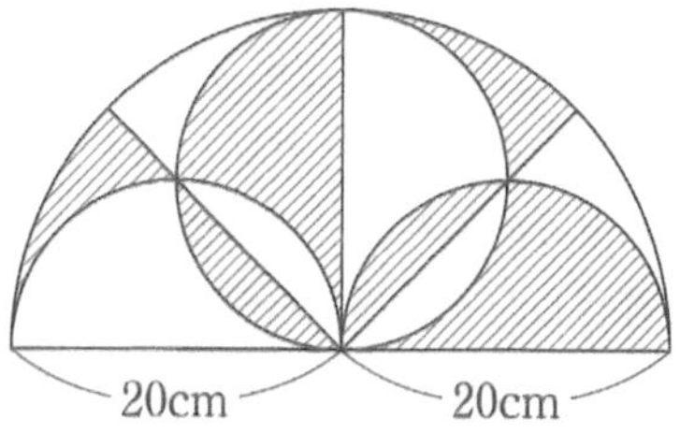

(6) 次のページの図は直方体から直方体を切り抜いた図です。このときの立体の体積は何㎤ですか。

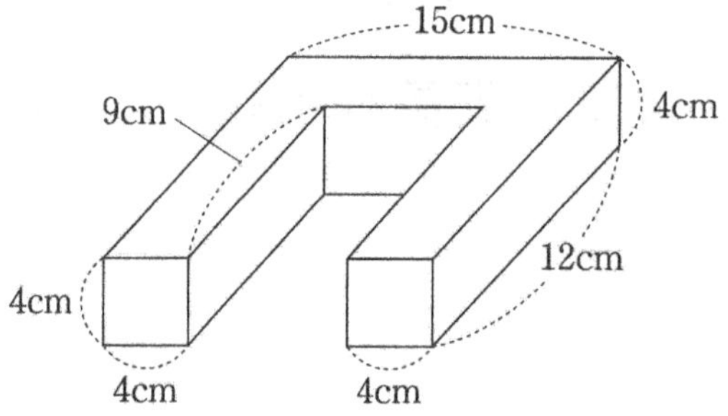

3　下の帯グラフは，ある年の浦安市の世代別人口の割合を表したものです。このとき，次の問いに答えなさい。

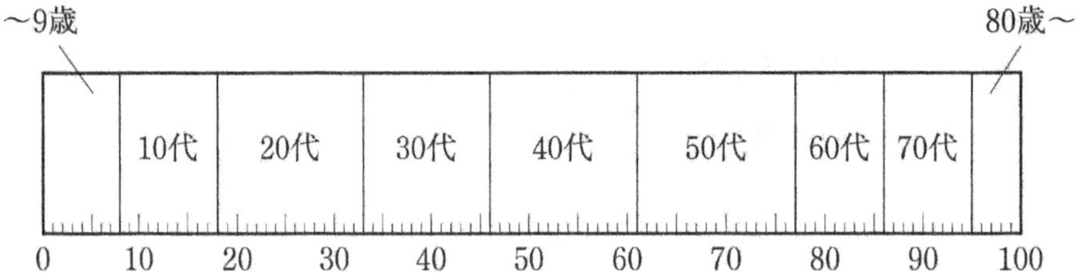

⑴　20代の人口は全体の何％になりますか。

⑵　20代，30代，40代，50代の人口を合わせた割合は，60代，70代，80歳～の人口を合わせた割合のおよそ何倍になりますか。小数第２位を四捨五入して求めなさい。

4　Ａさん，Ｂさん，Ｃさん，Ｄさん，Ｅさん５人の身長の平均は156cmでした。また，Ａさん，Ｂさん２人の身長の平均は150cmでした。このとき，次の問いに答えなさい。

⑴　Ｃさん，Ｄさん，Ｅさんの３人の身長の平均は何cmですか。

⑵　Ｆさんも加えた６人の身長の平均は155cmでした。Ｆさんの身長は何cmですか。

5　ある中学校の１年生134人のうち，電車を利用している生徒は126人，バスを利用している生徒は82人います。どちらも利用していない生徒が４人います。このとき，次の問いに答えなさい。

⑴　電車とバスの両方を利用している生徒は何人いますか。

⑵　電車かバスのどちらか一方を利用している生徒は何人いますか。

6　にごった水が大きな水そうに印のところまで溜《た》まっていました。そこで，図（次のページ）のような浄《じょう》化装置を使って水そうの水を抜《ぬ》きながらきれいな水を入れていくことにしました。毎分20Ｌずつ水を入れたところ，11分で水そうのふちいっぱいまで水が溜まったので給水レバーをしめました。しばらくしてから水そうを確認したところ，水が印のところまで減っていました。その後，毎分30Ｌずつ水を入れたところ，６分で水そうがいっぱいになりました。このとき，次の問いに答えなさい。ただし，水そうからは一定の割合で水が抜けているものとします。

⑴　水は水そうから毎分何Ｌずつ抜けていますか。

⑵　印のところまで水が溜まった状態で，水を毎分40Ｌずつ２分間入れました。その後，ちょうど

4分で水そうをいっぱいにするには，毎分何Lずつ水を入れればいいですか。

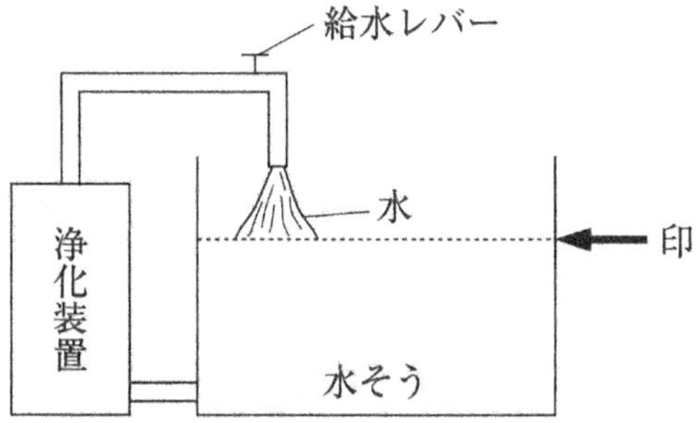

【理　科】（社会と合わせて60分）　＜満点：50点＞

1　植物に関する文章を読み，あとの各問いに答えなさい。

植物のからだのつくりは，根，くき，葉の３つの部分に分けられます。これらには生きるための役割があります。例えば葉のはたらきをみてみると，植物にふくまれる水分を外に出す(あ)蒸散や，日光のエネルギーを利用して行う(い)光合成があります。くきには植物のからだを支えるはたらきや，(う)養分をたくわえるはたらきがあります。

問１　下線部(あ)が行われるのは葉の何という部分か答えなさい。

問２　下線部(い)について以下の文章の空らん（①），（②）に入る正しい言葉を漢字で答えなさい。

光合成は日光のエネルギーを使って，水と（　①　）から（　②　）とデンプンを作るはたらきである。

問３　図１のように，着色した水を入れた三角フラスコにホウセンカを入れ，日光に当てました。数日後，くきの部分を切り取って断面を見てみると，断面の一部が染まっていました。断面の染まり方として正しいものを次のア～エより１つ選び，記号で答えなさい。

ア　　イ　　ウ　　エ

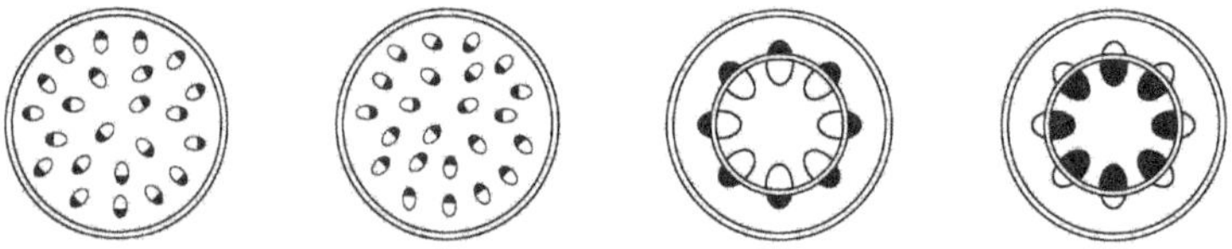

図１

問４　問３で使ったホウセンカの葉を切り取り，デンプンができているかを調べる実験を行いました。実験操作として正しい順番になるように，次のア～ウを並びかえなさい。

ア．温めたアルコールに入れて葉の緑色をとる。

イ．湯によくひたして，葉をやわらかくする。

ウ．葉を水で洗い流し，ヨウ素液にひたす。

問５　問４の実験をした結果，葉は何色になったか答えなさい。

問６　下線部(う)について，根に養分をたくわえる植物として正しいものを次のア～エよりすべて選び，記号で答えなさい。

ア．サツマイモ　　イ．ニンジン　　ウ．ダイコン　　エ．ジャガイモ

2　次の文章を読み，あとの各問いに答えなさい。

2022年の梅雨は，例年にない早さで明け，そのあと記録的な猛暑《もうしょ》となりました。６月下旬に気象庁が相次いで梅雨明けを発表したあと，日本付近は太平洋高気圧が張り出して，真夏のような暑さが続きました。６月25日には，群馬県伊勢崎《いせさき》市で40.2度の最高気温を観測し，６月として観測史上，初めて40度を超えました。東京の都心では７月３日にかけて，過去最も長い９日連続で①猛暑日となりました。７月下旬になると，一時暑さは弱まり，雨の日も多くなって，後ほど梅雨明けをこの時期に変更することになりました。しかし，８月に入ると再び暑さが続き，東京では今年の猛暑日が今までで一番多い16日を記録するなど，全国で記録的な暑さとなりました。

問1　下線部①の説明として正しいものを，次のア～エより１つ選び，記号で答えなさい。

ア．最高気温が30℃以上の日

イ．最高気温が35℃以上の日

ウ．最低気温が25℃以上の日

エ．熱中症警戒アラートが発令された日

問2　図１は６月25日の伊勢崎市の気温と時間の変化です。このグラフに，当日の太陽高度の変化，地面の温度の変化を書き加えるとどのようになりますか。正しいものを，次のア～エより１つ選び，記号で答えなさい。

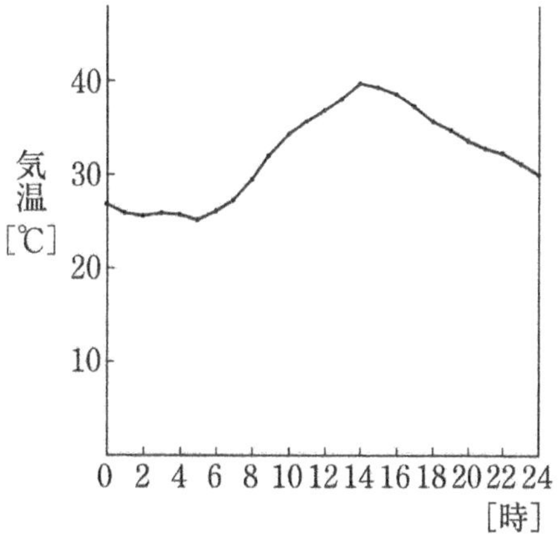

図１

太陽高度の変化
地面の温度の変化

ア

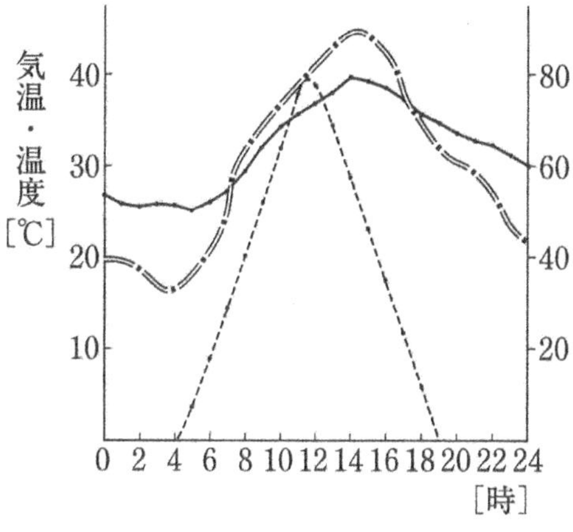

イ

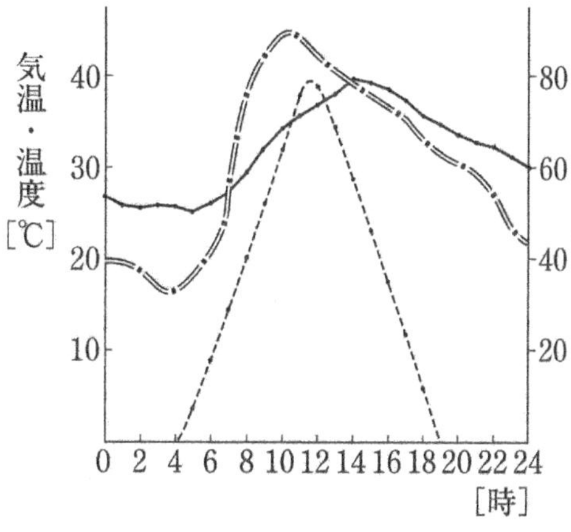

ウ

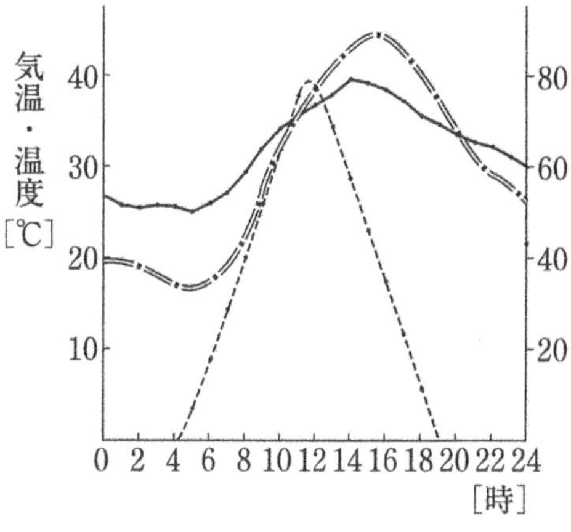

エ

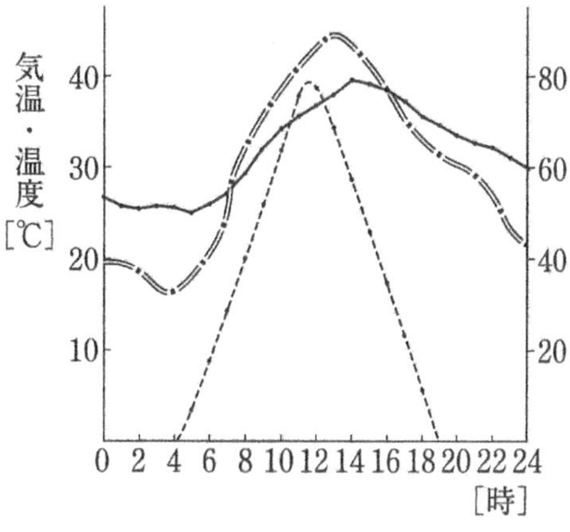

問３　問２を選んだ理由を説明した次の文章の，空らん（①）と（②）に入る言葉を答えなさい。

地球の空気は，まず（　①　）が暖められ，その熱によって（　②　）が暖められるから。

湿度《しつど》についての次の文章を読み，あとの各問いに答えなさい。

日本の夏は湿度が高いから暑いと言われます。湿度とは，空気がどれくらいの水蒸気をふくんでいるかという割合のことです。空気の温度が変わると，同じ量の水蒸気をふくんでいても湿度が変わります。これは，空気は高い温度ではたくさんの量の水蒸気をふくむことができますが，低い温度では少しの量の水蒸気しかふくむことができないからです。

問４　夏の暑い日に実験室の中を冷やしていたところ，図２中の窓に水てきがついていました。水てきがついていた場所について，正しいものを次のア～ウより１つ選び，記号で答えなさい。

ア．窓の廊下側についていた。

イ．窓の実験室側についていた。

ウ．窓の廊下側，実験室側両方についていた。

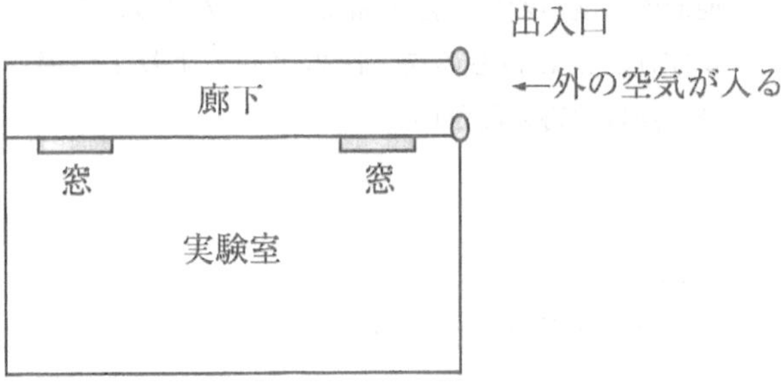

図２

問５　問４と同じ理由で起こる現象を，次のア～オよりすべて選び，記号で答えなさい。

ア．霜《しも》が降りる。　　　　イ．霧《きり》が出る。

ウ．雷《かみなり》が鳴る。　　　　エ．寒い外から暖房のきいた部屋に入ったところ眼《め》鏡《がね》がくもった。

オ．夕立の後，虹《にじ》が出た。

問６　空気中の水蒸気の量が１日中変わらなかったとします。その場合，伊勢崎市の６月25日の湿度は，気温の変化と比較すると，どのようになりますか。正しいものをあとのア～エより１つ選び記号で答えなさい。

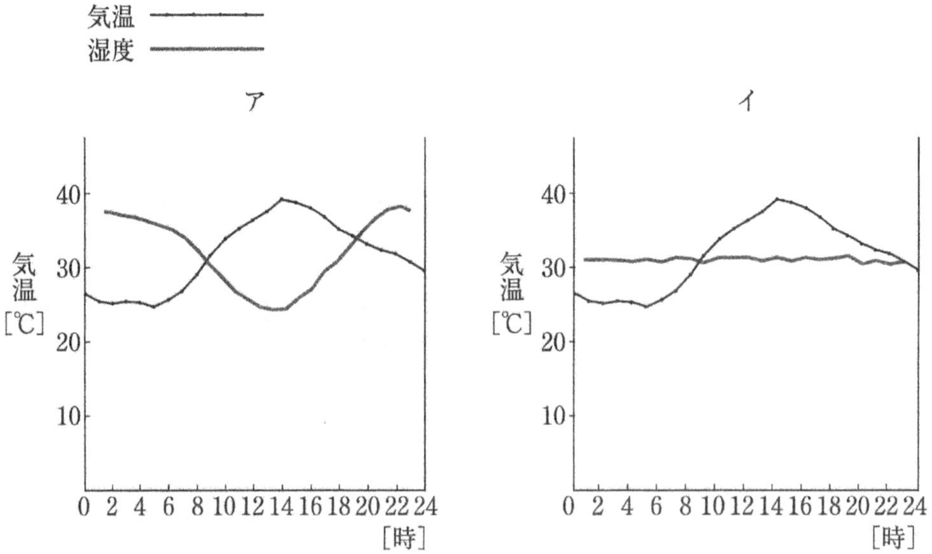

ウ

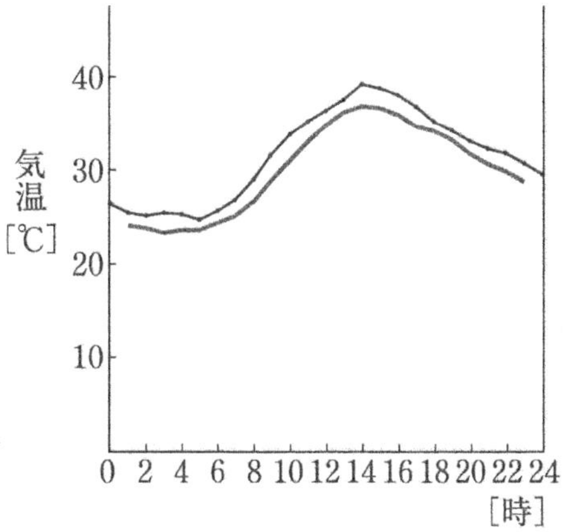

エ

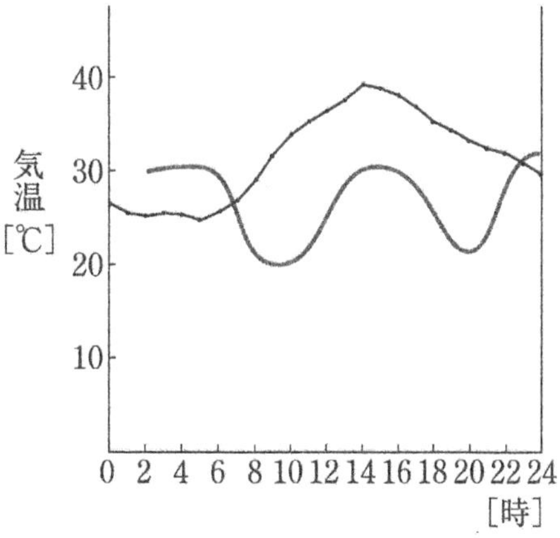

3 水よう液に関するあとの各問いに答えなさい。

6種類の液体（A．食塩水　B．砂糖水　C．石灰水　D．うすい塩酸　E．アンモニア水　F．酢）を用意しました。

問1　A～Fの液体10mLを別々の蒸発皿に入れました。完全に蒸発させたあと，固体が残ったのはどれですか。A～Fよりすべて選び，記号で答えなさい。

問2　A～Fの液体に赤いリトマス紙を入れて色の変化を調べました。色の変化として正しい組み合わせを①～⑥より1つ選び，番号で答えなさい。

	食塩水	砂糖水	石灰水	うすい塩酸	アンモニア水	酢
①	赤	赤	青	赤	赤	青
②	青	赤	赤	赤	赤	青
③	赤	赤	青	赤	青	青
④	青	青	青	青	赤	赤
⑤	赤	赤	青	赤	青	赤
⑥	青	青	赤	青	青	赤

問3　ムラサキキャベツ液を加えると黄緑色になる液体のうち，気体がとけているものはどれですか。A～Fより1つ選び，記号で答えなさい。

日常で使われているスポーツ飲料水について実験を行いました。このスポーツ飲料水に書かれていた表1を参考にして，あとの各問いに答えなさい。

表1

○品名：清涼《せいりょう》飲料水　○原材料名：水，砂糖，食塩，クエン酸
○内容量：600mL　○賞味期限：キャップに記載《きさい》
○保存方法：高温・直射日光をさけてください

問４　スポーツ飲料水10mLを蒸発皿に入れました。完全に蒸発させたあとに残った固体をけんび鏡で観察しました（図１）。図１の結晶は表１の原材料のうち，どれですか。次のア～エより１つ選び，記号で答えなさい。

ア．水　　イ．砂糖　　ウ．食塩　　エ．クエン酸

図１

問５　このスポーツ飲料水に赤色・青色リトマス紙をつけて色の変化を調べました。色の変化として正しい組み合わせを①～④より１つ選び，番号で答えなさい。

	赤色リトマス紙	青色リトマス紙
①	赤	赤
②	青	赤
③	赤	青
④	青	青

問６　スポーツ飲料水10mLを蒸発皿にとり，全体の重さをはかると72.3ｇでした。この蒸発皿を１分間加熱し，冷ましてからもう一度重さをはかると69.1ｇになっていました。重さが変化したのはなぜですか。その理由を簡単に説明しなさい。

4　もとの長さやのび方がちがう２本のばねＡ，Ｂがあります。これらのばねに，それぞれおもりをつるして，つるしたおもりの重さとばねの長さの関係を調べたところ，表１のようになりました。あとの各問いに答えなさい。ただし，使用しているばねや棒，ひもの重さは考えないものとします。

表１

おもりの重さ［g］	0	10	20	30	40	50	60
ばねＡの長さ［cm］	10	12	14	16	18	20	22
ばねＢの長さ［cm］	15	16	17	18	19	20	21

問１　おもりをつるしていないときのばねＡ，Ｂの長さはそれぞれ何cmになりますか。

問２　表１から，それぞれのばねについて，ばねののびとつるしたおもりの重さにはどのような関係が成り立ちますか。漢字で答えなさい。

問３　図１のように，ばねＡ，Ｂをつなげ，その下に40ｇのおもりをつるしました。このとき，ばねＡ，Ｂののびはそれぞれ何cmになりますか。

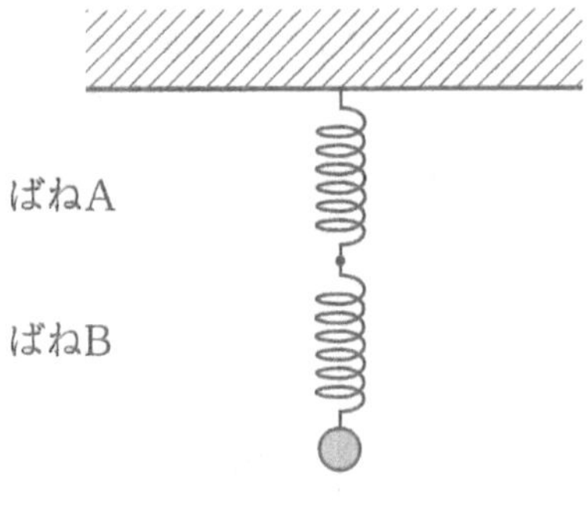

図１

問４　図２のように，ばねＡ，Ｂを棒の両端《はし》にとりつけ，さらに棒の中央に重さのわからないおもりをつるしたところ，ばねＡ，Ｂは同じ長さになりました。おもりの重さは何ｇになりますか。

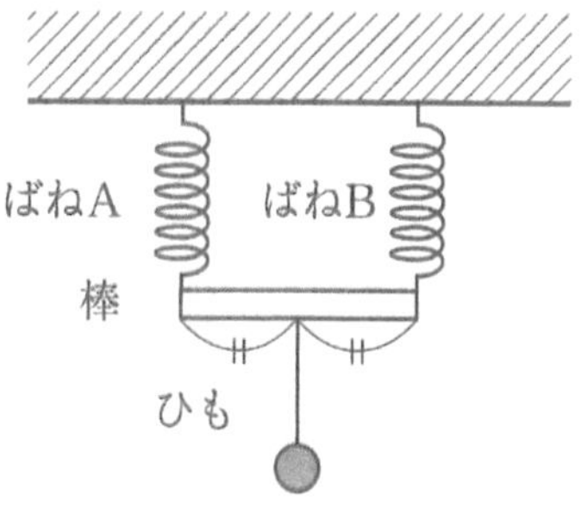

図２

図３のように，ばねＡに重さ60ｇのおもりをつるして，ビーカーの中に入った水におもりを完全にしずめると，ばねＡの長さは18㎝になりました。あとの各問いに答えなさい。

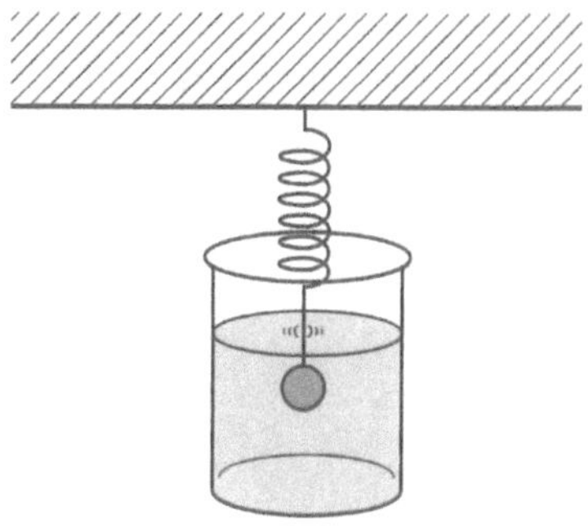
図３

問５　おもりが水から受ける上向きの力を何といいますか。正しいものを次のア～エより１つ選び，記号で答えなさい。

ア．重力　　イ．磁力　　ウ．浮力　　エ．水力

問６　おもりが受ける問５の力の大きさは何ｇになりますか。

5　次の文章を読んで，あとの問いに答えなさい。

探査機《たんさき》「（　Ａ　）」が小惑星《わくせい》「（　Ｂ　）」から持ち帰った砂などの試料に地球の生命の起源解明《きげんかいめい》などにつながるものを確認しました。（　Ｂ　）から回収した砂などにふくまれる物質を総合的に解析《かいせき》したところ，砂からは水素や炭素，水などが見つかり太陽系の形成・進化のメカニズムを解明していく上で重要な成果物であることを示しました。その他にも，生命に必要なたんぱく質を構成する物質である（　Ｃ　）も確認され，生命起源の解明に向け貴重な発見になりました。

問　（Ａ），（Ｂ），（Ｃ）に入ることばの組み合わせとして，正しいものを次のア～エより１つ選び，記号で答えなさい。

ア．（Ａ）はやぶさ　　（Ｂ）イトカワ　　（Ｃ）アミノ酸
イ．（Ａ）はやぶさ　　（Ｂ）リュウグウ　　（Ｃ）クエン酸
ウ．（Ａ）はやぶさ２　　（Ｂ）リュウグウ　　（Ｃ）アミノ酸
エ．（Ａ）はやぶさ２　　（Ｂ）イトカワ　　（Ｃ）クエン酸

【社　会】（理科と合わせて60分）　＜満点：50点＞

1　日本の自然と自然災害について述べた次の文を読み，あとの問いに答えなさい。

日本はユーラシア大陸の東に位置し，周囲を海に囲まれた南北に細長い島国です。また，①険《けわ》しい山々が多く，②平野とそこを流れる川など，変化に富んだ美しい景観をつくっています。

一方，その自然的条件から様々な自然災害も発生しています。日本は世界でも地震や火山が多い国です。地震はゆれによる家屋の倒壊《とうかい》など直接の被害のほかにも，土砂崩れや，③津波などの二次的な災害も起こることがあります。④火山の噴火《ふんか》は溶岩や火山灰を噴出《ふんしゅつ》し，火砕流《かさいりゅう》などによる被害を与えることがありますが，一方で⑤私たちは火山から様々な恩恵《おんけい》も受けています。

また日本の多くの地域は温帯に属《ぞく》していますが，季節風や海流の影響を受けるため，地域によって気候が異なります。さらに，台風や梅雨などにより，⑥気象災害がもたらされることがあります。

これまで日本は，数多くの自然災害に見舞《みま》われてきました。そして被害を受けるたびに，⑦当時の人々はその時の様子や教訓《きょうくん》を石碑などに刻《きざ》み，後世の私たちに残してくれました。残されたメッセージを教訓に，私たちは⑧自らの身を守る対策を日頃からしておかなければなりません。

問１　下線部①のうち，日本アルプスに含まれる山脈として，正しくないものを次のア～エから１つ選び，記号で答えなさい。

ア．飛騨山脈
イ．赤石山脈
ウ．木曽山脈
エ．日高山脈

問２　下線部②について，平野と川の組み合わせとして，正しくないものを次のア～エから１つ選び，記号で答えなさい。

ア．石狩川－十勝平野
イ．信濃川－越後平野
ウ．北上川－仙台平野
エ．筑後川－筑紫平野

問３　下線部③について，2011年３月に起こった東日本大震災で，津波による大被害を受けた三陸海岸の航空写真を，次のア～エから１つ選び，記号で答えなさい。

（国土地理院ウェブサイトより作製）

ア

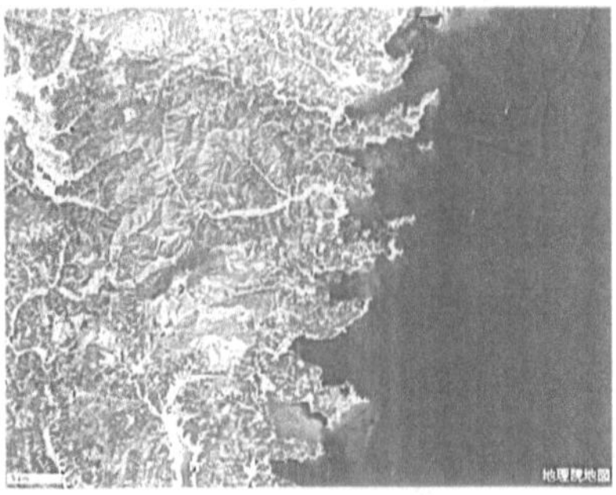

イ

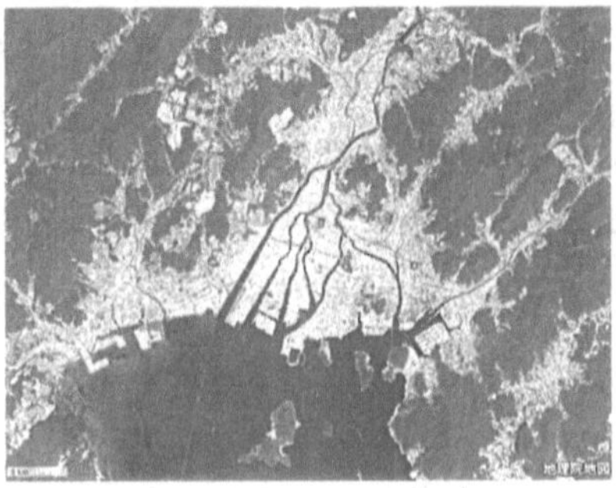

ウ

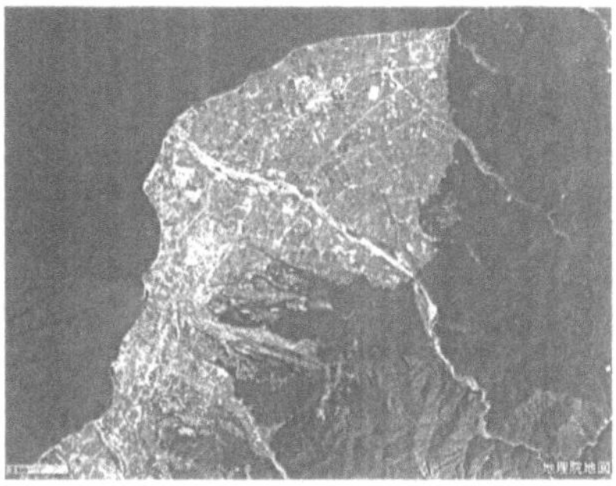

エ

問４　下線部④について，下の図を見て，次の文章中の（１）～（３）に適する語句を解答欄《かいとうらん》に合うように答えなさい。

> 　九州は火山が多い。右の地図中のＡの（１）山には噴火の後で中央部が落ち込んでできた（２）という大きな窪地《くぼち》がある。九州には（１）山のほかにも，近年でも活発に噴火を繰り返す桜島や雲仙岳などの火山がある。九州南部のＢの付近には，火山灰が堆積して生まれた（３）台地と呼ばれる水持ちの悪い地層が広がっている。

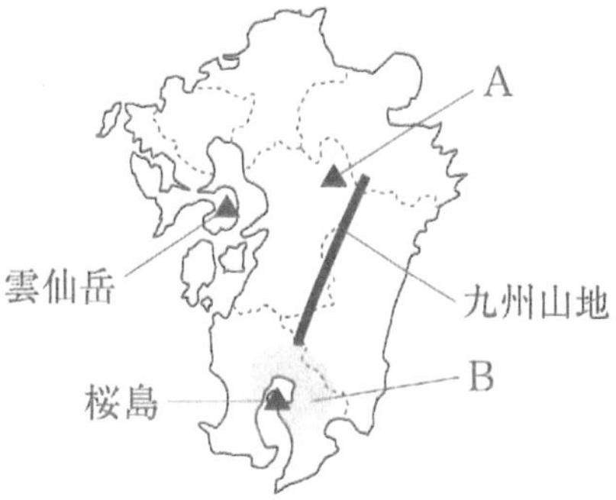

問５　下線部⑤について，火山は，様々な災害を引き起こす一方で，「二酸化炭素を発生させないで電気をつくる方法」としても利用されています。この発電方法を次のア～エから１つ選び，記号で答えなさい。

ア．風力発電

イ．太陽光発電

ウ．バイオマス発電

エ．地熱発電

問６　下線部⑥について，次の あ～え の文が示している地域を，次のページの地図中からそれぞれ１つずつ選び，記号で答えなさい。

あ　この地域では，大きな川が少なく年間の降水量も少ないため，特に夏は水不足が長期にわたり，干害（干ばつ）の被害にあいやすくなっている。

い　この地域では，寒流の上を渡ってくる冷たい北東の風が，春から夏に吹き付けて，夏の気温が低下し，冷害を引きおこすことがある。

う　この地域では，台風や集中豪雨によって水害に遭《あ》いやすくなっている。そのためにかつては集落全体を高い堤防で囲い，洪水から守っていた。

え　この地域では，雪が多く降るため，家がつぶれたり，交通機関が止まるなど，人々の生活に大きな被害をおよぼすことがある。

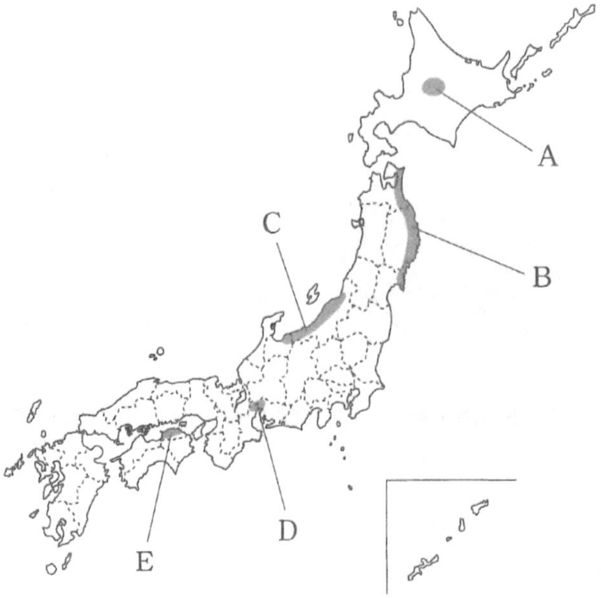

問7　下線部⑦について，国土地理院では2019年に「身近な災害の歴史を学び，教訓を未来に伝える」という意味から，「自然災害伝承碑」の地図記号を制定しました。その地図記号を下の地図から見つけ，解答欄に描きなさい。

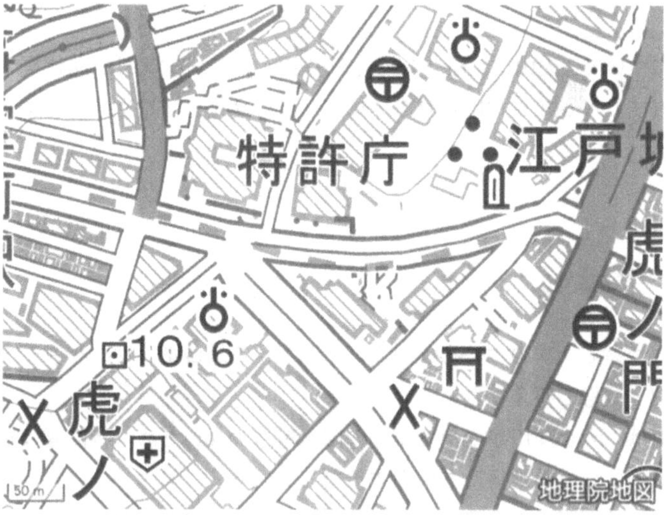

問8　下線部⑧について，各市町村が発行する，災害が起きたとき予想される被害の範囲や避難《ひなん》場所などを示した地図を何というか，答えなさい。

2 次の各時代の絵や写真とその説明文を読み，あとの問いに答えなさい。

平安時代		①中臣鎌足《なかとみのかまたり》の子孫である藤原氏は、11世紀前半にその権力は全盛期をむかえました。左は、藤原頼通《ふじわらのよりみち》が建立した（　②　）です。
鎌倉時代		将軍源実朝《みなもとのさねとも》の死後、朝廷と幕府との間で③内乱となりました。勝利した幕府側は左の後鳥羽上皇《ごとばじょうこう》を④隠岐に配流《はいる》し、新たな機関を設置し、政権は安定しました。1232年には、3代執権北条泰時《ほうじょうやすとき》が裁判の基準として⑤御成敗式目を制定しました。
江戸時代		幕府は⑥キリスト教の禁止を徹底するとともに、外交や貿易を独占しようと、いわゆる鎖国を実施しました。左は、⑦鎖国下の窓口の一つである人工島の（　⑧　）です。
大正時代		⑨第一次世界大戦のころ、日本では、普通選挙にもとづく⑩政党政治の実現を主張するなど、民主主義を求める風潮《ふうちょう》がおこりました。左は、1925年に普通選挙法を制定した時の内閣総理大臣である加藤高明《かとうたかあき》です。普通選挙の実施により、⑪有権者数は大きく増加しました。

問１　下線部①について，この人物が行った内容として正しいものを，次のア～エの中から１つ選び，記号で答えなさい。

ア．都を藤原京《ふじわらきょう》から平城京《へいじょうきょう》へ移した。

イ．犬上御田鍬《いぬかみのみたすき》を遣隋使として中国へ派遣した。

ウ．中大兄皇子《なかのおおえのおうじ》などとともに政治改革を行った。

エ．土地の私有を永久に認める墾田《こんでん》永年私財法を制定した。

問２　（②）に当てはまる建築物を，次のア～エの中から１つ選び，記号で答えなさい。

ア．中尊寺金色堂《ちゅうそんじこんじきどう》　イ．正倉院《しょうそういん》　ウ．平等院鳳凰堂《びょうどういんほうおうどう》　エ．唐招提寺《とうしょうだいじ》

問３　下線部③を何といいますか。解答欄《らん》に合う形で，漢字２字で答えなさい。

問４　下線部④について，この場所は鎌倉時代末に後醍醐《ごだいご》天皇が配流された地としても有名です。その場所はどこですか。地図中のア～オから１つ選び，記号で答えなさい。

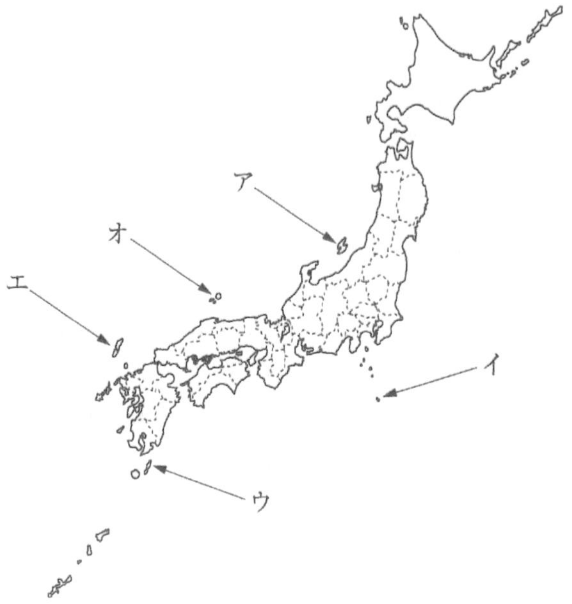

問５　下線部⑤の史料として正しいものを，次のア～エから１つ選び，記号で答えなさい。

ア．一、農民が，刀・弓・やり・鉄砲などの武器をもつことを禁止する。

イ．一、けんかした者は，いかなる理由でも処罰する。

ウ．一、安土の町は楽市としたので，すべての座は廃止し，労役や税も免除する。

エ．一、地頭は理由もなく荘園の年貢を差し押さえてはならない。

問６　下線部⑥について，1637年，九州の農民らが，厳《きび》しい年貢の取り立てとキリシタンへの迫害《はくがい》に対して反乱をおこしました。この反乱を何といいますか。次のア～エから１つ選び，記号で答えなさい。

ア．島原・天草一揆　　イ．大塩平八郎《おおしおへいはちろう》の乱

ウ．加賀の一向一揆　　エ．シャクシャインの乱

問７　下線部⑦についての説明として正しくないものを，次のア～エから１つ選び，記号で答えなさい。

ア．蝦夷地に領地を持つ松前藩がアイヌとの交易の独占権を幕府に認められていた。

イ．徳川将軍と琉球国王の代替《だいが》わりごとに琉球使節が江戸に派遣された。

ウ．朝鮮との国交は対馬藩の仲介で再開し，将軍の代替わりに朝鮮通信使が派遣された。

エ．明との間で勘合を用いた貿易が行なわれた。

問８　（⑧）にあてはまる言葉を，漢字２字で答えなさい。

問９　下線部⑨の説明文として正しくないものを，次のページのア～エから１つ選び，記号で答え

なさい。

ア．日本は日英同盟を理由に，連合国の一員として参戦した。

イ．サラエボ事件をきっかけに，同盟国と連合国との戦争に発展した。

ウ．連合国は敗戦したドイツとの間でワシントン条約を結び講和した。

エ．大戦中に日本は権益《けんえき》を広げようと，中国に二十一か条の要求をつきつけた。

問10　下線部⑩について，五・一五事件まで戦前の政党政治は続きました。この事件で暗殺された内閣総理大臣は誰ですか。次のア～エから１つ選び，記号で答えなさい。

ア．大隈重信《おおくましげのぶ》　イ．原敬《はらたかし》　ウ．尾崎行雄《おざきゆきお》　エ．犬養毅《いぬかいつよし》

問11　下線部⑪について，下の２つの資料から読み取れる文として正しいものを，次のア～エから１つ選び，記号で答えなさい。

総選挙実施の年	有権者の資格
1890年（明治23年）	直接国税15円以上納める25歳以上の男子
1902年（明治35年）	直接国税10円以上納める25歳以上の男子
1920年（大正9年）	直接国税3円以上納める25歳以上の男子
1928年（昭和3年）	25歳以上の男子（戦前の普通選挙）
1946年（昭和21年）	20歳以上の男女（戦後の普通選挙）

有権者数と全人口にしめる有権者の割合

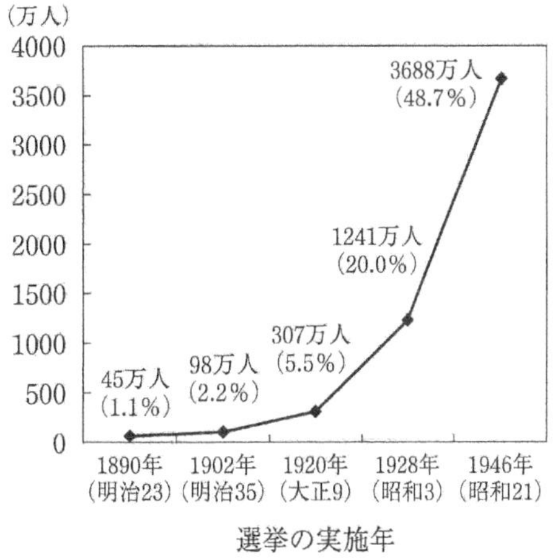

ア．1928年の総選挙では納税規定が撤廃《てっぱい》され，有権者数は1920年の約４倍に増加した。

イ．1902年の総選挙での有権者の割合は，全人口の5.5％と非常に少なかった。

ウ．1920年の総選挙では普通選挙が実施され，有権者数は307万人となった。

エ．1946年の総選挙では女性にも選挙権が与えられ，有権者は全人口の半分を超えた。

3　次の文を読み，あとの問いに答えなさい。

社会保障制度は，日本国憲法の生存権にもとづき，だれもが「（A）で文化的な生活」をおくれるということを，国を中心に社会全体で実現していこうというものです。具体的には，国民から保険料を集め，病気やけが，老齢や失業などのときに国が保険料を支払うしくみである（B），さまざまな理由で生活に困っている人に生活費などを支給する（C），働くことが困難な人などの生活を助けたり，自立をはかったりするために行われる（D），伝染病の予防や，環境の改善などをはかる（E）があります。

一方で，世界有数の長寿国である日本は，世界の国々と比べて，a少子高齢化が急速に進んでいます。そのため，b社会保障の資金を，だれがどのように負担するかなどが大きな問題となっています。c租税《そぜい》（国民から集める税金）を見直したり，子どもを育てやすいような支援や環境整備な

どをしたりするなどの対策が求められています。

問１　文中の（A）に入る言葉を，漢字２文字で答えなさい。

問２　文中の（B）～（E）に入る言葉を，次のア～エからそれぞれ１つずつ選び，記号で答えなさい。

ア．社会保険　　イ．公衆衛生　　ウ．社会福祉　　エ．公的扶助《ふじょ》

問３　文中の下線部ａについて，以下の問いに答えなさい。

⑴　次のグラフは出生数と合計特殊《とくしゅ》出生率（１人の女性が一生のうちに産むと見みこまれる子どもの数）の推移を表したものです。グラフの説明として正しいものを次のア～エから１つ選び，記号で答えなさい。

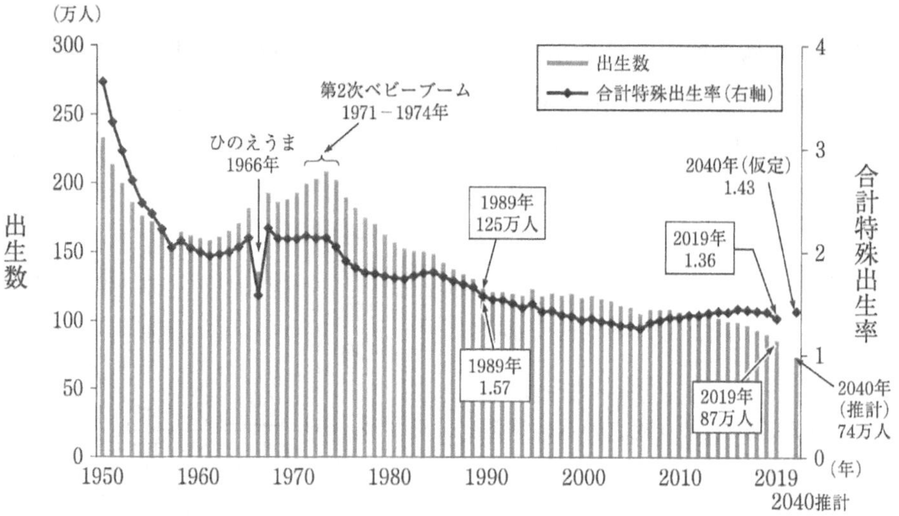

資料：2019年までは厚生労働省政策統括官付参事官付人口動態・保健社会統計室「人口動態統計」（2019年は概数）、2040年の出生数は国立社会保障・人口問題研究所「日本の将来推計人口（平成29年推計）」における出生中位・死亡中位仮定による推計値。

ア．出生数は第二次ベビーブーム以降減少傾向が続いているが，2040年には増加すると予測されている。

イ．1989年の時点で合計特殊出生率は1.4を割っている。

ウ．1950年以降，ピーク時には，出生数は300万人を超える年もあった。

エ．1950年と比較すると，2019年の合計特殊出生率は半分以下まで低下している。

⑵　日本で少子高齢化が進んでいる主な理由として正しいものを次のア～エから１つ選び，記号で答えなさい。

ア．女性の社会進出が遅れてしまっているため。

イ．医療の進歩により平均寿命が延びているため。

ウ．食生活が不安定になったため。

エ．子どもの死亡率が高いため。

問４　文中の下線部ｂについて，社会保障に使われる費用として正しくないものを次のア～エから１つ選び，記号で答えなさい。

ア．生活保護費　　イ．年金　　ウ．防衛費　　エ．医療費

問５　文中の下線部ｃについて，以下の問いに答えなさい。

⑴　個人の収入にかかる税金の名称を答えなさい。

⑵　会社の１年間の利益にかかる税金の名称を答えなさい。

⑶　商品の値《ね》段《だん》に一定の割合でかかる税金の名称を答えなさい。

問五　――④「いそいそと墓参りに行った」とありますが、母親はどのような気持ちで墓参りに行きましたか。最も適当なものを次から一つ選び、記号で答えなさい。

ア　草之丞のことを息子が気味悪がっていたので、心落ち着かないままに行った。

イ　女手一つで息子を育てているので、忙しそうにあわてて行った。

ウ　大切に思っている草之丞の命日なので、心を弾ませて行った。

エ　草之丞との今後の関係性を心配して、しんみょうな心持ちで行った。

問六　空欄 [B] に入る語として最も適当なものを次から一つ選び、記号で答えなさい。

ア　失笑　　イ　絶句　　ウ　感動　　エ　緊張

問七　主人公が草之丞と対面した時の気持ちがよく表れている行動を一文で探し、最初の五字を抜き出しなさい。

問八　――線部⑤「十月のある夜、おふくろによばれてふろ場に行くと、草之丞が入っていた」とありますが、この件をきっかけに僕の気持ちはどのように変化しましたか。最も適当なものを次から一つ選び、記号で答えなさい。

ア　僕は最初、さむらいが父親であることに違和感を感じていたが、次第に草之丞を一人の男として認めていくようになる。

イ　僕は最初、草之丞に嫌悪感を持っていたが、次第に草之丞の悲しみを理解できるようになる。

ウ　僕は最初、草之丞が幽霊であることを受け入れられなかったが、次第にあきらめることで現実を受け止められるようになる。

エ　僕は最初、草之丞が幽霊であることに戸惑っていたが、次第に父親として受け入れていくようになる。

三　次の各問いに答えなさい。

問一　次の①～④のものの数え方を漢字一字で答えなさい。

①　鳥　②　豆腐《とうふ》　③　馬　④　車

問二　次の①～④の言葉の上に「不・無・非・未」をつけると否定の形になります。（　）に当てはまる語をそれぞれ答えなさい。

①　（　）理解　②　（　）可能
③　（　）発達　④　（　）常識

問三　次の①②の上下が対義関係となるように、（　）の中に当てはまる漢字を答えなさい。

①　理想　↔　（　）実
②　全体　↔　（　）分

問四　次の①～④の各――線部について、カタカナは漢字に、漢字はひらがなに直しなさい。

①　ショウミ期限が過ぎる。　②　数学のセイセキが上がる。
③　旅の一行と出会う。　④　魚河岸で働く。

問五　次の①～④の [ア] ～ [ク] に漢数字を入れて四字熟語を完成させなさい。

①　[ア] 日 [イ] 秋　②　[ウ] 十歩 [エ] 歩
③　[オ] 転 [カ] 倒《とう》　④　[キ] 寒 [ク] 温

どろくと、草之丞はきまって、

「やっぱりこわいか」

とぼそっと言い、ひっそりとわらう。

草之丞と歩いていると、みんなが僕たちに注目した。しかし、さわいだりこわがったりする人は一人もいない。まさか本物のさむらいだとは思わないらしい。それに味をしめて、草之丞はまったくだいたんに街を※3闊歩《かっぽ》した。歩きながら彼はよく唄をうたった。やさしい声をしていた。それが、彼のぶっちょうづらには不似合いだった。

草之丞と僕とは、毎日いっしょに散歩をするようになった。おふくろはますます天真爛漫で、僕らはまるで家族のように、いっしょに食事をし、いっしょにテレビをみた。⑤十月のある夜、おふくろによばれてふろ場に行くと、草之丞が入っていた。

「お父様の背中、ながしてさしあげなさい」

思わずあとずさりした僕の気も知らず、おふくろはにこにこして出ていった。こうして、とりのこされた僕は幽霊と混浴することになったのである。

草之丞のからだは、白くてきれいだった。ふろ場の窓からは三日月がみえた。

「そなたは、さむらいの息子がいやか」

湯ぶねにつかっていた草之丞が言った。

「やぶからぼうに」

僕は少しあわてて、つっけんどんに言った。

「風太郎、そなたはいくつになる」

「十三」

「そうか。もう一人前の男だな」

草之丞はひっそりと笑い、僕は胸がしわっとした。

（『草之丞の話』　江國香織）

※1　端役…主要でない役、役目。

※2　天真爛漫…むじゃきで明るいさま。

※3　闊歩…いばって歩くこと。

問一　――線部①「うかつに声もかけられず」とありますが、なぜ主人公はおふくろに声をかけられなかったのですか。解答用紙に合うように十五字で抜き出しなさい。

問二　――線部②「おもむろに」の意味として最も適当なものを一つ選び、記号で答えなさい。

ア　突然《とつぜん》に　イ　けだるげに　ウ　ゆっくりと　エ　静かに

問三　――線部③「僕の心臓がこんなにじょうぶでよかった」とありますが、この時の主人公の気持ちとして最も適当なものを次から一つ選び、記号で答えなさい。

ア　さむらいのかっこうをした男が幽霊だと知り、恐怖《きょうふ》で言葉を返せずにいる。

イ　さむらいのかっこうをした男が幽霊だと知り、本当だろうかと怪《あや》しく思っている。

ウ　突然自分の父親だという人物が現れ、どう接すればいいか分からず困っている。

エ　突然自分の父親だという人物が現れ、衝撃《しょうげき》を受けて非常に驚《おどろ》いている。

問四　空欄 A に入る漢数字は何ですか。漢字一字で答えなさい。

た。おおかた、ふうがわりな役者仲間だろうとは思ったが、それにしてはさむらい姿が板につきすぎている。これが草之丞《くさのじょう》だった。

おふくろは日傘《ひがさ》をくるくるまわして、まるで女学生のように頬《ほお》をそめている。サンダルをつっかけて、僕も庭にでた。

「おはよう、母さん。お客様なの」

おふくろはびくっとして、しばらく僕の顔をみつめていたが、やがてにっこりと微笑《ほほえ》んだ。

「草之丞さんといってね、お父様ですよ、あなたの」

僕は、③僕の心臓がこんなにじょうぶでよかったと思う。

おふくろの話はこうだった。草之丞は正真正銘《しょうしんしょうめい》のさむらいで、また正真正銘の幽霊《ゆうれい》で、おふくろに一目惚《ひとめぼ》れをした。おふくろがまだ新米女優だったころ、舞台《ぶたい》で時代劇の※1端役《はやく》をやった。セリフはたった一言だったけれど、あの世で見物していた草之丞は、そのたった一言のセリフ、『おいたわしゅうございます』にすっかりまいってしまい、やもたてもたまらず、下界にやってきたのだ。二人はめでたく恋《こい》におち、僕は生まれたというわけだった。

「それからの十三年間、草之丞さんはいつだって私をたすけて下さったのよ」

「たすけるって、どうやって」

「いろんな相談にのってくださるし、眠《ねむ》れない夜には子守唄《こもりうた》もうたってくださるし、お金にこまったら、お金も貸してくださるわ」

「幽霊が、金を」

「ええ。たいせつな刀やお皿を売ってね」

「……」

「だから私も、Ａ月には供養をかかさないの」

おふくろの説明によれば、元和《げんな》八年Ａ月七日、草之丞が壮絶《そうぜつ》なる一騎打《いっきう》ちの末にあの世へいった野っ原が、現在のあの、八百屋だったらしい。つまりおふくろはあの日、Ａ月七日の命日に、草之丞の好物をかかえて、④いそいそと墓参りに行ったのである。僕はＢしてしまった。

草之丞は、ちかくで見ると思いのほか大きく、なかなかの二枚目だった。肩《かた》をいからせて、うつむいている。ひどく緊張《きんちょう》しているようだった。もちろん僕も緊張《きんちょう》していた。

「二人とも黙《だま》っちゃって、どうしたの」

ふしぎそうに言ったおふくろをみて、どこまで※2天真爛漫《てんしんらんまん》な人だろう、と僕は思った。

「はじめまして」

しかたなく、僕の方から口をきった。

「こんにちは」

ひくい声だった。

「そなたにとっては、はじめましてなのだね。私はいつも、そなたを見ていたのだが」

へんな感じだった。いつも見ていた、なんて気味が悪い。僕はぶっきらぼうにおじぎをして、さっさと部屋にひきあげた。僕は、幽霊の息子だったのだ。

その日以来、草之丞はしょっちゅう僕の前にあらわれた。幽霊だという立場もわすれて、草之丞はじつに堂々と人前にでるのだ。彼はよく、学校のそばで僕を待ちぶせていた。いきなりとびだしてくるので僕がお

エ　先人の作品と被《かぶ》ってはいけないという風潮の中で、自分の作品に規制をかけてしまっているということ。

問六　――線部⑤「学生が提出するレポート」のコピペ対策としてどのようなことが行われていますか。本文中から十三字と十八字で二つ抜き出しなさい。（句読点、「」を含む）

問七　――線部⑥「大同小異」とありますが、読みをひらがなで答えなさい。またその意味として最も適当なものを次から一つ選び、記号で答えなさい。

ア　似ていてあまり大差がないこと。
イ　多くの人間が同じことを言うこと。
ウ　大きさが同じでぴったりと当てはまること。
エ　考え方や性質は人により異なるということ。

問八　――線部⑦「まるで「麻薬」のよう」とありますが、ここで使われている表現技法として最も適当なものを次から一つ選び、記号で答えなさい。

ア　擬人法《ぎじんほう》　イ　倒置法《とうちほう》　ウ　直喩《ちょくゆ》　エ　隠喩《いんゆ》

問九　本文の内容として間違っているものを次の中から一つ選び、記号で答えなさい。

ア　コピペ答案を見破る技術が進化しているのに対して、コピペによるレポートの数は増加している。
イ　アマチュアユーザーでもネット上で似ているコンテンツを指摘することは容易であるため、様々な事件へ発展するきっかけになる。
ウ　今の学生は簡単に世界中の情報へアクセスできることから、ネット上にすべての答えがあると考えている人が多い。
エ　楽をしたい、とりあえず格好を取りつくろうと考える姿勢が、「ハサミとノリで切り貼りして書く」という行為につながる。

二　次の文章を読み、後の問いに答えなさい。

世間知らずで泣き虫で、夜中に一人でトイレにも行かれないおふくろが、いったいどうして女手一つで、これまで僕《ぼく》を育ててこられたのか、ふしぎには思っていた。それでも、女優というのはよほどもうかる商売なのだろうと、僕はのんきに考えていた。

五月。僕は中学にも慣れ、さっそく午後の授業をさぼって映画をみに行った。すると電車の中に、桜色の着物を着たおふくろがいた。

（どこに行くんだろう）

そうは思っても、こちらも学校をぬけだしてきた身、①うかつに声もかけられず、遠くからながめていた。おふくろは、小さなふろしき包みをひざの上にかかえていた。

電車をおりたおふくろは、駅前商店街をぽくぽくと足ばやに歩き、八百屋の前で立ちどまった。そして、②おもむろにふろしき包みをほどくと、中からあじの干物（らしきもの）をとりだして地面におき、まるで墓参りでもするように、しんみょうに手をあわせるのだった。あっけにとられている僕のそばをすりぬけて、おふくろはさっさと駅へひきかえしてしまった。

七月。朝寝坊《あさねぼう》をした日曜日、パジャマのまま台所に行くと、おふくろは庭にでていた。よく晴れた、しずかな午後だった。びわの木の下に立って、おふくろはさむらいのかっこうをした男と話をしている。紺《こん》の着物に刀をきちんとぶらさげて、ちょんまげもりりしいさむらいだっ

たりするケースです。何の工夫も見られません。

しかし、新人記者が先輩《せんぱい》の記事を真似るのと、学生がインターネットで文章を引っ張ってくることと、根っこのところでは、「その方が早い」「とりあえずは格好を取りつくろうことができる」という点で⑥大同小異かもしれません。

つまり、コピペ行為《こうい》の根幹には、楽をして、その場を切り抜けようとする安易な姿勢があるのでしょう。今の学生をみていると、課題を受け取った瞬間《しゅんかん》に「答えがないか」とネット上をサーフィンするのが彼《かれ》らの基本動作なのだと思います。

私が学生のころは、ネットもデータベースもなかったので、図書館か大きめの書店で書籍《しょせき》か論文を漁《あさ》るしか術がありませんでした。幸か不幸か、今の学生にとってネットは最も身近な情報環境であり、ネット上にすべての答えがあると思っている人が多いです。調べ物があるときはまずはネットに向かいます。手軽に世界中の情報にアクセスできるのですから、これを使わない手はありません。私だってそのようにしています。

ネットやSNSで簡単に情報が取れる時代では、便利すぎるコピペへの誘惑《ゆうわく》には抗《こう》しがたく、コピペ行為は⑦まるで「麻薬《まやく》」のようです。

（『正しいコピペのすすめ』宮武久佳）

問一　――線部①「コピペはいけない」とありますが、なぜ人はコピペをするのですか。その説明として最も適当なものを、解答用紙に合うように本文中から二十三字で抜き出しなさい。（句読点を含《ふく》む）

問二　空欄《くうらん》 A ～ C に入る語の組み合わせとして最も適当なものを次から一つ選び、記号で答えなさい。

	A	B	C
ア	そして	けれども	そして
イ	つまり	だから	たとえば
ウ	ところが	しかし	仮に
エ	しかし	そして	つまり

問三　――線部②「デッドコピー」とありますが、学生がレポートの中でデッドコピーをした場合、どのようなことが起きますか。本文の内容として最も適当なものを次の中から一つ選び、記号で答えなさい。

ア　学生同士で全く同じ答えが10枚近くある状態になってしまうこと。

イ　コピーした箇所のみ書体が異なってしまうこと。

ウ　自分の意見と異なった意見が含《ふく》まれてしまうこと。

エ　論文が取り消されてしまうこと。

問四　――線部③「この2つの事件」とありますが、何を指していますか。本文中から八字と九字で二つ抜き出しなさい。

問五　――線部④「クリエーティブな仕事をするデザイナーが縮む傾向」とありますが、どういうことですか。最も適当なものをあとから一つ選び、記号で答えなさい。

ア　誰もが手軽に情報を手に入れることができる時代の中で、自分のオリジナリティが失われてしまうということ。

イ　デザイナーの仕事は創造性が大切なので、一般大衆の意見に影響《えいきょう》されすぎるのはよくないということ。

ウ　先人の作品と似てしまうと必ず著作権法に触れるため、自主規制をしてしまうということ。

写したのですね。堂々《どうどう》たるコピペです。

今、多くの大学が、コピペ答案を見破る「コピペ監視《かんし》」ソフトを導入しています。学生の提出物をこのソフトにかけると、ネット上で類似する先行作品を探し出して、どの部分がコピペなのか色分けして示してくれます。学生が提出したペーパーを相互《そうご》に比べて、友人間のペーパーで似たものがないかどうか探し出す機能もあります。

実のところ、教員からすれば、コピペ答案を見破るのは難しくありません。しかし、大人数の教室ではそのような監視ソフトは便利だろうと思います（私自身は使ったことはありません）。まずソフトにかけて、コピペ答案をはじき出せば採点が楽になりそうです。

ある教員は、課題を出すときに学生に「コピペ監視ソフトを使う」と宣言するのだそうです。抑止力《よくしりょく》に期待するのですね。

ネット上では、類似コンテンツを探し当てる技術もずいぶん進歩しました。ＳＴＡＰ細胞問題も、エンブレム問題も、アマチュアユーザーがネット上で「似ているコンテンツ」を指摘したことが発端でした。ネットを使えば、「似ているもの」を見つけることは困難ではありません。

[C]、あなたが南国を旅行した時、極彩色《ごくさいしき》のヤモリを見かけたとします。これをスマホで撮影《さつえい》し、専用サイトにアップロードすれば、このヤモリの種類や名前、生息地が一発で分かるそうです。人の顔写真を撮影して、アップすれば、ネット上をコンピューターが探し回り、名前や所属まで知らせる技術も開発されています。そんな時代ですから、コピペをしたかどうか、コンピューターにかければ、いとも簡単に分かるようになりました。

私が学生だったころでも、先達の文章をそっくり取ってきて自分の文章に貼り付ける手口は普通《ふつう》にありました。私自身、そうやって期末試験のレポートを切り抜けたことはあります。先生には、ばればれだったでしょう。「手書き」の時代だったので、コピペという言葉はありませんでしたが、「ハサミとノリで、切り貼《は》りして書く」という言い方はありました。格好の資料を見つけるや、必要な部分をハサミで切り取り、ノリでつなぎ合わせるという意味です。

私が勤務した会社は、新聞社や放送局に、記事や写真をリアルタイムで送り届ける通信社です。私の記者修業の時代、ネットもワープロもありませんでしたが、「ハサミとノリ」に頼っていた時期があります。記事を書くときに、過去の記事を真似ながら、原稿用紙《げんこうようし》を埋《う》めていくのです。

（中略）

このように、私自身は学びや仕事の場で「コピペ」と決して無縁《むえん》だったわけではありません。おそらく、私以外の多くの人も同じようなものではないかと想像します。

では、なぜ私たちは「コピペ」をするのでしょうか。

学生のコピペによるレポートの中に、その答えがあります。

彼らのコピペレポートで典型的なのは、ウィキペディアなど適当なウェブサイトに行って、課題の答えに合致《がっち》しそうなものを探し当ててコピーし、それをワープロ上で単語や文章を部分的に削除《さくじょ》しながら適当に表現を変え、要約する手口です。

学生が提出するレポートを見て嫌《いや》になるケースは「デッドコピー」です。ワープロのコピー機能を使って、元の文章をそっくりそのまま貼り付けるので、ワープロのフォント（書体）が、コピーした箇所《かしょ》だけ違っていたり、文末表現が「です」「ます」と「だ」「である」で不揃《ふぞろ》いだっ

【国　語】（五〇分）〈満点：一〇〇点〉

一　次の文章を読み、後の問いに答えなさい。

「①コピペはいけない」と言われます。

ネット上には日々の暮らしや、勉強、研究にすぐ役立つ「宝のような情報」があふれています。だから、ネット上の情報や素材を得て、それを自分の作品（コンテンツ）に生かしたいと思ってしまいます。

［Ａ］、引用のルールなどを無視して、他人のものをそのまま貼り付けて公表すると「不正なコピペ」になります。著作権法に触《ふ》れることもあります。１００％そっくりコピーすることを「②デッドコピー」と呼びますが、デッドコピーでなくても、既存《きそん》のコンテンツを少し手直ししても「真似た」「違法コピーだ」などと指摘《してき》されるおそれがあります。だから「コピペはいけない」と言われるのですね。

一方で、「スマートフォンやネットを使いこなす」ことは「コピペしてしまう」ことになりかねません。誰《だれ》もがコピペする時代が来ました。私たちはどうすればよいのでしょうか。

研究者の世界では、コピペを正しく行わないと論文の盗用《とうよう》、剽窃《ひょうせつ》（他人の作品を自分のものとして公表すること）とされ、論文が取り消されます。存在を証明できなかった「ＳＴＡＰ細胞《さいぼう》」に関する大騒動《だいそうどう》が起きましたが、きっかけは、この研究者の不正と思われる「コピペ」論文でした。

コピーに関連した事件として、２０１５年に東京オリンピック・パラリンピックの「エンブレム類似問題」が起きました。日本の著名デザイナーが発表したデザインがベルギーで先行作品があると指摘されました。著作権や商標権など知的財産権に関する法律からみた場合、少なくとも違法性《いほうせい》はなかったようです。［Ｂ］「類似している」ことが原因で大きな騒《さわ》ぎになりました。

③この２つの事件は、事件の経緯《けいい》や問題のあり方などが違《ちが》っていますが、ニュースの発端《ほったん》で「真似たかどうか」「コピーしたかどうか」が、人の注目を集めた点が共通しています。事件の本質やその後の展開とは無関係に、「他と似ているかどうか」「それってコピーじゃないか」がまず問われたのですね。これらに端《たん》を発して世間でも「コピペ問題」が論じられることが増えました。

同時に、研究や教育の分野だけでなく、社会のいろんな場面で、「人のものを真似てはいけない」「似たものを公表してはいけない」という圧力が強くなっていると感じます。

私の友人のデザイナーは、「エンブレム事件以来、仕事がしにくくなった。何をやっても先行作品と似てしまう」と不安の様子です。デザインは人目に触れる宿命にあるので、萎縮《いしゅく》するのでしょうか。④クリエーティブな仕事をするデザイナーが縮む傾向《けいこう》になるのは、良い時勢ではありません。

私にとっても「コピペ」は頭の痛い問題です。⑤学生が提出するレポートには、残念ながら、コピペがつきまとうからです。

約２００人の学生が履修《りしゅう》する授業で次の課題を出したことがあります。「道路交通において『クルマは左側通行（右ハンドル）』の国と、その反対の国がある。どちらが合理的と思うか、述べよ」

集まったレポートには、そっくりの答えが10枚近くありました。ウェブサイトを探し回り、「あった！」とばかりに、それをコピーして書き

2023年度

解　答　と　解　説

《2023年度の配点は解答欄に掲載してあります。》

＜算数解答＞《学校からの正答の発表はありません。》

1　(1)　673　(2)　72　(3)　$1\frac{1}{4}$　(4)　4.2　(5)　15.7　(6)　$\frac{3}{4}$

2　(1)　40枚　(2)　12分30秒後　(3)　5.25％　(4)　24486円　(5)　314cm^2
　(6)　468cm^3

3　(1)　15％　(2)　2.6倍

4　(1)　160cm　(2)　150cm

5　(1)　78人　(2)　52人

6　(1)　毎分8L　(2)　毎分25L

○推定配点○

各5点×20　計100点

＜算数解説＞

基本 1　**(四則計算)**

(1)　715－42＝673

(2)　24＋12×4＝24＋48＝72

(3)　$\frac{10}{12}+4\frac{1}{12}-3\frac{8}{12}=4\frac{11}{12}-3\frac{8}{12}=1\frac{3}{12}=1\frac{1}{4}$

(4)　3.4＋0.8＝4.2

(5)　17×3.14－4×3×3.14＝17×3.14－12×3.14＝5×3.14＝15.7

(6)　$\frac{4}{5}-\frac{6}{25}\times\left(\frac{1}{3}-\frac{1}{8}\right)=\frac{4}{5}-\frac{6}{25}\times\frac{5}{24}=\frac{4}{5}-\frac{1}{20}=\frac{15}{20}=\frac{3}{4}$

基本 2　**(つるかめ算，旅人算，食塩水の濃度，2量の関係，平面図形，立体図形・体積)**

(1)　右図の通り，60枚すべてが63円切手とすると63×60＝3780(円)　4200円との差額は4200－3780＝420(円)なので，84円切手は420÷(84－63)＝20(枚)　したがって，63円切手は60－20＝40(枚)

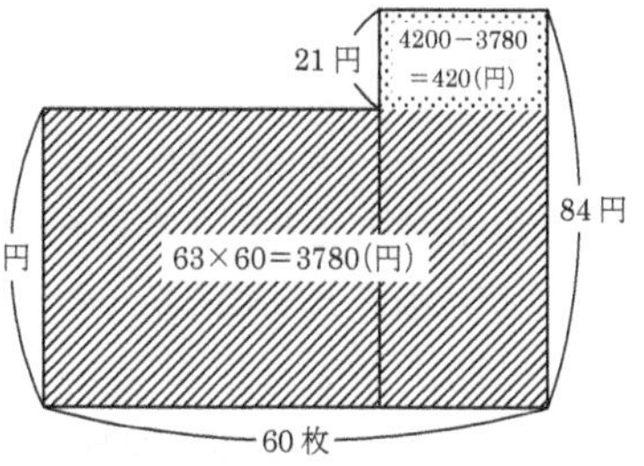

(2)　Bさんが出発した時，Aさんは60×5＝300(m)前方にいる。この300mの差を分速の差である100－60＝40(m)で追いかけるので，Bさんが出発してから300÷40＝7.5(分)後に追いつく。したがって，BさんがAさんに追いつくのはAさんが出発してから5＋7.5＝12.5(分)後，つまり12分30秒後。

(3)　3％の食塩水150gに含まれる食塩は150×0.03＝4.5(g)　6％の食塩水450gに含まれる食塩は450×0.06＝27(g)　したがって，混ぜ合わせた後の食塩水には4.5＋27＝31.5(g)の食塩が含まれており，濃度は31.5÷(150＋450)×100＝5.25(％)

(4)　3円値下げすると商品は300＋3×6＝318(個)売れる。したがって，売り上げ金額は(80－

3)×318＝24486(円)

(5)　右図の通り，斜線部分の面積を合わせると半円の半分の面積となるので，求める面積は20×20×3.14÷2÷2＝314(cm^2)

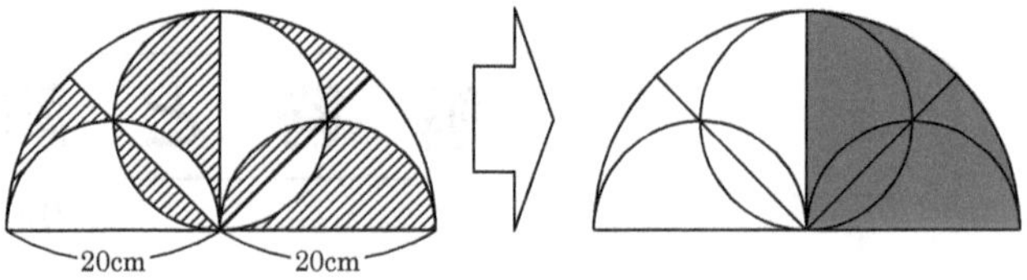

(6)　元の直方体の体積…15×12×4＝720(cm^3)　切り抜いた直方体の体積…(15－4－4)×9×4＝252(cm^3)　したがって，求める立体の体積は720－252＝468(cm^3)

重要 3　(統計・グラフ)

(1)　グラフ上，20代の人口の割合は18%～33%までなので，33－18＝15(%)

(2)　20代，30代，40代，50代の人口の割合は18%～77%なので77－18＝59(%)　60代，70代，80歳～の人口の割合は77%～100%なので100－77＝23(%)　したがって，20代，30代，40代，50代の人口を合わせた割合は，60代，70代，80歳～の人口を合わせた割合の59÷23＝2.56…であり，小数第2位を四捨五入しておよそ2.6(倍)

基本 4　(平均算)

(1)　Aさん，Bさん，Cさん，Dさん，Eさんの身長の合計は156×5＝780(cm)　Aさん，Bさんの身長の合計は150×2＝300(cm)　したがって，Cさん，Dさん，Eさんの身長の合計は780－300＝480(cm)であり，3人の身長の平均は480÷3＝160(cm)

(2)　Aさん，Bさん，Cさん，Dさん，Eさん，Fさんの身長の合計は155×6＝930(cm)　したがってFさんの身長は930－780＝150(cm)

重要 5　(集合・論理)

(1)　電車もしくはバスを利用している生徒は134－4＝130(人)　電車を利用している生徒が126人より，バスのみを利用している生徒は130－126＝4(人)　バスを利用している生徒は82人いるので，バスと電車の両方を利用している生徒は82－4＝78(人)

(2)　電車もしくはバスを利用している生徒は130人であり，電車とバスの両方を利用している生徒が78人ということから，電車かバスのどちらか一方を利用している生徒は130－78＝52(人)

やや難 6　(仕事算)

(1)　毎分20Lずつ11分入れると20×11＝220(L)　毎分30Lずつ6分入れると30×6＝180(L)
この差は11－6＝5(分)で抜けていく水の量だから，毎分(220－180)÷5＝8(L)ずつ水が抜けている。

(2)　印から満水までの容積は220－8×11＝132(L)　40Lで2分間水を入れると水そうの水は(40－8)×2＝64(L)増えることになるので，満水になるまで残り132－64＝68(L)を4分でいっぱいにすることになる。そのためには毎分68÷4＝17(L)ずつ水を増やせば良く，毎分8Lずつ水が抜けることも考えて，毎分17＋8＝25(L)ずつ水を入れればよい。

★ワンポイントアドバイス★

3はグラフの読み取りの問題。読み間違いをしないように注意しよう。5はベン図を書くと情報を整理できる。6は毎分抜ける水の量を□として，(20－□)×11＝(30－□)×6から□を求めて解くこともできる。毎分水が抜けるので20L，30Lずつ水が増えるわけではないことに注意しよう。

＜理科解答＞《学校からの正答の発表はありません。》

1 問1 気孔　問2 ① 二酸化炭素 ② 酸素　問3 エ　問4 イ→ア→ウ
問5 青紫色　問6 ア，イ，ウ

2 問1 イ　問2 エ　問3 ① 地面 ② 空気　問4 イ　問5 ア，イ，エ
問6 ア

3 問1 A，B，C　問2 ⑤　問3 E　問4 ウ　問5 ①
問6 水分が蒸発したため

4 問1 A 10cm B 15cm　問2 比例　問3 A 8cm B 4cm　問4 100g
問5 ウ　問6 20g

5 ウ

○推定配点○

1 問2 各1点×2　他 各2点×5　2 問3 各1点×2　他 各2点×5
3 各2点×6　4 問1，問3 各1点×4　他 各2点×4　5 2点　計50点

＜理科解説＞

基本 1 (植物―葉の働き)

問1 植物の蒸散は，葉の裏側に多くある気孔によって行われる。

問2 光合成は，水と二酸化炭素から太陽の光で酸素とデンプンをつくりだす作用であり，葉緑体で行われる。

問3 ホウセンカは双子葉植物であり維管束は輪の形になっており，内側に水分や水分にとけた養分を運ぶ道管があり，外側に葉でできた栄養分を運ぶ師管がある。

問4 葉をお湯に浸して細胞壁を壊し，葉に含まれる葉緑素をアルコールに溶け出させて取り出しやすくする。その後，ヨウ素液にひたして液を吸収させる。

問5 デンプンはヨウ素液で青紫色になる。

問6 サツマイモ，ニンジン，ダイコンは根に養分を蓄える。ジャガイモは茎に養分を蓄える。

2 (気象―気温)

基本 問1 猛暑日は，1日の最高気温が35℃を超える日の事である。最高気温が30℃以上の日を真夏日，25℃以上の日を夏日という。

問2 1日のうち，地面の温度が最高になるのは，太陽が南中する12時より少し後の13時ころである。その後14時ころに気温が最高になる。太陽からの光がまっすぐ地球に降り注ぐのが南中時頃であり，それに少し遅れて地面の温度が上がる。

重要 問3 地球の空気は，まず最初に地面が暖められ，その後地面からの放射によって空気が暖められる。

基本 問4 温かい空気が冷たい窓に触れると水蒸気が水滴に変わる。実験室の窓の廊下側の空気は温度が低く水蒸気の量も少ないが，窓の実験室側は室温が高く水蒸気の量が多い。窓が外気で冷やされると実験室側の窓に水滴がつく。

問5 霜は空気中の水蒸気が冷やされて，氷になって地上の物体についたもの。霧は空気中の水分が冷やされて，水滴が空気中に浮かんでいるもの。寒い外から暖房のきいた部屋に入るとメガネが曇るのは，部屋の中の水蒸気が冷たいメガネに触れて冷やされ水滴に変わるから。

問6 湿度は，実際の水蒸気量をその温度の飽和水蒸気量で割ったものをパーセントであらわす。

気温が高くなると，飽和水蒸気量が大きくなり湿度は小さくなる。

3　(水溶液の性質・物質との反応―水溶液の区別)

問1　食塩水，砂糖水，石灰水は，水分を蒸発させると固体が残る。砂糖水では残った砂糖が焦げて黒くなる。

重要　問2　赤色リトマス紙の色が青色に変化するのは，アルカリ性の水溶液である。それ以外は赤色のままである。アルカリ性の水溶液は，石灰水とアンモニア水である。

重要　問3　ムラサキキャベツ液は酸性で赤色，中性で紫色，アルカリ性で黄緑色になる。石灰水とアンモニア水のうち，気体が溶けているのはアンモニア水である。

問4　蒸発皿に残るのは，砂糖，食塩，クエン酸であり，このうち図のような結晶のものは食塩である。

基本　問5　クエン酸を含むのでスポーツ飲料は酸性であり，青色リトマス紙を赤く変化させる。赤色リトマス紙の色は変化しない。

問6　加熱することで水が蒸発し，重さが軽くなった。

4　(ばね―ばねの伸び・浮力)

基本　問1　おもりの重さが0のとき，Aは10cm，Bは15cmになる。

基本　問2　おもりの重さが2倍，3倍になると，ばねの伸びも2倍，3倍になる。この関係を比例という。

重要　問3　A，Bどちらのばねにも40gの重さがかかるので，ばねAの伸びは8cm，Bは4cmになる。

重要　問4　ばねA，Bが同じ長さになった。表より50gのときどちらのばねも20cmなので，それぞれのばねに50gの重さがかかる。おもりの重さが100gのとき，棒の中心におもりをつるしているので，それぞれのばねに50gの重さがかかる。

基本　問5　おもりが水から受ける力を浮力という。

重要　問6　ばねAの長さが18cmなので，ばねにかかる重さは40gである。60gのおもりをつるすので，浮力の大きさは60－40＝20(g)である。

5　(環境と時事―はやぶさ2)

探査機「はやぶさ2」は，小惑星の「リュウグウ」から砂を持ち帰った。この分析の結果，タンパク質を構成する材料となるアミノ酸が確認された。

★ワンポイントアドバイス★

基本的な内容を問う問題が大半である。基礎力をしっかりと身につけよう。さらに最後の問題は時事問題や地域の特色を題材とした問題である。

＜社会解答＞《学校からの正答の発表はありません。》

1　問1　エ　問2　ア　問3　ア　問4　(1)　阿蘇　(2)　カルデラ　(3)　シラス
問5　エ　問6　あ　E　い　B　う　D　え　C　問7　
問8　ハザードマップ[防災マップ]

2　問1　ウ　問2　ウ　問3　承久(の乱)　問4　オ　問5　エ　問6　ア　問7　エ
問8　出島　問9　ウ　問10　エ　問11　ア

3　問1　健康　問2　(B)　ア　(C)　エ　(D)　ウ　(E)　イ　問3　(1)　エ

(2)　イ　　問4　ウ　　問5　(1)　所得(税)　　(2)　法人(税)　　(3)　消費(税)

○推定配点○

1　問4・問7・問8　各2点×5　　他　各1点×8

2　問3・問8　各2点×2　　他　各1点×9

3　問1・問2・問5　各2点×8　　他　各1点×3　　　計50点

＜社会解説＞

1　(日本の地理－日本の自然と自然災害)

基本　問1　a　日本アルプスは北アルプスの飛騨山脈，中央アルプスの木曽山脈，南アルプスの赤石山脈の3つの山脈である。エの日高山脈は北海道にある山脈なので正しくない。

基本　問2　石狩川は上川盆地から石狩平野を流れる川で，十勝平野を流れるのは十勝川なのでアが正しくない。なお，イの信濃川は長野県では千曲川と呼ばれ，新潟県に入ると信濃川と呼ばれる。ウの北上川は岩手県の北上盆地や宮城県の仙台平野を流れる。エの筑後川は福岡県や佐賀県の筑紫平野を流れて有明海へ注ぐ。

重要　問3　三陸海岸は日本の代表的なリアス海岸として知られる。リアス海岸は，陸地が沈んだり海面が上昇したりすることで山地に海水が流れ込んで作られる，複雑な海岸線の地形である。三方が陸地に囲まれているので波がおだやかで，養殖や漁港に適しているが津波に弱いという特徴がある。三陸海岸の他に，若狭湾(福井県)，志摩半島(三重県)，宇和海(愛媛県)などが有名。

基本　問4　(1)・(2)　熊本県北東部にある阿蘇山は世界有数のカルデラで有名である。カルデラとは山頂が噴火の影響で大きくくぼんだ地形のこと。　(3)　鹿児島湾内には桜島という火山があり，この桜島などから出る火山灰が堆積してできた台地がシラス台地である。シラス台地は水持ちが悪く，稲作に不向きなため，畜産や畑作が盛んである。

問5　火山は，さまざまな災害を引き起こす一方で，温泉などの観光資源をもたらしたり，地熱発電が可能になったりなどの恵みがある。日本で地熱発電が盛んな場所として，大分県の八丁原地熱発電所や奥羽山脈沿いにある岩手県の松川地熱発電所などが有名である。

重要　問6　あ　年間の降水量が少なく，水不足や干害の被害にあいやすいという点からEの讃岐平野だとわかる。　い　寒流の上を渡ってきて，春から夏に吹き付ける冷たい北東の風をやませといい，北海道や東北地方の太平洋側に冷害をもたらすのでBである。　う　水害を防ぐために周囲を堤防で囲った集落を輪中といい，愛知県や岐阜県に広がる濃尾平野に位置するのでDである。濃尾平野は木曽川などによって作られた平野である。　え　雪が多く降るのは本州の日本海側であり，これは冬の北西の季節風が暖流の対馬海流の上を通って水気を含んで陸地に吹き付けるためである。なお，Aの北海道内陸部は，冬の気温は非常に低くなるが降水量は少ない。

重要　問7　昔からさまざまな自然災害に見舞われてきた日本では，「身近な災害の歴史を学び，教訓を未来に伝える」ため，2019年に自然災害伝承碑の地図記号を新たに制定した。この記号は  の形であり，地図中では北東部にある江戸城のすぐ近くにあることが確認できる。

重要　問8　さまざまな自然災害に備え，ハザードマップ[防災マップ]という，災害が起きたときに予想される被害の範囲や避難場所などを示した地図を各市町村が発行している。

2　(日本の歴史－各時代の問題と資料の読み取りなど)

基本　問1　中臣鎌足は，中大兄皇子とともに蘇我氏を滅ぼし，その後天皇中心の国をつくる政治改革を行った。この政治改革を大化の改新という。なお，アの平城京は710年で元明天皇，イの犬上御田鍬を中国へ派遣したのは630年のことで最初の遣唐使である。遣隋使として派遣されたのは小野妹子で607年のこと。エの墾田永年私財法は743年で聖武天皇が出したもの。

基本 問2　中臣鎌足を先祖とする藤原氏は，平安時代に摂関政治を行った。摂関政治の全盛は藤原道長，頼通父子のころで，藤原頼通は1053年，京都の宇治に寝殿造の平等院鳳凰堂を建立した。なお，アの中尊寺金色堂は岩手県平泉にある奥州藤原氏が建てた寺院。イの正倉院は東大寺内にある聖武天皇の遺品を収納した校倉造の建物，エの唐招提寺は鑑真が建てた寺院で奈良市内にある。

基本 問3　鎌倉幕府3代将軍の源実朝が1219年に暗殺されると，後鳥羽上皇は鎌倉幕府に対して1221年に承久の乱を起こした。この戦いのあと，鎌倉幕府は朝廷の監視や西日本の御家人を統率するために六波羅探題を京都に設置した。

重要 問4　承久の乱に敗れた後鳥羽上皇や，14世紀前半に鎌倉幕府と敵対した後醍醐天皇は，幕府によって隠岐(現在の島根県)に配流された。なお，アは佐渡島(新潟県)，イは伊豆諸島の八丈島(東京都)，ウは種子島(鹿児島県)，エは対馬(長崎県)である。

問5　鎌倉幕府3代執権北条泰時は1232年に御成敗式目を制定した。これは武家社会の慣習や道徳をもとに作られ，裁判の基準や相続法など，後世の決まりに大きな影響を与えた。エの文中に鎌倉時代のキーワードである「地頭」があるので，それを選べばよい。なお，アは1588年に豊臣秀吉が出した刀狩令，イは戦国時代の分国法の1つで喧嘩両成敗と言われる内容，ウは安土桃山時代に織田信長が出した楽市楽座令である。

問6　1637年に九州の農民らが，厳しい年貢の取り立てとキリシタンへの迫害に対して起こした反乱を島原・天草一揆といい，指導者は天草四郎である。なお，イの大塩平八郎の乱は1837年，ウの加賀の一向一揆は1488年，エのシャクシャインの乱は1669年のできごとである。

問7　エの明との勘合貿易は室町幕府の3代将軍足利義満が行った貿易なので正しくない。なお，江戸幕府が鎖国を開始したあとも，松前藩とアイヌとの交易や，薩摩藩を仲介した琉球王国・対馬藩を仲介した朝鮮国との関係は続けられた。

基本 問8　江戸幕府は1635年に海外渡航禁止令を出し，1639年にポルトガル船の来航を禁止し，そして1641年にオランダ船の来航を長崎の出島に限定することでいわゆる鎖国を実施した。この鎖国は1854年に幕府がアメリカと日米和親条約を結ぶまで約220年続いた。

重要 問9　第一次世界大戦は1914年～1918年のヨーロッパを主戦場とする戦争で，1919年のパリ講和会議でベルサイユ条約が結ばれた。この大戦は1914年，オーストリア皇太子がセルビア人青年に暗殺されたサラエボ事件をきっかけに始まり，イギリス・フランス・ロシアなどの連合国がドイツ・オーストリアなどの同盟国を破った。日本は1902年に結んだ日英同盟を理由に連合国側で参戦し，1915年に中華民国に対して二十一か条の要求をつきつけて中国の反感を買った。なお，ウのワシントン条約は1921年に結ばれた海軍軍縮条約なので正しくない。

問10　日本での本格的な政党政治は1918年，立憲政友会の原敬内閣が初で，1932年の五・一五事件で犬養毅内閣総理大臣が暗殺されるまで続いた。なお，アの大隈重信は1882年に立憲改進党を作った人物，ウの尾崎行雄は「憲政の神様」と呼ばれ，大正デモクラシーを指導した人物である。

問11　1920年の総選挙までは納税規定があったが，1925年の普通選挙法により納税規定が撤廃され，1928年の総選挙では25歳以上の男子すべてが参加できるようになった。この時の有権者数の割合は全体の20.0%で，1920年の5.5%の約4倍に増加しているのでアが正しい。なお，イの1902年の総選挙での割合は2.2%，ウの1920年の総選挙はまだ普通選挙ではなく，エの1946年の総選挙での有権者数の割合は全体の48.7%で全人口の半分を超えていないので正しくない。

3 (政治－社会保障制度や少子高齢化，税金など)

基本 問1　日本の社会保障制度は，日本国憲法第25条の生存権にもとづく制度である。生存権は，健康で文化的な最低限度の生活を営む権利のことで，社会権の一つである。

重要 問2　社会保障制度の4つの柱は，Bの社会保険，Cの公的扶助[生活保護]，Dの社会福祉，Eの公衆衛生である。なお，社会保険には医療・年金・雇用・労働者災害補償・介護の5つの種類がある。公衆衛生は近年のコロナ禍の影響で費用が増大した。

問3　(1)　1人の女性が一生のうちに産む子どもの数の平均を合計特殊出生率といい，人口維持のためには2.1以上必要とされる。2019年の合計特殊出生率は1.36で，1950年の合計特殊出生率の約3.5と比較すると半分以下まで低下しているのでエが正しい。なお，アの2040年の推計出生数は74万人で，2019年の87万人からさらに減少する見込み，イの1989年の合計特殊出生率は1.57で1.4より多い，ウの1950年以降，出生数のピークは約240万人程度なのでア・イ・ウは正しくない。　(2)　日本の少子高齢化の主な理由として，医療の進歩により平均寿命が延びているためとするイが正しい。なお，アは女性の社会進出が遅れたではなく，進んでいるとするのが正しい。ウは食生活が不安定になったではなく，安定したとするのが正しい。エは子どもの死亡率が高いではなく，低いとするのが正しい。

基本 問4　社会保障に使われる費用として正しくないのはウの防衛費である。防衛費は，1954年に発足した自衛隊の装備品の購入・整備や，自衛隊員への訓練や給与などにかかる費用で，近年の中国による海洋進出，北朝鮮によるミサイル発射，ウクライナ問題を含めた国際的な緊張を背景に，2023年度～2027年度の5年間で防衛費を大幅に増やす計画を政府は発表した。

問5　(1)　個人の収入にかかる税金は所得税で，直接国税の一つである。　(2)　会社の1年間の利益にかかる税金は法人税で，直接国税の一つである。　(3)　商品の値段に一定の割合でかかる税金は消費税で，間接国税の一つである。消費税は1989年に3%から始まり，その後1997年に5%，2014年に8%，2019年に10%(食品などは軽減税率で8%のまま)と段階的に上がっている。

★ワンポイントアドバイス★

どの問題も基本的なレベルの問題で，難問ではない。正しいものを選ぶのか，正しくないものを選ぶのかが設問によって異なるので，うっかりミスに気をつけることが第一。思い出せない，知らない問題はいったん飛ばしてしまおう。

＜国語解答＞《学校からの正答の発表はありません。》

一　問一　楽をして，その場を切り抜けようとする安易な姿勢(があるから。)　問二　ウ　問三　イ　問四　(八字)　STAP細胞問題　(九字)　エンブレム類似問題　問五　エ　問六　(十三字)　「コピペ監視」ソフトを導入　(十八字)　「コピペ監視ソフトを使う」と宣言する　問七　(読み方)　だいどうしょうい　(意味)　ア　問八　ウ　問九　ア

二　問一　授業をさぼって映画を見に行った(から。)　問二　ウ　問三　エ　問四　五　問五　ウ　問六　イ　問七　僕はぶっき　問八　エ

三　問一　①　羽　②　丁　③　頭　④　台
問二　①　無　②　不　③　未　④　非

問三 ① 現 ② 部 問四 ① 賞味 ② 成績 ③ いっこう ④ がし
問五 ① ア 一 イ 千 ② ウ 五 エ 百 ③ オ 七 カ 八
④ キ 三 ク 四

○推定配点○
一 問八 3点 他 各4点×10(問七完答) 二 問二 3点 他 各4点×7
三 問四 各2点×4 他 各1点×18 計100点

＜国語解説＞

一 (論説文－要旨・大意・細部の読み取り，接続語，空欄補充，四字熟語，表現技法)

重要 問一 「つまり，コピペ行為……」で始まる段落で，「楽をして，その場を切り抜けようとする安易な姿勢(23字)」がコピペ行為の根幹にあることを述べており，このことが――線部①の理由になる。

問二 空欄Aは直前の内容から当然考えられることとは異なる内容が続いているので「ところが」，Bは直前の内容とは反対の内容が続いているので「しかし」，Cは仮定した内容が続いているので「仮に」がそれぞれ入る。

問三 「学生が提出……」で始まる段落で，「学生が提出するレポート」が「デッドコピー」の場合，「元の文章をそっくりそのまま貼り付けるので，ワープロのフォント(書体)が，コピーした箇所だけ違っていたり」することを述べているのでイが適当。この段落内容をふまえていない他の選択肢は不適当。

問四 ――線部③は指定字数から，「ネット上では……」で始まる段落の「STAP細胞問題(8字)」，③直前の段落の「エンブレム類似問題(9字)」のことである。

重要 問五 ――線部④前で，「社会のいろんな場面で，……『似たものを公表してはいけない』という圧力が強くな」り，筆者の「友人のデザイナーは，『エンブレム事件以来，……何をやっても先行作品と似てしまう』と不安の様子で」，「委縮するのでしょうか」と述べているのでエが適当。④前の内容をふまえていない他の選択肢は不適当。

問六 ――線部⑤のコピペ対策として，「今，多くの……」で始まる段落で「『コピペ監視』ソフトを導入(13字)」していることと，「ある教員は……」で始まる段落で「『コピペ監視ソフトを使う』と宣言する(18字)」ことを述べている。

基本 問七 ――線部⑥は「大同」＝大体は同じで，「小異」＝少しだけ違っている，ということ。

問八 ――線部⑦は「のよう」を用いているのでウが適当。アは人ではないものを人に見立てて表現する技法。イは文をふつうの順序とは逆にする技法。エは「～のよう」などを用いずにたとえる技法。

やや難 問九 「学生が提出するレポートには……コピペがつきまとう」ことは述べているが，「コピペによるレポートの数は増加している」とは述べていないので，アは間違っている。イは「ネット上では……」で始まる段落，ウは「私が学生のころ……」で始まる段落，エは「私が学生だった……」で始まる段落と「つまり，コピペ行為の……」で始まる段落でそれぞれ述べている。

二 (小説－心情・情景・細部の読み取り，空欄補充，ことばの意味)

重要 問一 「五月。……」で始まる段落で描かれているように，主人公は「授業をさぼって映画をみに行った(15字)」ため，――線部①だったということである。

基本 問二 ――線部②はゆっくりとしているさまを表す。「突然に，不意に」の意味で使うのは誤り。

やや難 問三 不意の出来事にひどく驚くことのたとえで「心臓が飛び出る」というように，母親から目の前の人物を父親だと突然言われて非常に驚いたが，「僕の心臓がこんなにじょうぶ」だったため，心臓は飛び出なかったということなのでエが適当。驚いたことを説明していない他の選択肢は不適当。

問四　空欄Aの場面の「あの日」は，冒頭の「五月。……」で始まる場面で描かれているように，電車をおりた母親が駅前商店街の八百屋の前で手をあわせていた日のことなので，Aには「五」が入る。

問五　――線部④の「いそいそ」はうれしさに心が弾む様子を表し，草之丞の「命日に，草之丞の好物をかかえて」④のようにしているのでウが適当。草之丞の命日であることにふれず，「いそいそ」の意味をふまえていない他の選択肢は不適当。

問六　空欄Bには，驚きのあまり，言うべき言葉を忘れてしまうという意味のイが入る。

問七　「へんな感じ……」で始まる段落で，草之丞を「気味が悪い」と感じている「僕」の様子が「ぶっきらぼうにおじぎをして，さっさと部屋にひきあげた。」という一文で描かれている。

重要　問八　初めて草之丞に会った時，「僕は，幽霊の息子だったのだ」と戸惑っていたが，「やさしい声」で「唄をうた」う草之丞と「毎日，いっしょに散歩するようにな」り，「家族のように」過ごし，――線部⑤の場面で，草之丞の言葉に心が動き，「胸がしわっとした」「僕」の様子が描かれているのでエが適当。幽霊である草之丞を父親として受け入れるようになったことを説明していない他の選択肢は不適当。

三 （空欄補充，ことばの意味，反対語，四字熟語，漢字の読み書き）

問一　①は「一羽（いちわ），二羽（にわ）……」と数える。②は偶数を表す「丁」で，昔，豆腐は二つで「一丁」と数えたことから。③は英語の牛の数え方「head」に由来し，牛以外の大型動物にも使われるようになり，それが「頭」と日本語に直訳されたことから。④の「台」は，もともとは人や物をのせる台や台座のことで，やがて荷車など車輪のついた台も数えるようになったことから。

問二　「不」は単純に否定する場合，「無」はこれまでもこの先もない状態，「非」は本来なければならないものがなくなってよくない状態，「未」は今はまだその状態にないが，今後その状態になる可能性がある場合という，それぞれの意味をふまえる。①の「無理解」は理解がないこと。②の「不可能」はできないこと。③の「未発達」はまだ完全に発育していないこと。④の「非常識」は常識がないこと。

基本　問三　考えられる最も完全なものという意味の①の対義語は，目の前に事実として現れている事がらや状態という意味の「現実」。ひとまとまりのすべての部分という意味の②の対義語は，全体をいくつかに分けたものの一つという意味の「部分」。

重要　問四　①の「賞味期限」は品質が保たれておいしく食べられる最終日時のこと。②の「續」の部首は「糸（いとへん）」であることに注意。③は一緒に行く人々，同じ行動をする人々のこと。④の「魚河岸」は産地から送って来た魚などを競り売りする市場。

やや難　問五　①の「一日千秋」は，一日が千年のように非常に長く感じられるほど待ち遠しいこと。「千秋」は「千年」のこと。②の「五十歩百歩」は，たいして違いがないこと。戦場で五十歩逃げた者が百歩逃げた者を非難しても，どちらも逃げたことに変わりないということから。③の「七転八倒」は，痛みのあまり転げ回ってもがくさま。七回転んで八回倒れることから。④の「三寒四温」は，冬に寒い日が三日続き，その後に温かい日が四日続く気候をくり返す現象のことで，少しずつ暖かくなる気候についてもいう。

★ワンポイントアドバイス★

論説文では，段落が離れていても同様のことを述べている部分を確認しながら読み進めよう。

2022年度

★★★★★★★★★★★★★★★★★★★★★★★★★★

入　試　問　題

2022年度

東海大学付属浦安高等学校中等部入試問題

【算　数】（50分）　＜満点：100点＞

1　次の各問いに答えなさい。

(1)　31－４×２　を計算しなさい。

(2)　3.14×12－3.14×２　を計算しなさい。

(3)　13÷19×38÷39 を計算しなさい。

(4)　$\frac{1}{5}\div\left(\frac{2}{3}-\frac{2}{5}\right)$ を計算しなさい。

(5)　$\left(\frac{1}{3}-0.2\right)\div0.4+\frac{2}{3}$ を計算しなさい。

(6)　２けたの整数のうち，7の倍数は全部で何個ありますか。

2　次の各問いに答えなさい。

(1)　原価210円の品物を定価280円で売ったところ，利益が7700円ありました。全部で何個の品物を売りましたか。

(2)　一辺の長さが異なる３つの正方形を図のように重ねます。このとき，斜《しゃ》線部の面積は何㎠ですか。

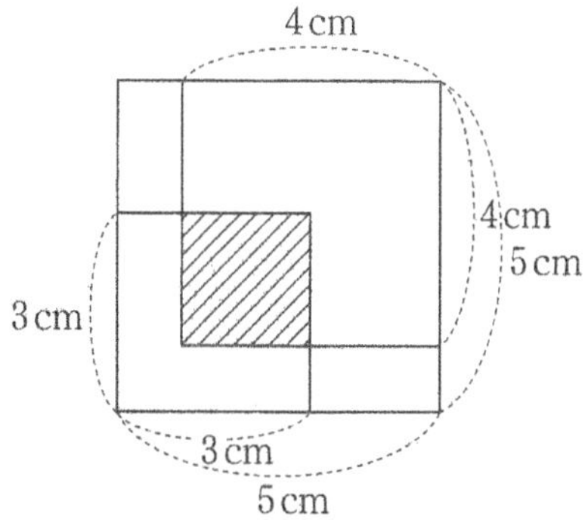

(3)　時速108㎞で進む電車が100mの橋を渡り終えるのに６秒かかりました。この電車の長さは何mですか。

(4)　2022年１月24日を１日目としたとき，100日目は何月何日になりますか。

(5)　４％の食塩水50ｇに水を50ｇ足すと何％の食塩水になりますか。

(6)　一つの製品を作成するのにＡの機械では５分，Ｂの機械では６分かかります。ＡとＢをどちらも休みなく使って完成した製品を400個作るには何時間何分必要ですか。

3 横50cm，たて40cmの紙が１枚あります。以下の問いに答えなさい。

(1) 横８cm，たて２cmの帯状に紙を切ると帯は何本作ることができますか。

(2) この帯状の紙を２cmの「のりしろ」でつないでいくとき，横の長さの合計が７ｍを超《こ》えるには何枚の帯状の紙を使いますか。

4 Ａ，Ｂ，Ｃ，Ｄ，Ｅの５人が，ゲームの勝ち負けの順位を総当たり戦で決めました。結果について以下の条件①～④がわかっています。

①　ＡはＢに勝った。
②　ＢはＣに負けた。
③　Ｃは５人中，４位だった。
④　ＥはＡとＣに勝った。

次の問いに答えなさい。ただし，同じ順位の人はいません。

(1) 最下位の人はＡ～Ｅの誰《だれ》になりますか。

(2) ①～④の条件に「⑤Ｄは３位だった。」という条件⑤を加えると，Ａは何位になりますか。

(3) ①～④の条件に，以下のア～ウの条件のどれを加えたら全員の順位が決まりますか。記号で答えなさい。

ア）ＡはＤに負けた。　　イ）ＤはＥに勝った。　　ウ）Ｅは１位だった。

5 直線 ℓ を軸《じく》として直角三角形ＡＣＤを回転させてできる立体について，次の問いに答えなさい。円周率《えんしゅうりつ》は3.14とします。

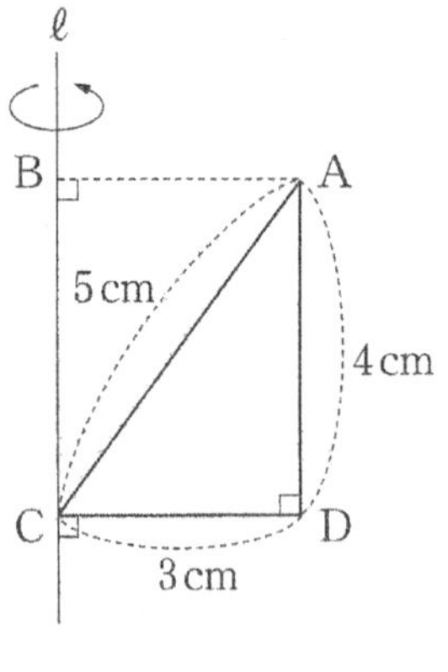

(1) 立体の体積の求め方について，花子さんと太郎くんが立体の体積を次のように考えました。

花子さん：四角形ABCDが回転した円柱から中にある円錐《えんすい》を引いたら求められるよ。

太郎くん：違《ちが》うよ。三角形ACDを高さ半分に切ったら，上の三角形が下の部分にはまるから，回転すると高さ半分の円柱を求めたらいいよね。

このとき，花子さんと太郎くんの考えのどちらが正しいですか。名前で

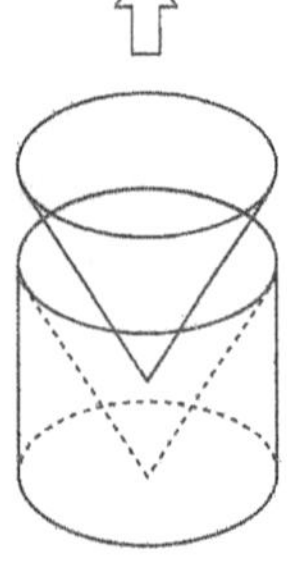

答えなさい。

(2) 立体の体積は何cm^3になりますか。

(3) 立体の表面積は何cm^2になりますか。

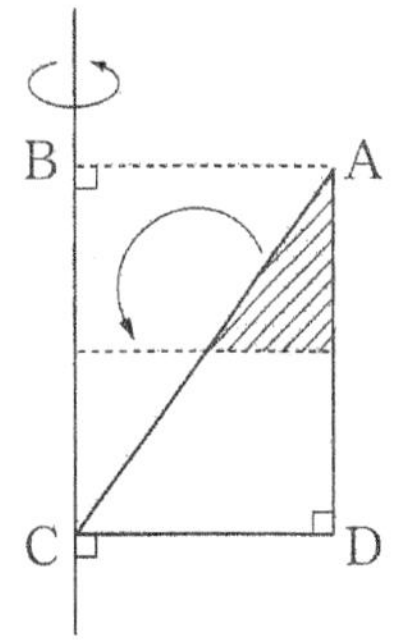

【理　科】（社会と合わせて60分）　＜満点：50点＞

1　アサガオとヘチマについて，あとの各問いに答えなさい。

問１　アサガオやヘチマの種をまくころに見られるできごとは，どれですか。次のア～オより１つ選び，記号で答えなさい。

ア．カエルが冬眠している。

イ．アブラナの種が芽を出している。

ウ．ツバメが卵をあたためている。

エ．夜の草むらでコオロギが鳴いている。

オ．セミが羽化している。

問２　観察するためそれぞれの花をたてに割り，アサガオ，ヘチマの花のつくりを調べました。「おしべ」「めしべ」をそれぞれ図１のア～コより１つずつ選び，記号で答えなさい。

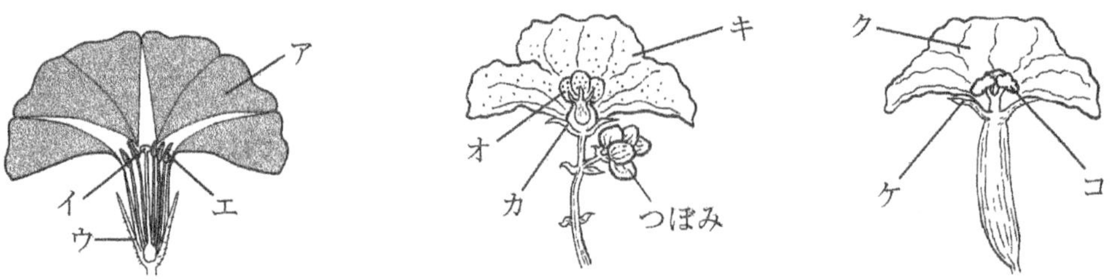

図１

問３　おしべの先からでた花粉を顕微鏡で観察しました。ヘチマの花粉を観察したものはどれですか。次のア～エより１つ選び，記号で答えなさい。

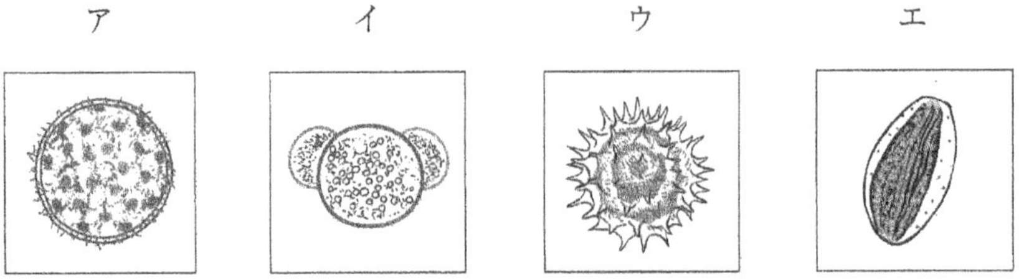

問４　アサガオのつぼみを使って，以下の〔実験〕ア～キを行い，実ができるかどうか調べました。その結果，イ・ウ・カ・キは実ができましたが，ア・エ・オは実ができませんでした。

〔実験〕

ア　・・・　つぼみの状態で，めしべを取った。

イ　・・・　つぼみの状態で，おしべを取った。

ウ　・・・　そのままにして，透明なふくろをかぶせた。

エ　・・・　つぼみの状態でおしべを取って，すぐに透明なふくろをかぶせた。

オ　・・・　つぼみの状態でめしべを取って，すぐに透明なふくろをかぶせた。

カ　・・・　開花した直後に，おしべを取った。

キ　・・・　つぼみの状態で透明なふくろをかぶせて，翌日に開花した直後におしべを取った。

⑴　実を作るために，おしべが必要であることを確認するには，ア～キのうちどれとどれを比べるとわかりますか。ア～キより２つ選び，記号で答えなさい。

⑵　アサガオの自家《じか》受粉（同じ花からの花粉で受粉すること）が，つぼみのとき（開花する前）に行われることを確認するには，ア～キのうちどれとどれを比べるとわかりますか。ア～キより２つ選び，記号で答えなさい。

⑶　アサガオが他家《たか》受粉（１つの植物の花粉が，異なる株《かぶ》のめしべについて受粉すること）によっても実のできることを確認するには，ア～キのうちどれとどれを比べるとわかりますか。ア～キより２つ選び，記号で答えなさい。

2　浦安市に住んでいるＡ君は夏休みに月の観察をしました。図１の①～⑤は観察したときの月のスケッチです。①，③，④は月が南中したときのスケッチです。また，①は2021年７月24日に観察したものです。あとの各問いに答えなさい。

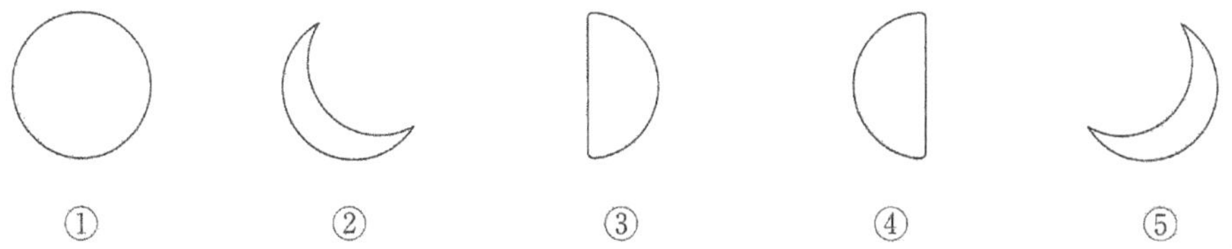

図１

問１　月はどの方角から出て，どの方角にしずみますか。正しいものを次のア～エよりそれぞれ選び，記号で答えなさい。

ア．東　　イ．西　　ウ．南　　エ．北

問２　①を始めとして月の形が変化していく順番に並べ，番号で答えなさい。

問３　②の月をスケッチしたのは何時ごろですか。正しいものを次のア～エより１つ選び，記号で答えなさい。

ア．午前５時ごろ　　イ．午前９時ごろ　　ウ．午後３時ごろ　　エ．午後７時ごろ

問４　③の月がしずむときは地平線に対してどのような向きになりますか。正しいものを次のア～エより１つ選び，記号で答えなさい。

問５　①の月は，季節によって大きさが違って見えます。５～６月のころが一番大きく見えて，スーパームーンといわれます。なぜ月の大きさが季節によって違って見えるのか説明しなさい。説明の中には，月，地球という言葉を必ず入れること。

問６　７月24日の次に①と同じ形になるのはいつですか。正しいものを次のア～エより１つ選び，記号で答えなさい。

ア．７月30日　　イ．８月７日　　ウ．８月22日　　エ．９月１日

問7　図2は太陽，月，地球の位置関係です。⑤の月はA～Hのどの位置に月があるときですか。正しいものを1つ選び，記号で答えなさい。

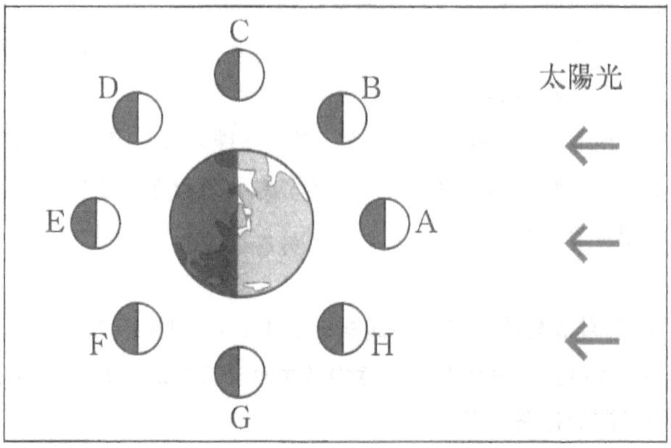

図2

3　A君は学校で物のとけ方についての実験を行いました。あとの各問いに答えなさい。

【実験】　温度の違う水をそれぞれ100gずつビーカーに入れました。そこに食塩とミョウバンを入れ，何gとけるかを調べ，表1にまとめました。

表1　実験の結果（各温度で水100gに食塩，ミョウバンがそれぞれとけた量）

	0℃	20℃	40℃	60℃	80℃	100℃
食塩	37.6g	37.8g	38.3g	39.0g	40.0g	41.1g
ミョウバン	3.0g	5.9g	11.7g	24.7g	71.0g	119.0g

問1　A君は『物がとける』という言葉の意味について，氷がとけるという意味と，食塩が水にとけるという2つの意味があることに気づきました。実験と同じように，「物の形が見えなくなるほど小さくなり，液全体に広がる」という意味で使われている文を次のア～エより1つ選び，記号で答えなさい。

ア．夏になり，富士山の雪がとけた。　　イ．火をつけたろうそくがとけた。

ウ．紅茶に砂糖がとけた。　　エ．鉄が高温でとけた。

問2　表1のグラフとして正しいものをあとのア～エより1つ選び，記号で答えなさい。

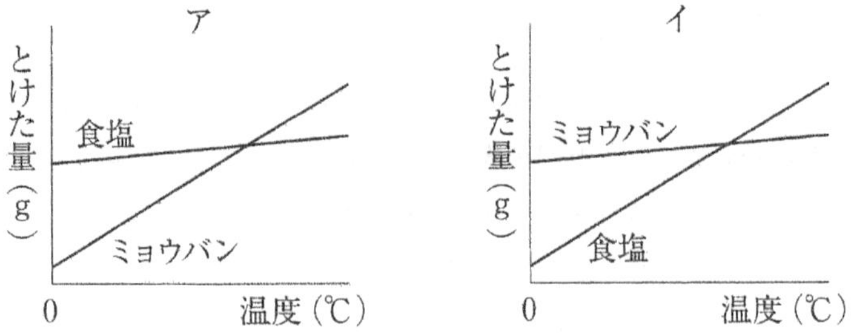

ウ

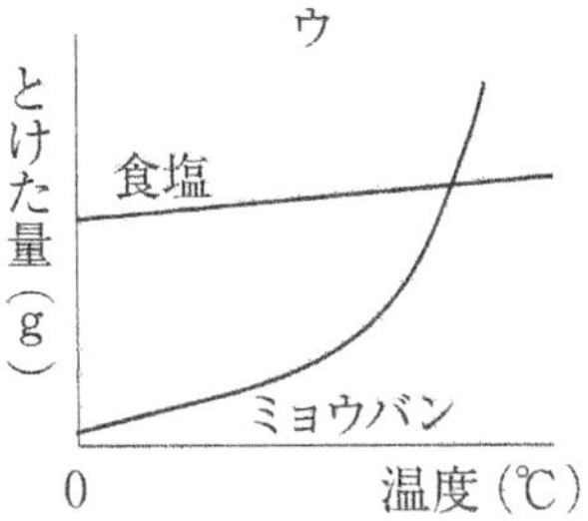

エ

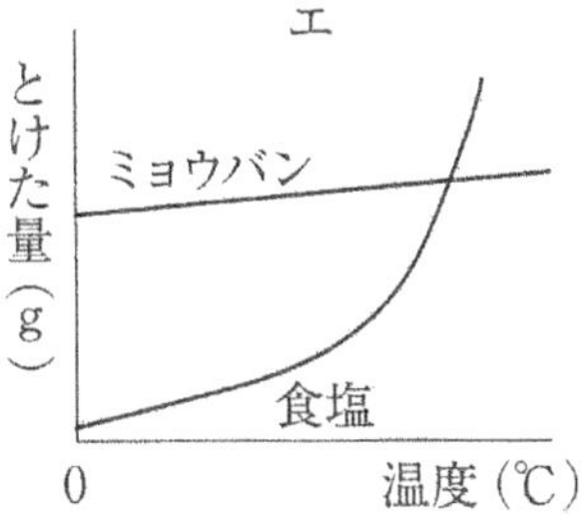

問３　80℃の水200ｇに，食塩は何ｇまでとかすことができますか。

問４　80℃の水100ｇを２つのビーカーに用意し，一方には食塩，もう片方にはミョウバンをそれぞれとけるだけとかしました。その後，20℃まで水の温度を下げたとき，食塩とミョウバンはそれぞれ何ｇ出てきますか。

問５　重さのわからない80℃の水に食塩をとけるだけとかしました。この水よう液を20℃にしたとき，食塩が3.3ｇ出てきました。80℃のときの水よう液の重さは何ｇでしたか。

4　同じ種類のかん電池と，同じ種類の豆電球を使い，下の図１～５のような回路を組み立てて豆電球を光らせました。あとの各問いに答えなさい。

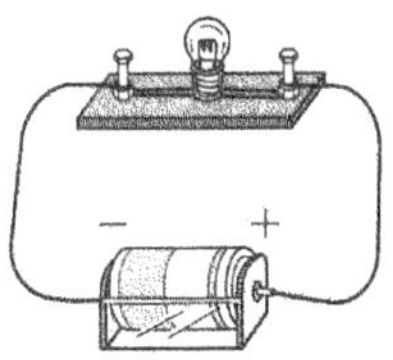

図１

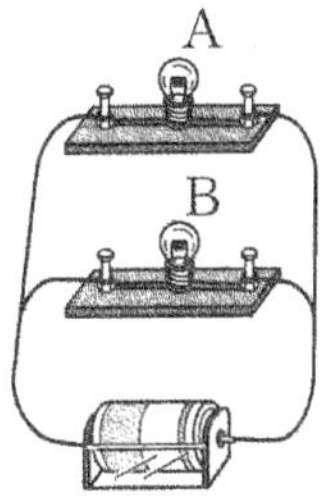

図２

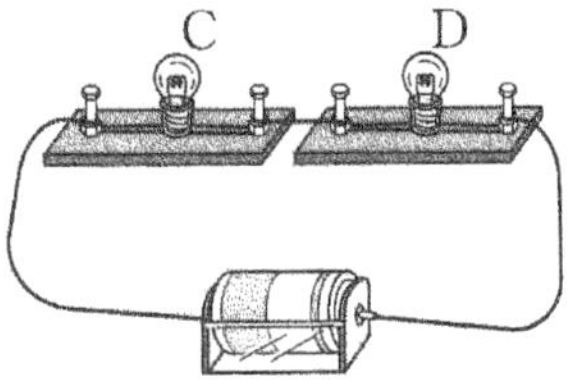

図３

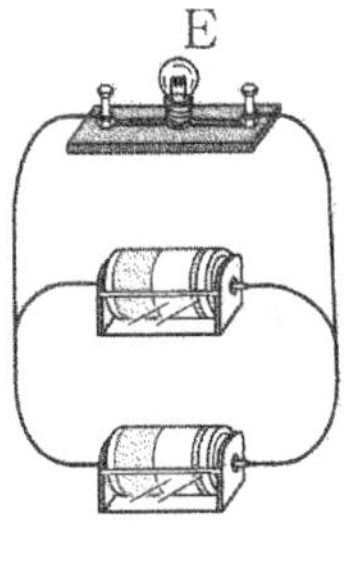

図４

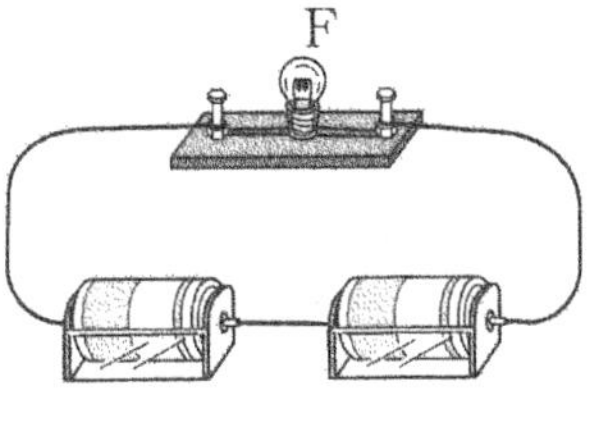

図５

問１　図１のかん電池の向きを反対にして電気を流すと，豆電球の光はどうなりますか。正しいものを次のア～エより１つ選び，記号で答えなさい。

ア．同じように光る　　イ．より明るく光る　　ウ．暗くなる　　エ．光らない

問２　図４のようなかん電池のつなぎ方を何つなぎといいますか。漢字で答えなさい。

問３　図１の豆電球よりも明るく光る豆電球はどれですか。図中のＡ～Ｆより１つ選び，記号で答えなさい。

問4　図1の豆電球と同じ明るさで光る豆電球はどれですか。図中のA～Fよりすべて選び，記号で答えなさい。

問5　図1，図2，図3の中で，かん電池がもっとも長持ちするのはどれですか。図1，図2，図3より1つ選び，数字で答えなさい。

問6　同じ種類のかん電池2個と，同じ種類の豆電球2個を使い，図6～9のような回路を組み立てて豆電球を光らせました。かん電池がもっとも長持ちするものはどれですか。図6～9より1つ選び，数字で答えなさい。

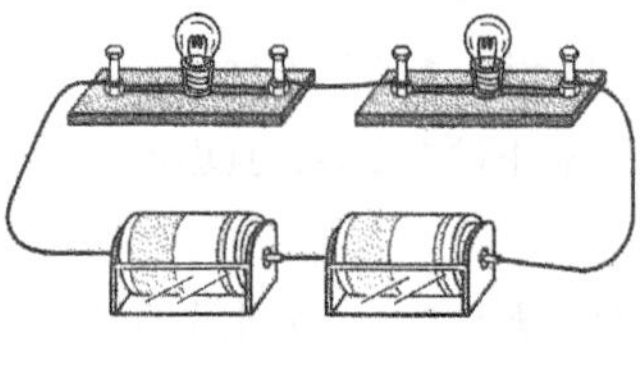

図6

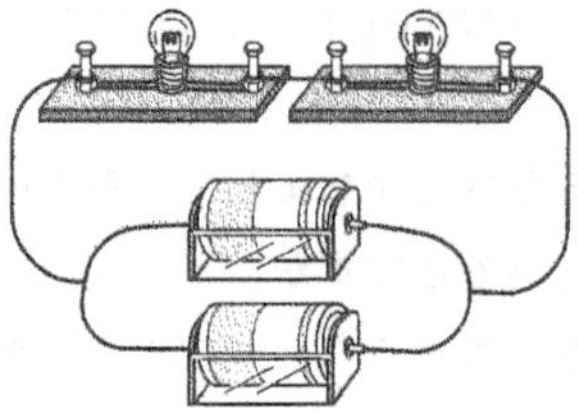

図7

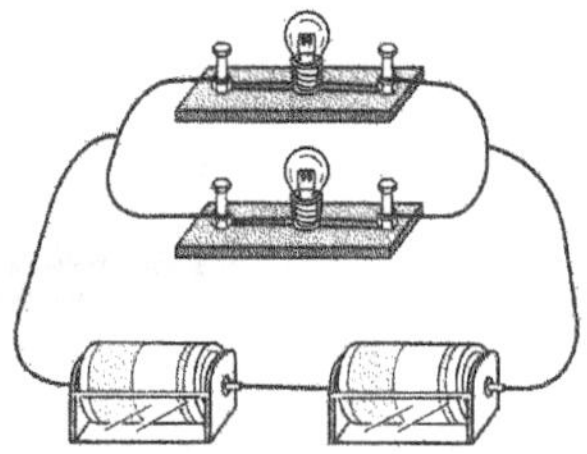

図8

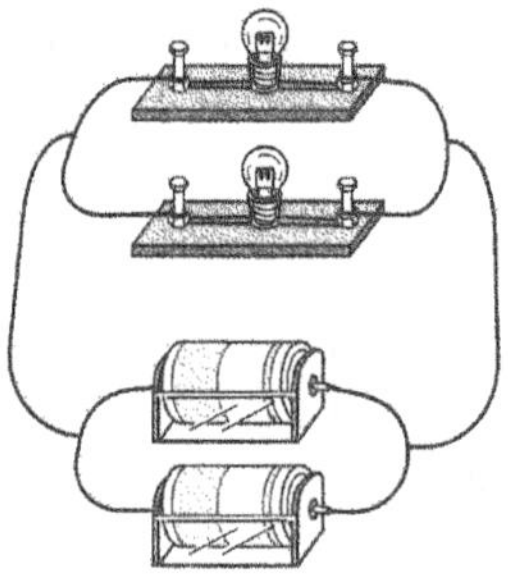

図9

5　次の文章を読んで，あとの問いに答えなさい。

感染症《かんせんしょう》の予防のため，ワクチン接種《せっしゅ》が各国で進んでいます。ワクチンとは，その病原体の力を弱めたり，バラバラにしたり，病原体に似せて作ったりしたものです。ワクチンを打つことで，抵抗《ていこう》する力をつけ，予防したり症状《しょうじょう》を弱めたりすることができます。今回の新型コロナウイルスに対するワクチンは，これまで私たちが使用してきたものとは異《こと》なり，ウイルスの①タンパク質を作るもとになる遺伝情報《いでんじょうほう》の設計図《せっけいず》の一部を注射します。そして，その遺伝情報をもとに体内でウイルスのタンパク質を作り，そのタンパク質に対する抗体《こうたい》が作られることで免疫《めんえき》を獲得《かくとく》します。

問　下線部①の体内で抗体を作るもととなる設計図の一部を何といいますか。次のア～エより1つ選び，記号で答えなさい。

ア．DNA　　イ．メッセンジャーRNA　　ウ．BTB溶液　　エ．生理食塩水

【社　会】（理科と合わせて60分）　＜満点：50点＞

1　次の文を読み，あとの問いに答えなさい。

多数の工場が集中している地域を工業地帯といい，日本の工業地帯は①関東から北九州にかけて帯状に分布しています。なかでも，②東京・愛知・大阪・福岡の各都市を中心とする工業地帯は明治時代以降に大きく発展し，四大工業地帯が形成されました。

四大工業地帯は第二次世界大戦時の空襲によって大きな被害を受けましたが，戦後はいち早く工業生産を回復し，日本の復興を支えました。しかし，福岡を中心とする③北九州工業地帯は高度経済成長の後に生産量が減少し，現在は東京・愛知・大阪を中心とする三大工業地帯に変化するとともに，④新しい工業地帯を含め，日本各地で⑤地域の特性を活かした工業生産が行われています。

問1　下線部①の連続した工業地帯を何といいますか。

問2　下線部②の各都市を中心とした工業地帯の名称を漢字で答え，下の説明文ア～ウがそれぞれどの工業地帯のものかを選び，記号で答えなさい。

ア．現在の日本最大の工業地帯である。戦前は織物工業，戦後は機械工業が大きく発達し，日本最大の自動車メーカーの拠点となっている。

イ．機械工業とともに，出版社が多いことから印刷業の発達が特徴となっている。戦後から高度成長期までは日本最大の工業生産額をあげていたが，現在はこれらの工業地帯の中ではもっとも生産額が小さい。

ウ．江戸時代に「天下の台所」とよばれた商業の発展と，大消費地の利点を活かしたさまざまな工業が発達している。湾岸地域には重化学工業，中心地には電気機器や医薬品などが発達し，第二次世界大戦までは日本最大の生産額をあげていた。

問3　下線部③の理由を説明した文の空欄（1）～（3）にあてはまる言葉を答えなさい。

1901年に官営の（　1　）がつくられて以来，中国からの鉄こう石と筑豊《ちくほう》地域の（　2　）を利用して製鉄業が大きく発達していたが，エネルギー革命による（2）産業の衰退《すいたい》と鉄こう石の輸入先が（　3　）に変化したことなどによって生産がふるわなくなった。

問4　下線部④のうち，自動車などの機械工業の割合が高く，近年では阪神工業地帯に次ぐ出荷額をあげている工業地域はどこか。次のア～ウから選び，記号で答えなさい。

ア．鹿島臨海工業地域

イ．京葉工業地域

ウ．関東内陸工業地域

問5　下線部⑤について，地域の伝統産業である製薬や漆器，金属加工などを活かした工業がさかんな工業地域はどこか。次のア～ウから選び，記号で答えなさい。

ア．瀬戸内工業地域

イ．東海工業地域

ウ．北陸工業地域

問6　下線部⑤では，工業の種類によって分布が違う傾向もみられます。次のページの図A～Cに示される工場の製品として正しいものを次から一つずつ選び，記号で答えなさい。

ア．半導体　　イ．石油化学　　ウ．セメント

図A

図B

図C

2 次の各時代の資料とその説明文を読み，あとの問いに答えなさい。

奈良時代		①左の人物は，仏教の布教《ふきょう》や②東大寺《とうだいじ》の大仏造立《ぞうりゅう》に尽力《じんりょく》した僧侶《そうりょ》の像です。社会発展のため，農業用のため池や橋，港などを整備しました。③大輪田泊《おおわだのとまり》もこの人物が築《きず》いたと伝えられています。
安土桃山時代		戦国大名の今川《いまがわ》氏や織田信長《おだのぶなが》などが実施した検地は自己《じこ》申告《しんこく》制でしたが，④豊臣秀吉は⑤全国を同一の基準によって直接測量する方法で，検地を実施しました。左の絵は，その様子を描いたものです。
江戸時代		⑥左の人物は，白河藩主《しらかわはんしゅ》から老中に就任《しゅうにん》し，⑦寛政の改革を行いました。この改革は，これまでの利権《りけん》的な政治を否定《ひてい》し，クリーンな政治を目指すものでしたが，取り締《し》まりが厳《きび》しかったため，「白河《しらかわ》の清《きよ》きに魚《うお》もすみかねて　もとの濁《にご》りの　田沼恋《たぬまこい》しき」という歌が詠《よ》まれました。

明治時代		左の絵は，1886年におこったイギリス貨物船《かもつせん》が沈没《ちんぼつ》した事件を描いた風刺画《ふうしが》です。これをきっかけに⑧不平等条約改正を求める運動が強くなりました。そののち，⑨大日本帝国憲法が制定《せいてい》され，法律や制度が整《ととの》い，1911年に条約改正は完全に達成されました。
大正時代		⑩左の人物は，⑪第一次世界大戦中におこった⑫米騒動で倒《たお》れた寺内内閣《てらうちないかく》の後を受けて，内閣総理大臣となりました。この人物は，平民宰相《へいみんさいしょう》といわれて人気を集めたことでも有名です。

問１　下線部①の人物名を，次のア～エの中から１つ選び，記号で答えなさい。

ア．鑑真《かんじん》　　イ．空也《くうや》　　ウ．玄昉《げんぼう》　　エ．行基《ぎょうき》

問２　下線部②を建てた天皇名を，次のア～エの中から１つ選び，記号で答えなさい。

ア．聖武《しょうむ》天皇　　イ．天武《てんむ》天皇　　ウ．桓武《かんむ》天皇　　エ．天智《てんじ》天皇

問３　下線部③は平安時代末に平清盛《たいらのきよもり》によって修築《しゅうちく》され，日宋《にっそう》貿易で栄《さか》えた港です。この港の場所はどこですか。地図中のア～エから１つ選び，記号で答えなさい。

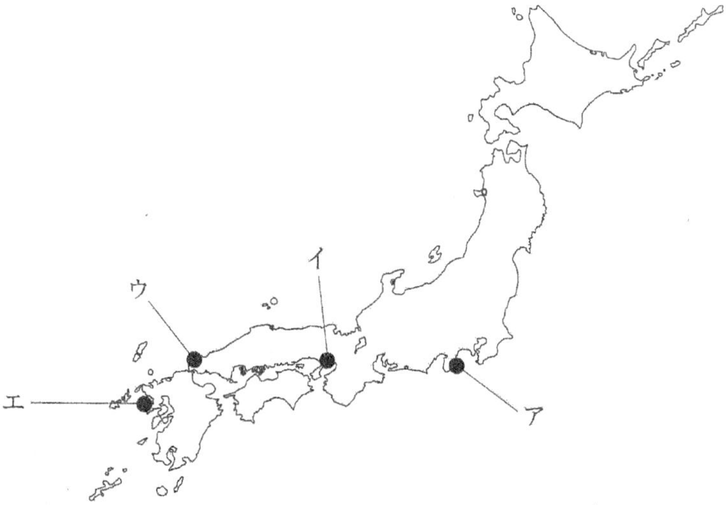

問４　下線部④について，この人物が実施した一揆《いっき》の防止や兵農分離《へいのうぶんり》を図《はか》るための政策を何といいますか。解答欄《らん》に合う形で，漢字２字で答えなさい。

問５　下線部⑤について，この検地を何といいますか。解答欄に合う形で，漢字２字で答えなさい。

問６　下線部⑥の人物名を次のア～エの中から１つ選び，記号で答えなさい。

ア．田沼意次《たぬまおきつぐ》　　イ．徳川吉宗《とくがわよしむね》　　ウ．松平定信《まつだいらさだのぶ》　　エ．水野忠邦《みずのただくに》

問７　下線部⑦について，この改革の内容として正しいものを，次のページのア～エの中から１つ

選び，記号で答えなさい。

ア．庶民《しょみん》の声を政治に反映《はんえい》させるため，目安箱を設置《せっち》した。

イ．商人の財力をもちいて，印旛沼《いんばぬま》や手賀沼《てがぬま》の干拓《かんたく》を行った。

ウ．旗本《はたもと》・御家人《ごけにん》の生活を救うため，札差《ふださし》からの借金を帳消《ちょうけ》しにする棄捐令《きえんれい》を出した。

エ．株仲間を解散させて，商品取引を自由にし，物価《ぶっか》を安定させようとした。

問８　下線部⑧について，日本はイギリスなどの条約締結国《ていけつこく》に対して，「外国人は罪《つみ》を犯《おか》しても，日本の法律で裁《さば》かれない権利」を認めていた。この権利を何といいますか。漢字で答えなさい。

問９　下線部⑨の説明文として正しくないものを，次のア～エの中から１つ選び，記号で答えなさい。

ア．天皇が制定した欽定《きんてい》憲法であり，主権は天皇にあった。

イ．国会（帝国議会）は，衆議院《しゅうぎいん》と貴族院《きぞくいん》からなっていた。

ウ．国民の権利は法律の範囲内《はんいない》で認められていた。

エ．アメリカ合衆国の憲法を模範《もはん》にして作られた。

問10　下線部⑩の人物名を，次のア～エの中から１つ選び，記号で答えなさい。

ア．黒田清隆《くろだきよたか》　　イ．犬養毅《いぬかいつよし》　　ウ．原敬《はらたかし》　　エ．伊藤博文《いとうひろぶみ》

問11　下線部⑪について，下のグラフは第一次世界大戦前後の日本における貿易の動きを表したものです。このグラフについて述べた文として正しいものを，次のア～エの中から１つ選び，記号で答えなさい。

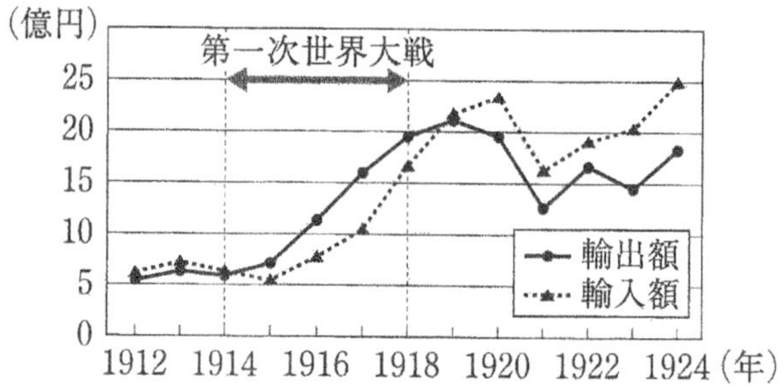

ア．第一次世界大戦前は輸入額《ゆにゅうがく》より輸出額《ゆしゅつがく》の方が大きかった。

イ．第一次世界大戦が始まると貿易は行われなくなった。

ウ．第一次世界大戦中は，輸出額が輸入額を上回るようになった。

エ．第一次世界大戦が終わると，輸出額が大きくなっていった。

問12　下線部⑫について関連《かんれん》が深い出来事《できごと》を，次のア～エの中から１つ選び，記号で答えなさい。

ア．治安維持法《ちあんいじほう》の制定　　イ．満洲国《まんしゅうこく》の建国

ウ．関東大震災《かんとうだいしんさい》の発生　　エ．シベリアへの出兵

3　下の文と図を見て，あとの問いに答えなさい

国の政治をおこなうために，計画を立て，実際の仕事を運営する機関を中央官庁といいます。中央官庁は2001年に再編され，現在では１府12省庁があり，それぞれの役割分担のなかで，国を動かしています。それぞれの省庁を指揮・監督する人を大臣といい，内閣総理大臣が任命します。また，重要政策を担当する特命担当大臣もいて，この大臣も内閣総理大臣が任命します。各省には，副大

臣と（　あ　）官がおかれ，大臣を補佐しています。

大臣は一般的には国会議員が任命されますが，内閣総理大臣は国会議員ではない人を大臣に任命することもできます。ただし，その人数は（　い　）未満と憲法で定められています。

また，特殊で独立性の高い仕事を担当するために，省庁の下に17の庁と９つの委員会が置かれています。

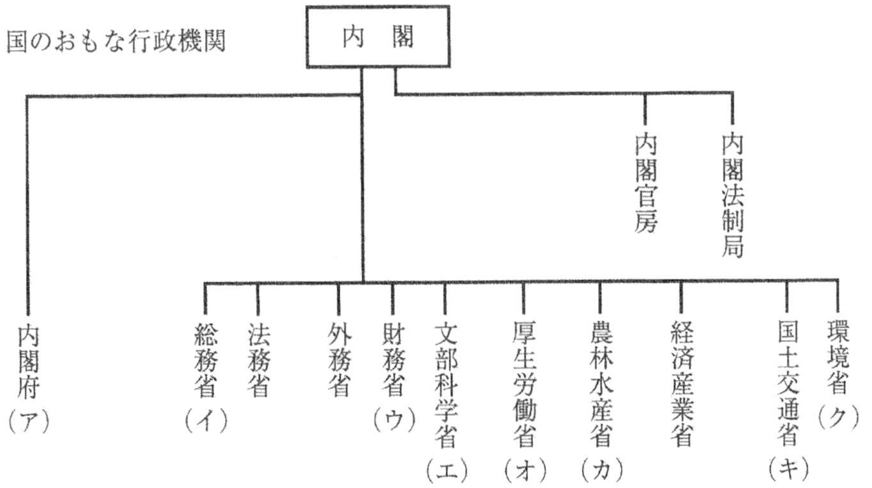

2021年現在

問１　文中の（あ）・（い）にあてはまる言葉をそれぞれ漢字２字で答えなさい。

問２　下の文Ａ～Ｄはそれぞれの省庁の仕事を説明したものです。図中の（ア）～（ク）の中からそれぞれ１つずつ選び，記号で答えなさい。

Ａ　この機関の仕事は，内閣の重要な政策を担当する省庁です。何人もの大臣がいることも大きな特徴です。

Ｂ　この機関は，国民の健康と労働など，生活の基盤《きばん》づくりを専門とする省庁で，幅広い仕事を受け持っています。

Ｃ　この機関は食料生産や食品の安全を担当する省庁です。

Ｄ　この機関は交通の整備や安全，土地の整備・管理を担当する省庁です。

問３　下の庁と委員会はどの省に属していますか，図中の（ア）～（ク）の中からそれぞれ１つずつ選び，記号で答えなさい。

①国税庁　　②スポーツ庁　　③気象庁　　④公正取引委員会

なものを次の中から一つ選び、記号で答えなさい。

ア　自分の運命の急転を受け入れられずにいる青年を、カメラが映し出したこと。

イ　人生をかけて将棋に打ち込んだ中座が、他の棋士の負けを祈らなかったこと。

ウ　絶望した中座の奇跡的な昇段の瞬間写真が、多くの人の心を震わせたこと。

エ　奨励会の退会を覚悟した青年が、一転して四段昇段を勝ち取ったこと。

問八　――線部⑦「頭ハネ」とはどういうものですか。文章中から二〇字で抜き出しなさい。

問九　第18回奨励会《しょうれいかい》三段リーグ最終日の残り2局、中座が四段に昇段するための絶対的な条件として最も適切なものを次の中から一つ選び、記号で答えなさい。

ア　中座が今泉に勝つこと。

イ　中座が1勝以上すること。

ウ　木村が1敗以上すること。

エ　野月、藤内と勝敗で並ぶこと。

三　次の各問いに答えなさい。

問一　次の(1)～(3)の――線部を漢字に直しなさい。

(1)　仲間の声援《せいえん》に心がふるい立つ。

(2)　情報しゅうしゅうをする。

(3)　あの会社は年功じょれつ制だ。

問二　次の(1)～(3)の――線部をひらがなに直しなさい。

(1)　敵の大軍を退ける。

(2)　優勝して気分が最高潮だ。

(3)　夕日に映える山。

問三　次の(1)～(4)の意味に当てはまることわざとして、最も適切なものを次の中からそれぞれ一つ選び、記号で答えなさい。

(1)　つまらないものでも、ないよりはましだということ。

(2)　一つのことを見れば、他のすべてがわかること。

(3)　中《ちゅう》途《と》半端《はんぱ》で使いものにならないこと。

(4)　月日はあっというまに過ぎ去ること。

ア　一事が万事

イ　光陰《こういん》矢のごとし

ウ　なせば成る

エ　帯に短したすきに長し

オ　枯《か》れ木も山のにぎわい

カ　後悔《こうかい》先に立たず

問一　――線部①「衝撃《しょうげき》的な写真だった」とありますが、これはどのような写真ですか。最も適切なものを次の中から一つ選び、記号で答えなさい。

ア　四段になれないことを悟った一人の青年が、今後の人生に絶望し、呆然《ぼうぜん》としている写真。

イ　自分がプロ棋士になれないという現実を耐え忍んでいた青年が、栄光を掴み取ったという奇跡《きせき》的な瞬間の写真。

ウ　運命の流れに翻弄《ほんろう》され、大波に弄ばれる青年が、勝利の喜びを必死で抑えている神々しい写真。

エ　自分の実力を超えた結果を手に入れた青年が、周りに感謝し、より一層気を引きしめている写真。

問二　――線部②「鋭利《えいり》な硝子《がらす》の破片《はへん》が胸に突き刺《さ》さったような痛みを覚えた」とありますが、この文章に使われている表現技法として最も適切なものを次の中から一つ選び、記号で答えなさい。

ア　隠喩《ゆ》

イ　擬《ぎ》人法

ウ　倒置法

エ　直喩《ゆ》

問三　――線部③「最後の三段リーグ」とありますが、なぜ最後なのですか。最も適切なものを次の中から一つ選び、記号で答えなさい。

ア　26歳になると年齢制限によって奨励会を強制的に退会させられてしまうから。

イ　両親への申し訳なさを感じ、将棋をキッパリとあきらめ企業に就職しようと考えたから。

ウ　元々のルールに従って、四段に上がれなければ今期で退会しようと心に決めていたから。

エ　棋士ではなく、後進の指導という形で将棋に関わっていきたいと思ったから。

問四　――線部④「諦《あきら》めの気持ちばかりがどんどんふくれあがっていった」とありますが、この後の中座の心境として最も適切なものを次の中から一つ選び、記号で答えなさい。

ア　現在の言いようのない不安を取りのぞくためには、目の前のことを一つずつ取り組むしかないという悲しい決意。

イ　将棋しかやってこなかった自分の人生を後悔し、周りと同じような平凡な道を歩もうとする決意。

ウ　自分の弱さを自覚し、強みを分析した上で将棋を指そうという、迷いを断ち切った決意。

エ　自分の夢に向かって最後まで努力すれば、例えプロ棋士になれなくても今後の人生につながっていくはずだという前向きな決意。

問五　[A]、[B] に当てはまる言葉を文章中から漢字二字でそれぞれ抜き出しなさい。

問六　――線部⑤「さまざまな感情」とありますが、適切でないものを次の中から一つ選び、記号で答えなさい。

ア　自分の人生への失望。

イ　故郷の両親への感謝。

ウ　木村に勝てなかった悔しさ。

エ　奨励会を退会する情けなさ。

問七　――線部⑥「運命の悪戯《いたずら》」とは、どういうことですか。最も適切

天国から地獄《じごく》へとはいうが地獄から天国へということも人生にはありうるのだ。奨励会を去るために靴箱に手をかけた青年を誰かが引きとめそして手招きをした。そうとしか思えない奇跡《きせき》的な報告であった。

あまりの運命の急転にどうすればいいのか、何を考えればいいのかさえ中座の頭には浮かんでこない。ただ、壁にもたれて座りこみ、膝《ひざ》を抱え頭をうつむけ、自分に起こっている事態を懸命《けんめい》に把握《はあく》しようとした。

その姿を週刊将棋記者のカメラが捕らえた。

思ってもみなかった⑥運命の悪戯《いたずら》に翻弄《ほんろう》され、その現実に対処することもできずに茫然《ぼうぜん》と座りこんでいる26歳の青年の姿である。自分に栄冠《えいかん》が舞《ま》い下りることなど想像することもできずに、わずか1時間前までは挫《ざ》折《せつ》感や後悔や、容赦《ようしゃ》なく襲《おそ》いかかってくるさまざまな感情を封じ込めようと懸命《けんめい》に唇《くちびる》を噛《か》んでいた青年が実は勝ち残っていた、それはあまりにも残酷《ざんこく》で皮肉でそれゆえに神々《こうごう》しい瞬間《しゅんかん》の映像なのである。

おそらく自分がその場に居合わせたとしても、私にはカメラを向けることはできなかっただろう。勇気を振《ふ》りしぼってカメラを向けた週刊将棋記者の行動が、図《はか》らずも奨励会と三段リーグの厳しさの現実を的確に写しだし、多くの人の心を震《ふる》わせ、硝子の破片を胸に突き刺す結果となったのだった。

平成8年3月7日、自分の人生や夢の行方をかけて戦う青年たちが演じてきた奨励会三段リーグという数々のドラマのなかでも、この一日は歴史的な死闘《しとう》が繰《く》り広げられた。

その日、地獄の畳《たたみ》の上に座る26人の若者の運命を決めたものはいったい何だったのだろうか。それは、星の巡《めぐ》り合わせとか運とかでかたづけられるものなのだろうか。

堀口一史座	14勝4敗
中座　真	12勝6敗
今泉健司	12勝6敗
野月浩貴	12勝6敗
藤内　忍	12勝6敗
木村一基	11勝7敗

これが勝ち残っていた6人の青年たちが平成8年3月7日を戦った記録である。野月と藤内は2連敗、中座と今泉と木村（現七段）は1勝1敗。終わってみれば中座は3人を順位の差で⑦頭ハネしていた。しかも木村が最終局に勝っていれば、逆に順位が上の木村に中座が頭ハネされていたことになる。

しかも木村の1局目の相手は今泉であった。その将棋に木村は勝ち、そして2局目を自分が負けるという、まるで中座のために与えられたような役割を演じる結果になっている。6人の青年の運命が糸のように、無意識に必然的に絡《から》み合いほぐれ、そしてたった一つの結論は導《みちび》き出されたのだ。

（『将棋の子』大崎善生）

※1　嚥下…口の中の物を飲み下すこと。
※2　冷酷…思いやりがなく酷いこと。
※3　奨励会…日本将棋連盟のプロ棋士養成機関。
※4　茫洋…広くて検討のつかないさま。
※5　懊悩…悩みもだえること。
※6　掉尾…物事の終わり。
※7　投了…囲碁や将棋で、一方が負けを認めて勝負を途中で終了すること。

と伝えた。

「えっ？　何のこと」と中座は聞き返した。

　彼が何を言っているのか、中座には理解することができなかったのである。

「野月君と藤内さんの二人が負ければ中座さんが昇段です」

「冗談《じょうだん》だろ？」

「いや本当です」

「だって、今泉君は？」

「彼は、1局目負けましたので12勝6敗。中座さんが上です」

「えっ、今泉君負けていたんだ」

「はい」

　同じ12勝6敗で終わったが、中座の方が順位が上だった。三段リーグには前期の成績を基《もと》に定められた順位があって、同星の場合は順位上位者が昇段となる決まりがある。いわゆる頭ハネというルールである。

　堀口一史座（現六段）が1局目を勝ち昇段を決め、残る最後の椅子《いす》を3人が争うことになっていた。

　12勝4敗で最終日を迎えた野月浩貴（現五段）も藤内忍も1局目を負けていた。その時点で二人とも12勝5敗、しかもこの二人よりも中座の方が順位が上なのである。

　可能性がある、その言葉に中座の心は乱れた。昇段をかけた大一番で、まさか二人がそろって負けるとは思えなかったが、しかし確かに帰ってしまうほどの低確率でもない。

　他にどうすることもできずに、中座は熊のように廊下をうろうろと歩き回り始めた。

自分の力でどうなるわけでもない。そのことは中座にはもちろんわかっていた。二人の負けを願う気持ちには到底《とうてい》なれなかった。ともに苦しいリーグを戦ってきた仲間である。しかし、だからといってきれいさっぱり諦めるにはその結果がもたらす意味はあまりにも重大すぎた。

　自分はまだ完全に詰まされたわけではない、そうつぶやきながら、うろうろと歩き回り結果を待つ、そのこと以外に中座に何ができたというのだろう。

　やがて中座のもとに一人の奨励会員が駆《か》け寄ってきた。

　そして、彼は中座がまったく予期していなかった言葉をいきなり口にした。

「おめでとう」

「えっ？」

「だから、おめでとう」

「えっ？」

　中座はわが耳を疑った。

「先ほど野月君が負け、中座さんの昇段が決まりました」

「昇段って、僕が？」

「そうです」

「嘘《うそ》だろう」

「本当です。［B］とも負けましたので」

「本当に？」

「はい。間違いありません」

　その言葉を聞いた瞬間、中座は腰《こし》が砕《くだ》けへなへなになってその場にへたりこんでしまった。

しい状態で※5懊悩《おうのう》の日々が続いた。

しかし25歳のある日、中座はその不安を捨てる。自分に残された時間は泣いても笑ってもあと1年、そのわずかな時間を怯《おび》えながらではなく戦いながら過ごそう。周りばかりを気にするのではなく勇気を持って前を向こう。自分の進む道は確かにか細く、見つけることはできないかもしれないけれども、しかしそれは確実に存在しているのだ。

そして中座はこうも考えた。

ここで、この奨励会という場所で経験してきたことは、たとえ自分がその後にどんな人生を歩むことになろうとも決して無駄《むだ》にはならないはずだ。

最終日の1局目を制した中座は、昼食をとるために将棋会館を出た。いつもは奨励会で出される弁当を食べてすますのだが、この日ばかりはそんな気分にはなれなかったし、何を食べても喉《のど》を通る気がしなかった。軽食をすませた中座は東京体育館や国立競技場の周辺をあてもなくうろうろとさまようことで時間をつぶした。自分にとって奨励会最後の対局が迫《せま》っている。勝っても負けても次の一局が長かった修業時代の※6掉《とう》尾《び》となる。歩いても歩いてもそれ以外のことは何も思いつかず、考えはまとまらなかった。ただ、すれ違うカップルや若者たちがなぜかとても眩《まぶ》しく思えた。

運命の最終局は競争相手の今泉健司三段との直接対決だった。

しかし、その第2局に中座は敗れ去る。

今泉は強かった。歯が立たなかった。序盤《じょばん》の構想を巧《たく》みにとがめられ、それからはほとんど何をすることもできないまま押しきられてしまった。まったくの完敗であった。

せめてもと思い中座は最後の一手詰《いってづめ》の局面まで指して、王様を詰《つ》まされて※7投了《とうりょう》した。がんじがらめになって、一歩も動けない王様は［A］の姿のように思えた。しかし、そうすることによって中座は自分自身にけじめをつけたかったのである。

昇段は今泉だろうなと虚《うつ》ろな状態で簡単な感想戦をやりながら中座は直感していた。将棋の手厚さ堅実《けんじつ》さ落ち着き、何をとっても自分より上に思えたからだ。このとき、中座は今泉が1局目に敗れていることを知らなかったのだ。今泉だけではない、野月も藤内も1局目に敗れていた。そのことも何も、中座は知らないでいたのである。

何もかもが終わったと中座は考えた。子供のころから抱《いだ》き続けてきた棋士《きし》になる夢は、たった今自分の手のなかでついえたのだ。あの一歩も身動きのとれなくなった王将ともろともに。

将棋盤《ばん》を離れると突然《とつぜん》に⑤さまざまな感情が地鳴りのように胸に押《お》し寄せてきた。最終局に勝てなかった悔《くや》しさや、奨励会を卒業できなかった情けなさ、はるか稚内《わっかない》の地から自分を支援《しえん》し続けてくれた両親への感謝とそして申し訳なさ、小学校6年からの故郷を遠く離《はな》れた東京での修業の厳しさや寂《さび》しさや、ああ、これからどうしよう俺は何をすればいいんだという不安感や、とにかくそんな感情がとめどもなく胸に響《ひび》き渦巻いていた。

それから、ここにいてもどうしようもないと思い立ち、靴《くつ》箱の前で帰り仕度を始めた。

そのときである。

一人の奨励会員が近づいてきた。

「二人が負ければ、中座さんにまだ上がり目があります」

るというようにルールが一部改正されていたが、中座は今期が自分にとっての最後のリーグであると固く心に決めていた。11歳で奨励会に入会した中座にとって、15年という長い月日の果てに迎《むか》えた文字通りの最終日である。

そんな状況《じょうきょう》で迎えた長丁場のリーグ戦を中座は何とかよろよろと勝ち進み、昇段《しょうだん》の可能性を残したままその日を迎《むか》えていた。

中座には競争相手が5人いた。彼を含めた6人が四段へ、つまりは自分の夢や将来へと続く二つの椅子《いす》を争っていた。

中座はその6人のうちの4番手に位置していた。

堀口一史座《かずしざ》　12勝4敗
野月《のづき》浩貴　12勝4敗
藤内《とうない》忍　12勝4敗
中座　真　11勝5敗
今泉健司　11勝5敗
木村一基《かずき》　10勝6敗

半年間にわたる26人という大人数のリーグ戦の末、最終日まで生き残ったのがこの6人だった。

三段リーグは一日2局。したがって自分が2連勝したとしても上位3人のうちの2人に連勝されてしまえば中座に上がり目はない。その瞬間に中座の棋士《きし》人生は終止符《しゅうしふ》を打つことになるのである。

そんな極限状態のなか中座は1局目を制する。残すはあと一局。それは自分にどんな結果が待ち受けていようとも、中座にとっての奨励会最終最後の一番となる。

四段昇段か奨励会退会か。あまりにも大きな運命の重しをずっしりと背負《せお》って、中座は対局に挑《いど》んだ。

1局目が終了した時点で中座は競争相手の星をいっさい確認しなかった。自力で2連勝しない限りは、確率的にいっても自分に勝算がほとんどないことはわかりきっていたから、他人の星には興味もなかった。

勝つしかない。

他のことはどうでもいい。勝っても上がれないかもしれないが、それもどうでもいい。

どんなに頑張《がんば》っても人の将棋の結果を変えることはできないのだ。とにかく自分は目の前にいる敵を全力で倒《たお》して、そして15年の奨励会生活を終えるのだ。たとえやめるにしても、自分に与えられた最後の戦いを勝って終わりにしよう。

そう中座は心に決めたのだった。

中座が三段リーグに参入したのは平成2年の春、20歳のときのことだった。その後何度かチャンスはあったもののもう一歩のところで届かないという状態が続き、リーグ6期目を過ぎたあたりでは、希望は空気を抜《ぬ》いた風船玉のようにくしゃくしゃにしぼみ、④諦《あきら》めの気持ちばかりがどんどんふくれあがっていった。

これまでの人生で、将棋のほかのことは何もしていない。こんな自分が将棋をやめていったい何ができるというのだろう。同じ年頃《としごろ》の人間は大学を卒業し社会人としてのスタートを切っている。世界が日に日に広がっていくように見える彼らと、可能性がしぼみ路地裏の細い道へと入りこんでいく自分。

形のない※4茫洋《ぼうよう》とした不安がつねに頭のなかに渦《うず》巻いている、そんな苦

け出せなくなってしまうということ。

ウ　ペルソナによって環境に適応していくと、どれが本当の自分なのかわからなくなってしまうので、自分の気持ちさえ明確にならなくなってしまうということ。

エ　ペルソナは小さいころからのしつけによって身についているものなので、成人後に環境の変化によって新たなペルソナを獲得することは難しくなってくるということ。

問六　――線部⑦「同一視」とはどういうことですか。最も適切なものを次の中から一つ選び、記号で答えなさい。

ア　他者と自分の境界がわからなくなってしまうこと。

イ　ペルソナと自分本来の姿を同じだとみなしてしまうこと。

ウ　個性的な生き方に寄せていくということ。

エ　他者と同じような考え方にしていくということ。

問七　――線部⑧「硬化したペルソナの悲劇」から逃れるために筆者はどのようにしたらよいと考えていますか。最も適切なものを次の中から一つ選び、記号で答えなさい。

ア　周囲に合わせた態度を常にするのではなく、本来の自分をあらわす場をもつことが必要である。

イ　周りの意見に流されるのではなく、自分の意見をしっかりと表明することが必要である。

ウ　人々はペルソナを持たないように働きかけていくべきである。

エ　考えを固持するのではなく、柔軟に物事を考えていく必要がある。

二　次の文章をよく読み、あとの問いに答えなさい。

心の片隅《すみ》に貼《は》りついてしまったシールのように、剝《は》がそうとしてもなかなか剝がすことのできない一枚の写真がある。

平成8年3月13日に発行された「週刊将棋《しょうぎ》」の13面という、あまり目立たない場所にひっそりとそのモノクロ写真は掲載《けいさい》された。ダイレクトに胸を衝《つ》く、①衝撃《しょうげき》的な写真だった。それを見た瞬間《しゅんかん》に私は確かに何かが、たとえば②鋭利《えいり》な硝子《がらす》の破片《はへん》が胸に突き刺《さ》さったような痛みを覚えた。

一人のセーター姿の青年ががっくりと首を落として座りこんでいる。場所は東京将棋会館4階の廊下《ろうか》の片隅《かたすみ》である。

青年は膝《ひざ》を抱《かか》え腕《うで》の中に顔を埋《う》めるようにして、へたりこんでいる。精も根も尽き果て、まるで魂《たましい》を何ものかに奪《うば》われてしまったかのようにうなだれている。その日一日で、まるで大波に弄《もてあそ》ばれる小船のようにくるくると変わっていった自分の運命への驚《おどろ》きを隠そうともせず、受け入れることも※1嚥下《えんか》することもできず、また涙《なみだ》さえ流すこともできずにただ茫然《ぼうぜん》と座りこんでいる。

その姿をカメラは※2冷酷《れいこく》にとらえていた。

写真は3月7日に行われた第18回※3奨励会《しょうれいかい》三段リーグ最終日に写されたもので、被写体《ひしゃたい》は中座真《ちゅうざまこと》（現五段）である。

中座はその日、彼にとって③最後の三段リーグを戦っていた。このリーグ戦の最中に誕生日を迎《むか》え26歳になっていた中座は、年齢《ねんれい》制限という奨《しょう》励会《れいかい》特有の規則のため、基本的にはもうこれ以上リーグ戦に参加することは許されない。

このころ、リーグ戦で勝ち越《こ》していれば29歳までは次回にも参加でき

その硬《かた》さと強さを変えることができなくなり、個性的な生き方がむずかしくなる。いつか、マルセル・マルソーのパントマイムを見たとき、ある男がいろいろな面をかぶって喜んでいるうち、道化の面をかぶると取れなくなってしまって困る場面の演技があった。面を取ろうと苦労して、身体はもがき苦しむが、どんなに苦しんでも、ずっと顔のほうは道化の笑い顔で、この相反するものを表現してみせるところにマルソーの演技が輝きを見せる。これは、まさに⑧硬化したペルソナの悲劇を演じているものと感じられたのだった。」（河合隼雄『ユング心理学入門』培風館）

こうしてみると、周囲にうまく溶《と》け込《こ》むためにはペルソナは大事だが、ペルソナを脱ぎ捨てて本来の姿をあらわす場をもつことも必要であり、自分の出し方を調整するという意味で、適度な柔軟《じゅうなん》性をもつことが大切だとわかる。

ペルソナを外すことができず、ペルソナに同化した生き方をしていると、ときに窒息《ちっそく》しそうな息苦しさに襲《おそ》われることになりかねない。

（『「さみしさ」の力　孤独《こどく》と自立の心理学』榎本博明）

問一　――線部①「ペルソナ」とは何のことですか。本文中から二十二字で抜き出しなさい。

問二　――線部②「円滑」の本文中の意味として最も適切なものを次の中から一つ選び、記号で答えなさい。

ア　協力し合って行うこと。

イ　すべすべして肌触《はだざわ》りがよいこと。

ウ　親しみやすいこと。

エ　物事がとどこおりなく進むこと。

問三　――線部③「学校の先生なら先生らしいペルソナを身につけ、営業担当者であれば営業の人間らしいペルソナを身につけないと、仕事上の役割をうまく遂行することができない」とありますが、この具体的な説明として最も適切なものを次の中から一つ選び、記号で答えなさい。

ア　学校の先生は体を鍛《きた》えておかないと周囲の信頼を得られないということ。

イ　営業の人は行動の予測がつきにくいため信頼されず、仕事がはかどらないということ。

ウ　学校の先生は信頼してもらえる態度を身に付けていないと、保護者や生徒との関係に問題が出てきてしまうということ。

エ　営業の人は丈夫《じょうぶ》な体を持っていないと取引先を回ることができないということ。

問四　――線部④「忠実」⑥「率直」の読み方をそれぞれひらがなで答えなさい。

問五　――線部⑤「いったんペルソナが身につくと、それを脱ぎ捨てるのはかなり難しい」とありますが、この説明として最も適切なものを次の中から一つ選び、記号で答えなさい。

ア　ペルソナは環境に適応するために作られているもので、いったんそれを身につけると、その環境に身を置いた瞬間に対応するペルソナに切り替わってしまうため、本来の姿をさらけ出すことが難しくなるということ。

イ　ペルソナは環境に適応するために作られているので、慣れてしまうと心地よくなり、どのような環境であってもそのペルソナから抜

【国　語】（五〇分）〈満点：一〇〇点〉

一　次の文章をよく読み、あとの問いに答えなさい。

　周囲の人たちとつながるための①ペルソナに苦しむ人もいる。

　ペルソナとは、外的世界への適応のために個人が身につけた態度のことである。わかりやすく言えば、人間関係を②円滑《えんかつ》にするための仮面である。

　③学校の先生なら先生らしいペルソナを身につけ、営業担当者であれば営業の人間らしいペルソナを身につけないと、仕事上の役割をうまく遂《すい》行《こう》することができない。社会的役割をきちんと担うためにも、社会的に適応するためにも、安定したペルソナを築くことが必要となる。学生であれば、もっとプライベートな意味での役割、友だちづきあいにおいてこんな役回りを演じているという意味でのペルソナである。

　ペルソナの安定しない人物は、行動の予測がつきにくく、相手からすればよくわからない人物、それゆえ信頼《しんらい》しにくい人物、あるいはつき合いづらい人物ということになりやすい。

　ただし、ペルソナというのは、自分本来の姿、個性といったものをある程度犠牲《ぎせい》にすることで維持《いじ》されるものであるため、あまりにペルソナに④忠実に生き続けていると息が詰《つ》まって苦しくなる。

　ある学生は、いつも笑顔でおちゃらけているため、深刻に悩《なや》むことがあり、とてもはしゃぐような気分じゃないときも、みんなに会うと反射的に笑わせるようなことを言ってしまい、いつものようにテンションをあげて場の盛り上げ役に徹《てっ》している。そこまで無理しなくてもいいのにと思うものの、どうしても無理をしてしまい、それが苦しくなることがあるという。

　自分はけっこう無理してサービス精神を発揮し、場の盛り上げ役を引き受けているのに、仲間たちからはお調子者みたいに見られ、一方、仲間のことなど考えずにテンション下がってる自分を平気で出す人がまじめとみなされ同情されたりして、何だか損な性格だなと思うという者もいる。

　いつも明るく元気に冗談《じょうだん》を言っているけれども、ときには悩むこともあり、人に話したくなったりもするのだが、あるとき友だちに話したら、「何言ってるんだ。お前らしくないな」の一言でかわされてしまい、ほんとうの自分の姿をさらけ出せる友だちがいないことに気づき、とてもさみしい気持ちになったという者もいる。

　それなら無理して明るく振《ふ》る舞《ま》ったり、はしゃいで盛り上げ役を演じたりするのをやめればいいと思うかもしれない。でも、⑤いったんペルソナが身につくと、それを脱《ぬ》ぎ捨てるのはかなり難しい。なぜなら、周囲の人たちはそのペルソナを通してこちらとかかわっているからだ。

　無理してはしゃぐ自分から脱《だっ》しようと思ったけれど、そうした行動パターンが自分の中で自動化しているため、結構深刻な気分のときでも、友だちと会った瞬間《しゅんかん》におちゃらけてはしゃぐ自分に切り替わる。そんな習性が染みついてしまった自分がいる。サービス精神でつながるのではなく、お互いにほんとうに気になることを⑥率直に話せる関係になりたい。そんな悩みを口にする者もいる。

　そうした悩みを聞くにつけ、ユング心理学者河合隼雄《はやお》のつぎのような記述を思い出す。「ペルソナの形成に力を入れすぎ、それとの⑦同一視が強くなると、ペルソナはそのひとの全人格をおおってしまって、もはや

2022年度

解　答　と　解　説

《2022年度の配点は解答欄に掲載してあります。》

＜算数解答＞《学校からの正答の発表はありません。》

1　(1)　23　(2)　31.4　(3)　$\frac{2}{3}$　(4)　$\frac{3}{4}$　(5)　1　(6)　13個

2　(1)　110個　(2)　4cm^2　(3)　80m　(4)　5月3日　(5)　2%
(6)　18時間12分

3　(1)　125本　(2)　117枚

4　(1)　B　(2)　2位　(3)　イ

5　(1)　花子さん　(2)　75.36cm^3　(3)　150.72cm^2

○推定配点○

各5点×20　計100点

＜算数解説＞

1　(四則計算，数の性質)

(1)　31－8＝23

(2)　3.14×10＝31.4

(3)　13÷39×38÷19＝$\frac{2}{3}$

(4)　$\frac{1}{5}\times\frac{15}{4}=\frac{3}{4}$

(5)　$\frac{2}{15}\times\frac{5}{2}+\frac{2}{3}=1$

基本　(6)　7×2＝14より，7×14＝98まで14－1＝13(個)

2　(割合と比，平面図形，速さの三公式，通過算，規則性，仕事算，単位の換算)

基本　(1)　7700÷(280－210)＝110(個)

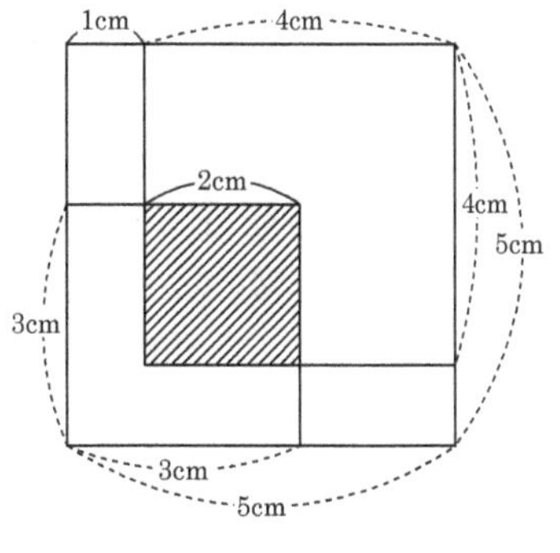

基本　(2)　右図より，斜線部は2×2＝4(cm^2)

重要　(3)　時速108kmは秒速108000÷3600＝30(m)　したがって，電車の長さは30×6－100＝80(m)

重要　(4)　1月31日は31－23＝8(日目)である。　したがって，100＝8＋28＋31＋30＋3より，100日目は5月3日

重要　(5)　食塩水50gに水50gを加えると，食塩水の重さは50×2÷50＝2(倍)になる。　したがって，濃さは4÷2＝2(%)になる。

重要　(6)　5×6＝30(分間)で製品は30÷5＋30÷6＝11(個)できる。400÷11＝36…4より，製品が400－4＝396(個)できる時間は0.5×36＝18(時間)　したがって，右図より，400個できる時間は18時間12分。

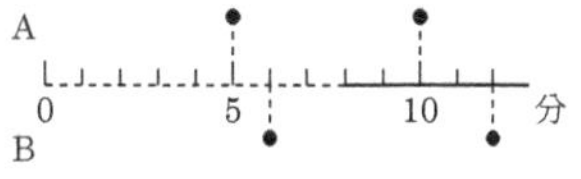

重要 **3** **(植木算，平面図形，単位の換算)**

(1)　右図より，帯の本数は40÷2×(50−2)÷8＋40÷8＝20×6＋5＝125(本)

(2)　700÷(8−2)＝116…4　　したがって，紙の枚数は117枚

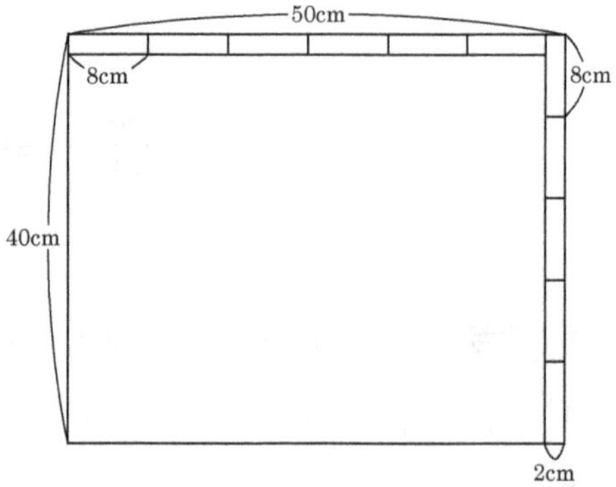

やや難 **4** **(論理，場合の数)**

同順位の人はいないので1位の人は4勝，5位の人は0勝である。

(1)　A・Cは1勝以上，Eは2勝以上している。Dが4敗で5位の場合…Cは，B・Dに勝ち4位ではない。したがって，5位はB

(2)　Dが3位のとき，EはAに勝っており，Aは2位(表1)

(3)　ア)DがA・B・Cに勝つ場合，D・Eの勝負によらないと1・2位が決まらない(表2)。

イ)DがEに勝つ場合，Eが2位，Aが3位，Dが1位(表3)　○

ウ)Eが1位でも，(2)より，Dが3位ではなく2位である場合があり得る。

	A	B	C	D	E	
A	＼	○				
B	×	＼	×			
C		○	＼			4位
D				＼		
E	○		○		＼	

表1

	A	B	C	D	E	
A	＼	○	○	○	×	2位
B	×	＼	×	×	×	5位
C	×	○	＼	×	×	4位
D	×	○	○	＼	×	3位
E	○	○	○	○	＼	1位

表2

	A	B	C	D	E	
A	＼	○	○	×	×	
B	×	＼	×	×	×	5位
C	×	○	＼	×	×	4位
D	○	○	○	＼		
E	○	○	○		＼	

表3

	A	B	C	D	E	
A	＼	○	○		×	
B	×	＼	×	×	×	5位
C	×	○	＼	×	×	4位
D		○	○	＼	○	
E	○	○	○	×	＼	

5 **(平面図形，立体図形，図形や点の移動，割合と比)**

(1)　図2・3より，各回転体の体積は等しくないので花子さんの考え方が正しい。

(2)　図1より，3×3×3.14×4−3×3×3.14×4÷3＝36×3.14×$\frac{2}{3}$＝24×3.14＝75.36(cm^3)

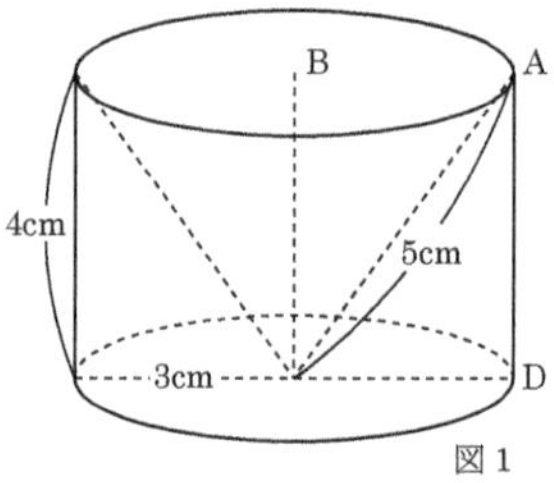

図1

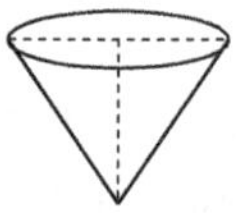
図2

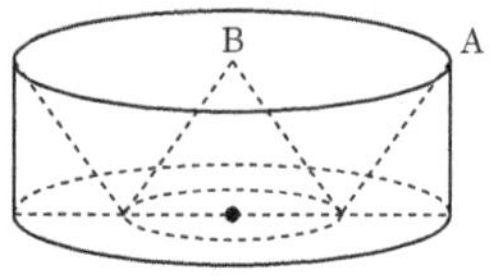

図3

(3)　底面積…9×3.14(cm^2)

外側の側面積…6×3.14×4＝24×3.14(cm^2)

内側の側面積…3×5×3.14＝15×3.14(cm^2)

したがって，表面積は(9＋24＋15)×3.14＝48×3.14＝150.72(cm^2)

★ワンポイントアドバイス★

2(6)「400個の作製時間」は，最後の4個を作製する時間に注意し，4「順位」もミスが出ないように慎重に取り組もう。5「回転体」は，よく出題される問題であり，全問正解しよう。円錐の側面積を求める公式が，ポイントである。

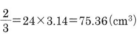

＜理科解答＞《学校からの正答の発表はありません。》

1 問1 ウ　問2 （アサガオ） おしべ エ　めしべ イ　（ヘチマ） おしべ オ　めしべ コ　問3 エ　問4 (1) ウとエ　(2) エとキ　(3) イとエ

2 問1 アからイへ　問2 ①→④→②→⑤→③　問3 ア　問4 イ
問5 この時期に月が最も地球に近づく　問6 ウ　問7 B

3 問1 ウ　問2 ウ　問3 80g　問4 （食塩） 2.2g　（ミョウバン） 65.1g
問5 210g

4 問1 ア　問2 並列つなぎ　問3 F　問4 A, B, E　問5 図3　問6 図7

5 ア

○推定配点○

1 各2点×7(問2・問4各完答)

2 問1・問7 各1点×2　他 各2点×5　3 各2点×6

4 問1・問2 各1点×2　他 各2点×4　5 2点　計50点

＜理科解説＞

1 （植物―種子の発芽）

問1 アサガオやヘチマの種は4月ごろにまく。この時期に見られる出来事は，ツバメが卵を温めていることである。

基本 問2 アサガオのおしべはエ，めしべはイである。アは花びら，ウはがくである。ヘチマは単性花で，中央の絵がヘチマの雄花，右の絵が雌花である。雄花のオがおしべで，雌花のコがめしべである。

問3 ヘチマの花粉はエである。アサガオの花粉がアである。

やや難 問4 アサガオは開花するときにおしべが伸びて，先端にあるがくが開いて花粉が出て受粉する。それで，つぼみの状態でおしべをとると自分の花粉で受粉すること(自家受粉)ができない。また，透明な袋をかぶせると他家受粉はできない。 (1) おしべの有無以外の条件が同じで，結果の異なるものを比較する。ウではおしべを残して袋をかぶせ，実ができた。エはつぼみの状態でおしべを取って袋をかぶせ，実ができなかった。この2つの比較により実ができるにはおしべが必要であることがわかる。 (2) 開花した直後におしべをとると，自家受粉が終わっている状態である。カでは袋をかぶせないので，他家受粉する可能性もあるが，キでは袋をかぶせているのでその可能性はない。それでエとキを比べると，自家受粉が開花する前に行われることがわかる。 (3) イではつぼみの状態でおしべを取るので，自家受粉はできない。それでも袋をかぶせていないので，実ができた。これは他家受粉による。イとエを比較すると，アサガオが他家受粉によっても実ができることがわかる。

基本 2 （地球と太陽・月―月の見え方）

問1 月は東から昇って，西に沈む。

問2 月は地球の周りを反時計回りで公転する。①の満月のときの月の位置が図2のEであり，④の半月がG，②がH，⑤がB，③がCの位置になる。この順に満ち欠けする。

問3 ②の月が見えるのは早朝の東の空であり，午前5時ごろに観察した。

問4 ③は上弦の月で，西の空に沈むときは半円の部分が上側になる。

問5 月の公転軌道は楕円形であり，スーパームーンのときは地球と月の距離が最も近くなるため，大きく見える。

問6　満月から次の満月になるまでに約30日かかる。よって，8月22日ごろである。

問7　⑤の月は右側に太陽の光が当たる三日月の頃で，Bの位置にある。

3　(ものの溶け方―溶解度)

問1　物が溶けると，溶けた物質と溶かした液体が均一に混ざりあう。ア，イ，エは固体から液体への変化である。

重要　問2　食塩の溶解度は温度による変化が少ないが，ミョウバンは温度によって溶解度が大きく変化する。

問3　80℃の水100gに食塩は40.0gまで溶かすことができる。水が200gでは，その2倍の80gまで溶かすことができる。

重要　問4　80℃で100gの水に食塩が40.0g，ミョウバンが71.0g溶けている。これを20℃に冷やすと，食塩は37.8g，ミョウバンは5.9gまでしか溶けない。それで，食塩は40.0－37.8＝2.2g　ミョウバンは71.0－5.9＝65.1gが出てくる。

問5　水100gのときには食塩が40.0gまで溶け，これを20℃に冷やすと2.2gが出てくる。ここでは出てきた食塩が3.3gだったので，80℃のときの水溶液の重さを□gとすると，140：□＝2.2：3.3　□＝210gとなる。

4　(回路と電流―直列回路と並列回路)

基本　問1　豆電球は電流の向きが逆になっても同じように光る。

基本　問2　図4の電池のつなぎ方を，並列つなぎという。

基本　問3　Fでは電池を直列につなぐので，電流の大きさが2倍になり明るくなる。

問4　AとBの豆電球にはそれぞれに電池1個分の電圧がかかるので，流れる電流の大きさは図1と同じになる。図4では電池を並列につないでいるので，Eには電池1個分の電圧がかかり，これも図1と同じ大きさの電流が流れる。

問5　図1の抵抗の大きさに比べて，図2では抵抗の大きさが2分の1倍になり，図3では2倍になる。抵抗が大きく電流が流れにくいほど電池は長持ちするので，図3が一番長持ちする。

問6　電池1個の電圧をV，豆電球1個の抵抗をRとすると，図6では電圧が2V，抵抗は2Rで流れる電流は$\frac{V}{R}$になる。図7では，電圧はV，抵抗は2Rで電流は$\frac{V}{2R}$，図8では電圧が2V，抵抗が$\frac{R}{2}$で電流が$\frac{4V}{R}$，図9では電圧がV，抵抗が$\frac{R}{2}$で電流が$\frac{2V}{R}$になる。このうち電流が最も小さいのは，図7の回路である。

5　(環境と時事―ワクチン)

遺伝情報はDNAに蓄えられている。メッセンジャーRNAはDNAの遺伝情報を伝えて，タンパク質をつくるのに役立つ物質である。

★ワンポイントアドバイス★

基本的な内容を問う問題が大半である。基礎力をしっかりと身につけよう。さらに時事問題や地域の特色を題材とした問題の出題が目立つ。

＜社会解答＞《学校からの正答の発表はありません。》

1 問1 太平洋ベルト 問2 （東京） 京浜，イ （愛知） 中京，ア （大阪） 阪神，ウ
問3 (1) 八幡製鉄所 (2) 石炭 (3) 石油 問4 ウ 問5 ウ
問6 A イ B ウ C ア

2 問1 エ 問2 ア 問3 イ 問4 刀狩 問5 太閤 問6 ウ 問7 ウ
問8 領事裁判権[治外法権] 問9 エ 問10 ウ 問11 ウ 問12 エ

3 問1 (あ) 補佐 (い) 半数 問2 A ウ B エ C カ D キ
問3 ① ウ ② エ ③ キ ④ ア

○推定配点○

1 問1・問3 各2点×4 問2 各3点×3(各完答) 他 各1点×5

2 問4・問5 各2点×2 問8 3点 他 各1点×9

3 問1 各2点×2 他 各1点×8 計50点

＜社会解説＞

1 (日本の地理―日本の国土と自然，工業)

問1 関東地方から九州地方北部にかけてのびる，帯状の工業地域のことを太平洋ベルトという。ベルト(belt)が帯状の広がりを意味している。

問2 アは，日本最大の工業地帯，自動車メーカーの拠点，ということから中京工業地帯とわかる。イは，出版社が多い，戦後から高度経済成長期までは日本最大の工業生産額をあげた，ということから京浜工業地帯とわかる。ウは，「天下の台所」ということから阪神工業地帯とわかる。

問3 北九州工業地帯の原点は八幡製鉄所にあった。その後，石炭から石油へのエネルギー革命をへて，生産額は落ちてきた。

やや難 問4 関東内陸工業地域は，京浜工業地帯からの工場移転により，重工業が発達し，現在では阪神工業地帯に次ぐ出荷額をあげ，輸送機械工業を中心に発達している。

問5 北陸工業地域は，古くから農家の副業として，漆器，絹織物，製薬などの伝統工業が発達していた。現在は中央高地の用水，電力を利用したり，新潟県で採れる石油・天然ガスの資源で，ほりこみ港をつくり，金属・化学工業も発達している。

問6 Aは，臨海部に発達して，コンビナートをもつ石油化学，Bは，原料である石灰石が産出できるカルスト地形等が周辺にあるセメント，Cは高速道路沿いに分布している半導体である。

2 (日本の歴史―奈良時代から大正時代)

問1 行基は，弟子とともに各地をめぐり庶民に仏の教えを説いた。さらに，人々のために池を掘り，道を開き，橋をかけ各地をまわったため，多くの人に感謝された。

問2 聖武天皇は国を安定させるため大仏を作る計画を立て，人望があり土木技術の知識を持った行基に協力を求めた。

問3 平清盛は，中国の宋との貿易に目をつけ，航路を整え，兵庫(神戸)の港を整備した。

問4 秀吉は，刀狩を命じて，農民や寺社から刀，弓やり，鉄砲などの武器を取り上げた。これは，武力による農民の一揆を防ぎ，耕作に専念させるためであった。

問5 検地は信長もやっていたが，特に秀吉は，それまでまちまちだった，ものさしやますを統一するとともに，全国的に正確な検地を実施した。秀吉が行った検地を，特に太閤検地といっている。

基本　問6　松平定信は白河藩主から老中に就任し，寛政の改革を行った。

問7　棄捐令は定信の政策である。目安箱は吉宗，印旛沼・手賀沼の干拓は意次，株仲間の解散は忠邦，それぞれの政策である。

重要　問8　領事裁判権とは，1858年(安政5年)にアメリカとの間で結んだ日米修好通商条約の中にある内容(権利)の一つで，「外国人が日本で罪を犯した場合には外国の法律，裁判で裁く」という内容である。例えば，アメリカ人が日本で殺人をおこなった場合に日本の法律やルールでは裁くことができないということになる。

問9　大日本帝国憲法はプロシア憲法を手本としているので，エは誤りとなる。

基本　問10　初めての本格的な政党内閣をつくったのは原敬である。

問11　第一次世界大戦によって，日本経済は好況になり，これを大戦景気といっている。綿織物などの日本製品の輸出先がアジア，アフリカに広がる一方，欧米からの輸入がとだえたため，重化学工業が発達した。

重要　問12　1918年に，シベリア出兵をきっかけとした米の買いしめから，米価が大幅に上昇したため，米の安売りを求める米騒動が全国に広がった。

[3]　(政治―政治のしくみ，時事問題)

問1　国務大臣を補佐するのは，副大臣と補佐官である。

問2　重要政策を担当する特命担当大臣が数名いるのは内閣府である。健康，医療，子ども，子育て，福祉，介護，雇用，労働，および年金に関する行政を所管するのは厚生労働省である。食料の安定供給，農林水産業の発展，森林保全，水産資源の管理等を所管するのは農林水産省である。国土の総合的かつ体系的な利用，開発および保全，社会資本の整合的な整備，交通政策の推進などを担当するのは国土交通省である。

やや難　問3　国税庁は財務省に，スポーツ庁は文部科学省に，気象庁は国土交通省に，公正取引委員会は内閣府に，それぞれ属している。それぞれの庁のホームページを考察してみよう。

★ワンポイントアドバイス★

[2]問4　検地と刀狩などの政策によって，武士と農民との身分の区別がはっきりとした。これを兵農分離という。[2]問11　日本は，第一次世界大戦によってもたらされた大戦景気で，工業国としての基礎を築いた。

＜国語解答＞《学校からの正答の発表はありません。》

[一]　問一　外的世界への適応のために個人が身につけた態度　　問二　エ　　問三　ウ
問四　④　ちゅうじつ　⑥　そっちょく　　問五　ア　　問六　イ　　問七　ア

[二]　問一　イ　　問二　エ　　問三　ウ　　問四　ウ　　問五　A　自分　　B　二人
問六　ウ　　問七　エ　　問八　同星の場合は順位上位者が昇段となる決まり　　問九　エ

[三]　問一　(1)　奮　　(2)　収集　　(3)　序列
問二　(1)　しりぞ　　(2)　さいこうちょう　　(3)　は
問三　(1)　オ　　(2)　ア　　(3)　エ　　(4)　イ

○推定配点○
一　問四　各3点×2　他　各4点×6
二　各4点×10　三　各3点×10　計100点

＜国語解説＞

一　(論説文―内容理解，漢字の読み，要旨)

問一　直後に「ペルソナとは……のことである」と書かれている。

問二　「円滑に事を運ぶ」のように使う。

問三　「ペルソナ」とは「外的世界への適応のために個人が身につけた態度」であることをふまえて考える。

基本　問四　④「忠実」は，その通りにすること。⑥「率直」は，かざりけがなく，ありのままなこと。

やや難　問五　第三段落の「社会的に適応するためにも，安定したペルソナを築くことが必要となる」が，アの「ペルソナは環境に適応するために作られているもの」に合う。また，――線部⑤のあとの段落の「結構深刻な気分のときでも，友だちと会った瞬間におちゃらけてはしゃぐ自分に切り替わる」などが，アの「いったんそれを身につけると，……切り替わってしまうため，……難しくなる」に合う。

問六　「それとの同一視が強くなると，ペルソナはそのひとの全人格をおおってしまって，……個性的な生き方がむずかしくなる」という内容が，イに合致している。

重要　問七　最後から二つめの段落の内容が，アに合致している。

二　(小説―内容理解，表現技法，心情理解，空欄補充)

問一　あとに書かれている場面に，「その姿を週刊将棋記者のカメラが捕らえた」とある。この前後の内容をふまえると，イが正しい。

基本　問二　「ような」などの言葉を使ってたとえるのは，直喩である。

問三　26歳の中座は「年齢制限という奨励会特有の規則のため，……参加することは許されない」，「29歳までは次回にも参加できるというようにルールが一部改正されていたが，……固く心に決めていた」という内容が，ウに合致している。

重要　問四　三つあとの段落「しかし25歳のある日，……」の内容に注目。

問五　A　中座が追い詰められた立場にあることから考える。　B　「野月君と藤内さんの二人が負ければ中座さんが昇段です」という言葉に注目。

問六　ウは文章中に書かれていない。

やや難　問七　――線部⑥前後の内容が，ウに合致している。

問八　「同星の場合は順位上位者が昇段となる決まりがある。いわゆる頭ハネというルールである」と書かれている。

問九　「頭ハネ」で昇段できたことから考える。

三　(漢字の読み書き，ことわざ)

問一　(1)「奮い立つ」は，心がいさみたつ，という意味。　(2)「収集」は，あちこちから取り集めること。　(3)「序列」は，順序のこと。

問二　(1)「退ける」は，後へさがらせること。　(2)「最高潮」は，物事がその極みに達してさかんであること。　(3)「映える」は，光を映して美しく輝くこと。

基本　問三　(1)　枯木も山の味わいを添えるものである，というのが元の意味。　(2)　一事を見れば，他のすべての事を推察できるということ。　(3)　物事が中途半端で役に立たないこと。

(4) 月日の早く過ぎゆくたとえ。

★ワンポイントアドバイス★

読解問題のほか，漢字の読み書きやことわざの知識問題が出題されている。読解は選択肢と書き抜きの問題が中心となっている。知識を正確に身につけ，文章の内容を的確に把握する力を蓄えよう。

2021年度

★★★★★★★★★★★★★★★★★★★★★★★★

入　試　問　題

2021年度

東海大学付属浦安高等学校中等部入試問題

【算　数】（50分）　＜満点：100点＞

1　次の各問いに答えなさい。

(1)　$31-4\times 7$ を計算しなさい。

(2)　$7\frac{1}{3}-3\frac{2}{5}$ を計算しなさい。

(3)　$12\div 9\times(13-5)$ を計算しなさい。

(4)　$6\frac{2}{3}\div\frac{5}{6}-1\frac{1}{2}$ を計算しなさい。

(5)　$1.24\times 13+7\times 1.24$ を計算しなさい。

(6)　$1.25\times 7-2\div\frac{4}{5}$ を計算しなさい。

2　次の各問いに答えなさい。

(1)　ある美容室に２人の美容師Ａさん，Ｂさんがいます。お客さん１人の髪《かみ》の毛を切るのにＡさんは18分，Ｂさんは24分かかります。８時間ずっと働くとすると，２人合わせて最大何人の髪の毛を切ることができますか。

(2)　25人分のくつが入る下駄《げた》箱が66台あります。１クラス45人いたとき，最大で何クラス入れられますか。また，使用しない場所は何か所ありますか。

(3)　ある１本の紙テープを６等分するところを間違《まちが》って８等分してしまったため，分けた１本ずつの紙テープの長さが１ｍ短くなってしまいました。このとき，もとのテープの長さは何ｍですか。

(4)　正方形の折り紙を以下のように折り，その後一部分を切り取ります。ただし，太線が折り目とします。

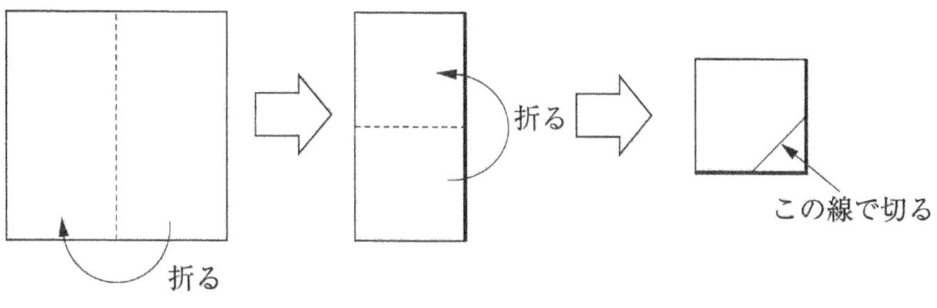

このとき，折り紙を開くと次のページの（ア）～（エ）のどの図形になりますか。

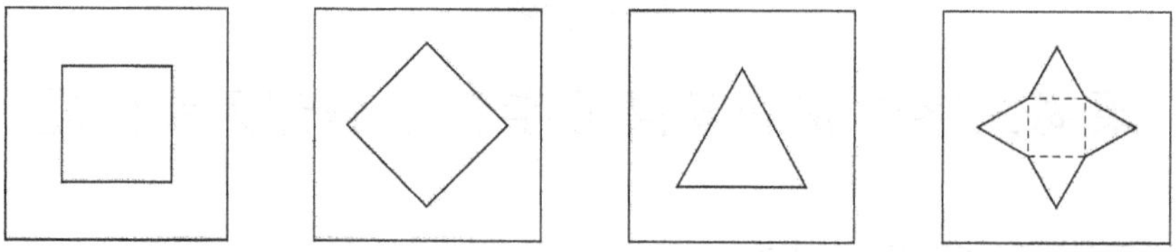

（ア）　　（イ）　　（ウ）　　（エ）

⑸　５人の生徒の平均身長は155㎝でした。そこにＡさんを加えて平均身長を調べたところ，156㎝になりました。Ａさんの身長は何㎝ですか。

⑹　ある店で500房《ふさ》のバナナを売りました。通常１房100円のバナナをタイムセールの間だけ３割引きで売りました。すべて売り切ったとき，41300円の売上がありました。タイムセールの間に何房のバナナを売りましたか。

3　１周1.4㎞の池の周りをＡさんは毎分140m，Ｂさんは毎分210mでジョギングします。２人が同じ地点から同時に走り始めるとき，次の問いに答えなさい。

⑴　ＡさんとＢさんが反対方向に進む場合，初めて出会うのは何分後ですか。

⑵　ＡさんとＢさんが同じ方向に進む場合，ＢさんがＡさんに追いついたのは，Ｂさんが何周したときですか。

4　ガソリン１Ｌにつき，12.5㎞走る車があります。この車で，浦安から480㎞離《はな》れた京都へ時速90㎞で向かいます。このとき，次の問いに答えなさい。

⑴　浦安から京都まで行くのに，ガソリンは何Ｌ使いますか。

⑵　浦安から京都までは何時間何分かかりますか。ただし，２時間運転をしたら必ず40分の休憩《けい》をとるものとします。

5　右の図のように，正方形と円が接する図形があります。正方形の面積が50㎝^{2}のとき，次の問いに答えなさい。ただし，円周率は3.14とします。

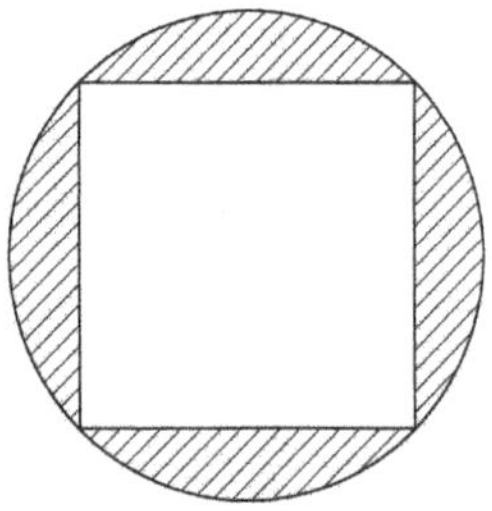

⑴　正方形の対角線の長さは何㎝になりますか。

⑵　斜《しゃ》線部分の面積は何㎝^{2}になりますか。

6　ある家では，オンラインで定期的に商品を買います。毎週150円分のトマト，２週間に１回850円分のお刺身《さしみ》，３週間に１回980円分の野菜ジュースを買うことになっています。すべての商品が届いたときを１週目としたとき，次の問いに答えなさい。

⑴　次にすべての商品が届くのは，何週目になりますか。

⑵　支払《はら》い合計金額が10000円を超《こ》えるのは，何週目になりますか。

【理　科】（社会と合わせて60分）　＜満点：50点＞

1　地球上のあらゆるところで，生物どうしの間に「食べる・食べられる」という関係がなりたっています。たとえば，シマウマ（草食動物）がライオン（肉食動物）に食べられるという関係が見られます。あとの各問いに答えなさい。

問1　動物には，ライオンのようにおもに肉を食べるもの，シマウマのようにおもに草を食べるもの，ヒトのようにどちらも食べるものがいます。頭部の骨格を見ても歯の形の特徴《とくちょう》で違いがみられます。シマウマの頭部の骨格を，次のア～オより1つ選び，記号で答えなさい。

ア　　　　イ　　　　ウ　　　　エ　　　　オ

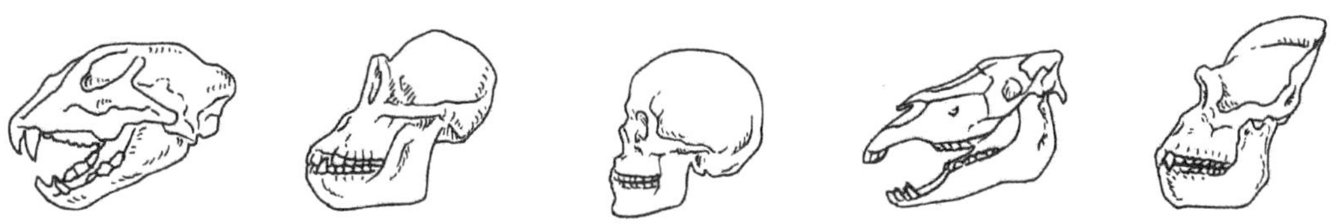

問2　シマウマとライオンの目のついている位置とその理由について説明したものを次のア～エより1つずつ選び，記号で答えなさい。

ア．広い範囲が見えるように　目が顔の正面についている。

イ．広い範囲が見えるように　目が顔の両側についている。

ウ．ものが立体的に見えるように　目が顔の正面についている。

エ．ものが立体的に見えるように　目が顔の両側についている。

問3　ある地域でシマウマの数が急に減少すると，その地域の植物およびライオンなどの肉食動物の数はそれぞれ一時的にどうなりますか。次のア～エより1つ選び，記号で答えなさい。

ア．植物も肉食動物も減る。　　　イ．植物は増え，肉食動物は減る。

ウ．植物も肉食動物も増える。　　エ．植物は減り，肉食動物は増える。

問4　文中の（A）～（C）にあてはまる語句を下から選び答えなさい。

「食べる・食べられる」のような関係をつくっている生物の数を調べると，「食べられる」側の生物ほど数が（　A　）なります。よって「食べられる」側の生物の全体の重さが（　B　）なります。「食べる」側の生物（食べる生物）ほど，体が大きく，数は（　C　）なるのがふつうです。ただし，体の大きさについては例外もあります。たとえば，アフリカの草原などでは，体の小さいヒョウなどが体の大きいシマウマやキリンを食べることがあります。

軽く	重く	多く	少なく

問5　森林や草原などの地中では，落ち葉などのかれた植物からはじまる「食べる・食べられる」という関係もあります。この「食べる・食べられる」という関係のことを何といいますか。ひらがなで答えなさい。

また，落ち葉のくさったものなどを食べている動物を次のア～オよりすべて選び，記号で答えなさい。

ア．モグラ　　イ．カブトムシの幼虫　　ウ．ムカデ

エ．ヤスデ　　オ．ダンゴムシ

2 川を流れる水のはたらきを調べるため，図１のように砂山を作りました。そこに溝《みぞ》をつくり，水を流しました。図２は水の流れた溝の高さと距離を表しています。あとの各問いに答えなさい。

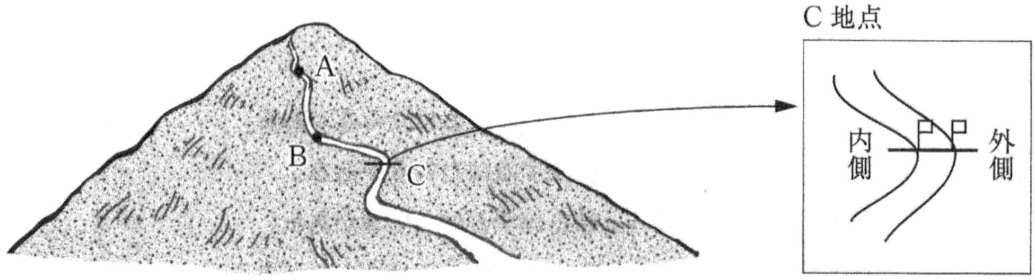

図１

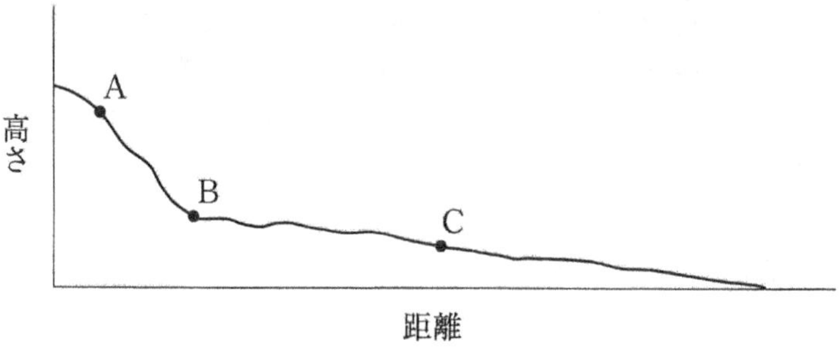

図２

問１　Ａ地点で水の量を変えて，水の流れの速さを比べました。その結果として正しいものを次のア～ウより１つ選び，記号で答えなさい。

ア．水の量が少ないほうが速い。

イ．水の量が多いほうが速い。

ウ．水の量を変えても速さは変わらない。

問２　問１で砂山のけずられ方，運ばれ方を比べました。その結果として正しいものを次のア～ウより１つ選び，記号で答えなさい。

ア．水の量が少ないほうが砂はけずられ，より多くの砂が運ばれる。

イ．水の量が多いほうが砂はけずられ，より多くの砂が運ばれる。

ウ．水の量によって砂のけずられ方，運ばれ方は変わらない。

問３　問１，２の結果を参考に，水を多く流した場合，流水の３作用のうち何の作用が大きくなることがわかりますか。ひらがなで２つ答えなさい。

問４　Ｂ地点の特徴《とくちょう》として正しいものを，次のア～エより１つ選び，記号で答えなさい。

ア．流れが急に速くなり，砂を積もらせるはたらきがある。

イ．流れが急に速くなり，砂をけずるはたらきがある。

ウ．流れが急におそくなり，砂をけずるはたらきがある。

エ．流れが急におそくなり，砂を積もらせるはたらきがある。

問５　Ｃ地点の内側と外側に旗を立てて，おがくず（木のくず）を含《ふく》んだ水を頂上より流しました。

内側と外側の結果の違いについて正しいものを次のア～エより１つ選び，記号で答えなさい。

ア．内側は旗が倒《たお》れ，おがくずが多くたまった。外側は旗は倒れず，おがくずはあまりたまらなかった。このことにより，内側の方が流れが速いことがわかる。

イ．内側は旗が倒れ，おがくずはあまりたまらなかった。外側は旗は倒れず，おがくずは多くたまった。このことにより，内側の方が流れが速いことがわかる。

ウ．内側は旗が倒れず，おがくずが多くたまった。外側は旗は倒れ，おがくずはあまりたまらなかった。このことにより，外側の方が流れが速いことがわかる。

エ．内側は旗が倒れず，おがくずはあまりたまらなかった。外側は旗は倒れ，おがくずが多くたまった。このことにより，外側の方が流れが速いことがわかる。

問６　流す水の量を増やしていくと，溝から水があふれてしまいます。それを防ぐために，実際の川では色々な対策をしています。次の①～④の対策とその対策の目的ａ～ｄの組み合わせとして，正しいものを下のア～オの中から１つ選び，記号で答えなさい。

対策：①　遊水池　　②　さ防ダム　　③　護岸工事　　④　放水路

目的：ａ．コンクリートやブロックで堤《てい》防を固める。
ｂ．大雨が降った時に，大量の水を一時的に貯《た》める。
ｃ．川の途中からの新しい川や人工の水路。
ｄ．石や砂などが下流に流されるのを防ぐ。

	①	②	③	④
ア	a	c	b	d
イ	a	c	d	b
ウ	b	d	a	c
エ	b	d	c	a
オ	d	b	a	c

3　表１は実験で使用する８種類の水よう液です。次のページの表２は水よう液に関する実験の内容を示した文章です。あとの各問いに答えなさい。

表１

ア．アルコール水	イ．アンモニア水
ウ．塩酸	エ．さとう水
オ．食塩水	カ．水酸化ナトリウム水よう液
キ．石灰水	ク．炭酸水

表2

	内　容
実験1	さとう，食塩，水酸化ナトリウムをはかりとり，水に溶《と》かして水よう液をつくりました。また，アンモニア水，塩酸，アルコール水は，もとのこい液に水を加えてうすい水よう液をつくりました。
実験2	水よう液の性質をリトマス紙で調べました。
実験3	ムラサキキャベツから得たムラサキの液体を画用紙にはけでぬり，かわかしたあとに，アルコール水をのぞいた7種類の水よう液で絵をかき，ムラサキ色の画用紙の色の変化を観察しました。 
実験4	炭酸水をのぞいた7種類の水よう液に鉄の板を入れて，鉄の板からあわが出るかどうかを観察しました。 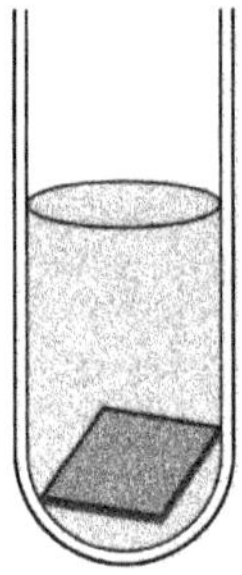
実験5	同じこさの塩酸と水酸化ナトリウム水よう液を同じ量ずつ混ぜ合わせました。混ぜ合わせたあと，水よう液の性質を調べました。

問1　［実験1］でつくったさとう水は，100gの水に5gのさとうを溶かした水よう液です。さとう水のこさは何%になりますか。答えは，四捨五入し小数第1位まで求めなさい。

問2　［実験2］で，赤色リトマス紙を青くした水よう液を表1よりすべて選び，記号で答えなさい。その結果から，水よう液の性質は何性を示すと考えられますか。

問3　［実験3］で，かいたところ，赤むらさき色や赤色を示した水よう液を表1よりすべて選び，記号で答えなさい。

問4　［実験4］で，鉄の板からあわを出した水よう液を表1より1つ選び，記号で答えなさい。

問5　［実験5］で，混ぜ合わせたあとの水よう液は何性を示しましたか。

問6　8種類の水よう液がわからない中で，石灰水を選び出すにはどのような方法がありますか。正しいものを次のページのア～オより1つ選び，記号で答えなさい。

ア．青色リトマス紙の色の変化を調べる。

イ．赤色リトマス紙の色の変化を調べる。

ウ．気体を通じて水よう液の色の変化を調べる。

エ．金属を入れて，金属からあわが出るかどうかを調べる。

オ．水よう液に，においがあるかどうかを調べる。

4 とじこめた空気を利用して，図１のような空気でっぽうをつくって玉をとばし，的に当てるゲームをしました。あとの各問いに答えなさい。

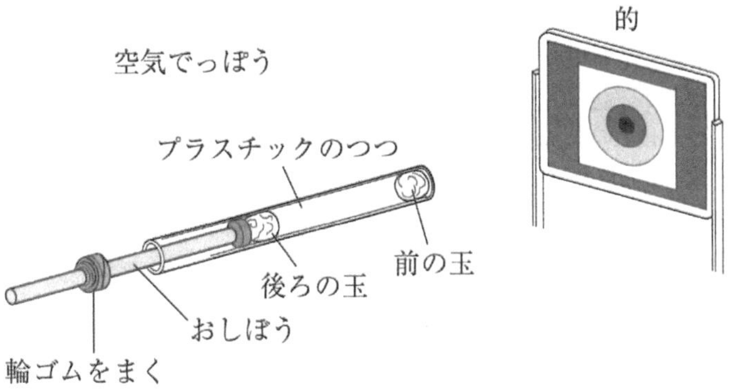

図１

問１　空気でっぽうの後ろの玉の役割として正しく説明したものを次のア～エより１つ選び，記号で答えなさい。

ア．前の玉を直接押す。

イ．前の玉とはさみ，空気をとじこめる。

ウ．おしぼうを押し込みすぎないようにする。

エ．おしぼうの位置の目印にする。

問２　図１のように，おしぼうに輪ゴムをまくのはなぜですか。その理由を答えなさい。

問３　空気でっぽうの玉が飛ぶ理由を説明した文中の空らんに，あてはまる言葉を漢字２文字で書きなさい。

つつの中にとじこめた空気は，おしこめられたことにより（　　　）が小さくなり，押し返す力が大きくなるため。

問４　図２のように空気でっぽうのつつの中に空気でふくらませた小さな風船をとじこめました。おしぼうでつつの中の空気をおすと，風船はどうなりますか。正しく説明している文をあとのア～エより１つ選び，記号で答えなさい。

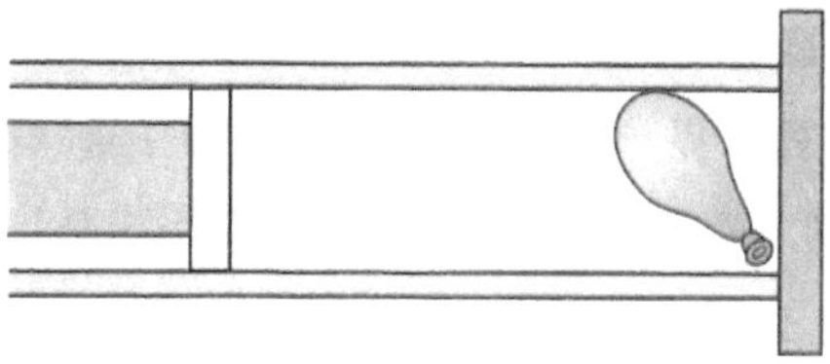

図２

ア．風船の中の空気もおされるので，風船はちぢむ。

イ．風船の中の空気もおされるので，風船はふくらむ。

ウ．風船の中の空気はおされないので，風船は変化しない。

エ．つつの中の空気がおされてへったので，風船はふくらむ。

問５　前のページの図２の風船に空気のかわりに水を入れて，同じようにつつの中の空気をおすと，風船はどうなりますか。正しいものを次のア～ウより１つ選び，記号で答えなさい。

ア．ちぢむ　　イ．ふくらむ　　ウ．変化しない

問６　問５の結果からわかることを説明しなさい。

5　次の文章の内容と最も関係の深いものを，下のア～エの中から１つ選び，記号で答えなさい。

2020年６月23日，最新の世界ランキング「ＴＯＰ500」で，理化学研究所と富士通が手がける「富岳（ふがく）」が１位となったと，研究者らで作る国際会議が発表しました。日本の世界一は，2011年11月の「京（けい）」以来，８年半ぶりでした。「富岳」は，同じく理化学研究所と富士通が開発した「京」の後継《こうけい》機《き》であり，計算速度は毎秒約41京回（京は１兆の１万倍）で，「京」の約40倍です。現在は試運転中で，新型コロナウイルスの治療薬《ちりょうやく》候補の探索《たんさく》などに使われています。今後，気象や地球環境《かんきょう》の予測，創薬《そうやく》など幅《はば》広い分野での活用が見込《こ》まれます。

ア．宇宙ロケット　　イ．スーパーコンピュータ

ウ．人工知能ロボット　　エ．スマートフォン

【社　会】（理科と合わせて60分）　　＜満点：50点＞

1　次の文章を読み，あとの問いに答えなさい。

わたしたちは住んでいる地域や世界の国々のようすを知るために，さまざまな地図を利用しています。地図は①縮尺《しゅくしゃく》の大小によって，身近な地域に用いられる地形図と国単位より広い地域に用《もち》いられる世界地図に分かれています。国土地理院《こくどちりいん》発行の地形図は特に指定がない限り，図の上方が（　1　）の方位を示し，建物や土地利用などが②地図記号であらわされています。また，海面からの高さが同じ地点を結んだ（　2　）が記入されていて，土地の高低や傾斜《けいしゃ》のようすを知ることもできます。

一方，世界地図には多くの種類があり，③図法によって何を正しくあらわすことができるかが異なります。そのため，それぞれの図法の性質を理解し，使いみちに合った地図を選ぶことが大切です。

問１　文中の（１）～（２）にあてはまることばを答えなさい。

問２　文中の下線部①は実際の距離を地図上に縮めた割合のことです。２万５千分の１の地形図で浦安駅から本校までの長さをバス通りに沿って測ると14㎝ありました。実際の距離は何ｍになりますか。

問３　文中の下線部②に関連して，図Ａで浦安駅南口から交番を左にみて通りを直進し，右にみえる寺院を通り過ぎたあとにある最初の地図記号は何をあらわしていますか。

図Ａ

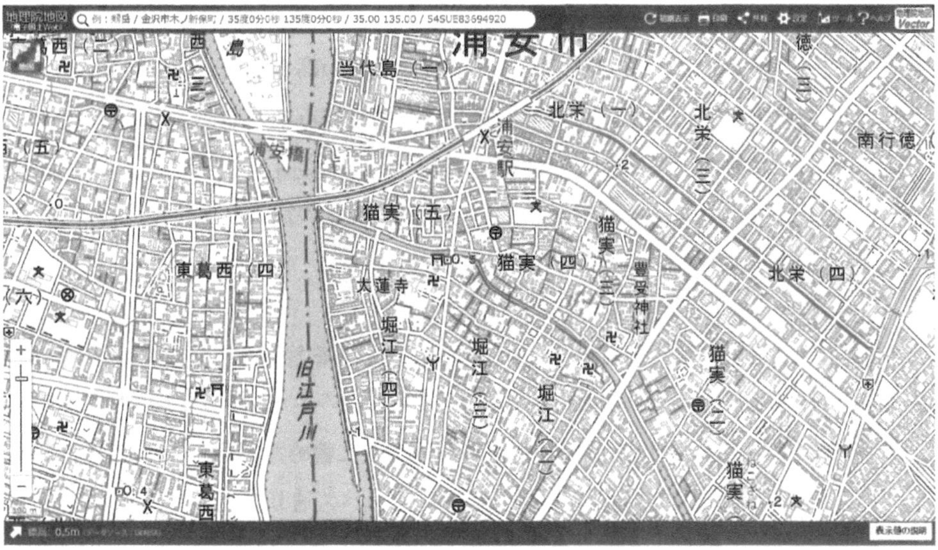

地理院地図（電子国土web）より作成

問４　次のページの図Ｂは1894～1915年に作成された本校周辺の地形図と現在の地形図を比較したものです。写真①にみられる本校の前の道路の段差《だんさ》はもともと何であったと考えられますか。次のア～エから１つ選び，記号で答えなさい。※現在の地形図の矢印の先が本校。

ア．水田のあぜ道　　イ．畑のうね道　　ウ．川岸の堤防　　エ．海岸の堤防

図B

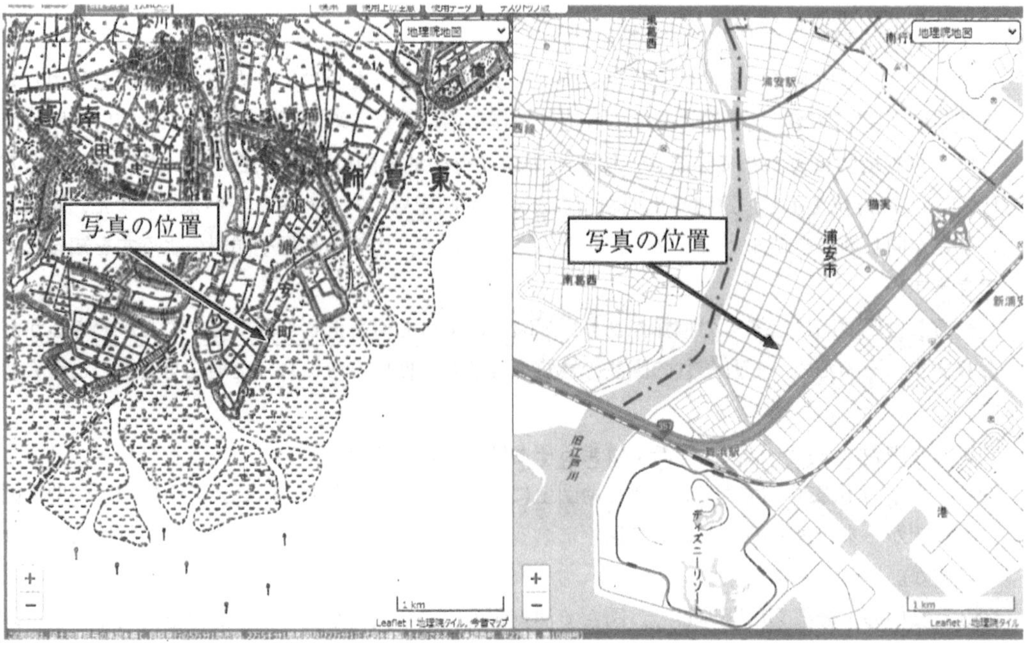

古今マップ　on the web より作成

写真①

問５　次のページの図Ｃ～Ｅの図法名として正しいものを次のア～エからそれぞれ１つずつ選び，記号で答えなさい。

ア．モルワイデ図法　　イ．メルカトル図法　　ウ．グード図法　　エ．正距方《せいきょほう》位《い》図法

問６　下線部③に関連して，世界各国の人口分布をあらわすためには図Ｃ～Ｅのうちどれを使えばよいか，図Ｃ～Ｅから１つ選び，アルファベットで答えなさい。また，その理由は何が正しくあらわされているからか，漢字２文字で答えなさい。

問７　図Ｃ～Ｅの各図中にある「東京－サンフランシスコ」を結ぶ直線のうち，実際の最短距離を表しているものはどれか，図Ｃ～Ｅから１つ選び，アルファベットで答えなさい。なお，各図の縮尺が異なるので，図中の線の長さは関係しません。

問８　図Ｃ～Ｅのうち，かつて航海図として使われていたものはどれか，図Ｃ～Ｅから１つ選び，

アルファベットで答えなさい。

問９　図Ｃ～Ｅのうち，航空図として利用されているものはどれか，図Ｃ～Ｅから１つ選び，アルファベットで答えなさい。

図C

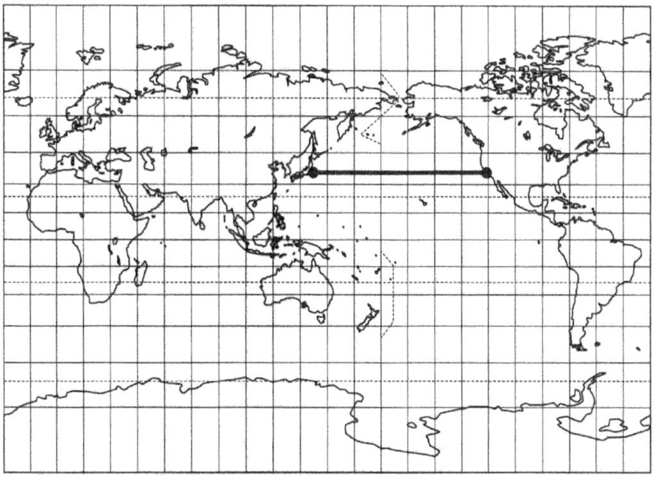

図D

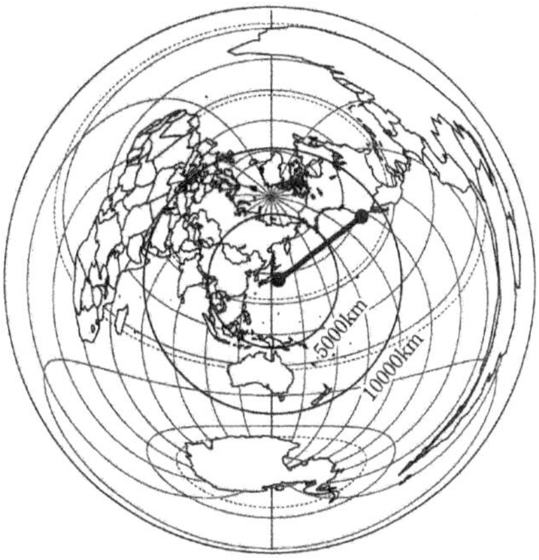

図E

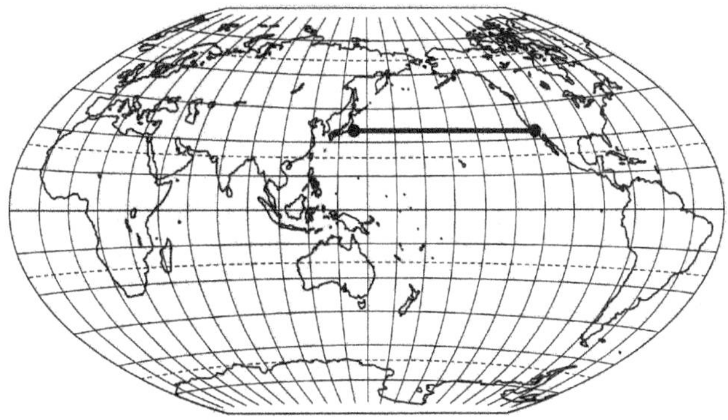

2　次の文は東海浦子さんが夏休みの自由研究で作成した歴史人物カルタの一部です。文を読み，あとの問いに答えなさい。※人物像は伝承《でんしょう》によるものもふくみます。

A　卑弥呼《ひみこ》

まじないで
人々をおさめた
（　1　）の女王

B　聖徳太子《しょうとくたいし》

①十七条《じゅうしちじょう》の憲法《けんぽう》で
天皇中心の国づくりを
目指《めざ》した

C（　2　）

『源氏物語《げんじものがたり》』を
かきながら
彰子《しょうし》に仕えた

D　源頼朝《みなもとのよりとも》

弟の力などを
借りて開いた
②鎌倉幕府《かまくらばくふ》の初代将軍

E　後醍醐天皇《ごだいごてんのう》

③武士の慣習《かんしゅう》を
無視した政治で
反発をまねいた

F　④豊臣秀吉《とよとみひでよし》

農民から出世して
関白《かんぱく》・太政大臣まで
のぼりつめた

G　徳川吉宗《とくがわよしむね》

⑤幕府の権威《けんい》と
財政《ざいせい》の立て直しに
力を尽くして
「米将軍《こめしょうぐん》」と呼ばれた

H　西郷隆盛《さいごうたかもり》

⑥倒幕《とうばく》を果たすも
士族の不満が高まり
（　3　）戦争をおこして
政府軍に敗北した

問1　文中の（1）～（3）にあてはまる言葉や人名をそれぞれ漢字で答えなさい。

問2　文中の下線部《かせんぶ》①について，この憲法《けんぽう》の内容として正しくないものはどれですか。次のア～エから1つ選び，記号で答えなさい。

ア．仏教を信じること。　　イ．天皇の命令にしたがうこと。
ウ．遣隋使《けんずいし》を派遣《はけん》すること。　エ．仲たがいをやめること。

問３　文中の下線部②について，次の出来事と関連のある人物を以下のア～エから選び，記号で答えなさい。

武士の慣習や道徳に基づく，御成敗式目《ごせいばいしきもく》を定めた。

ア．北条時政《ほうじょうときまさ》　イ．北条時頼《ほうじょうときより》　ウ．北条時宗《ほうじょうときむね》　エ．北条泰時《ほうじょうやすとき》

問４　文中の下線部③について，この政治を「□の新政」という。空欄《くうらん》にあてはまる言葉を漢字２字で答えなさい。

問５　文中の下線部①について，この人物が行った政策として正しくないものを次のア～エから１つ選び，記号で答えなさい。

ア．全国の土地の調査を行い，コメの収穫高による石高《こくだか》制に改めた。

イ．キリスト教を邪教《じゃきょう》として，宣教師《せんきょうし》（バテレン）に国外退去を命じた。

ウ．ポルトガル商人を抑えるため，生糸《きいと》貿易を特定の商人による取引に限定した。

エ．寺院の建立《こんりゅう》を名目に，諸国の農民から武器を没収した。

問６　文中の下線部⑤について，このために行った改革の内容として正しいものの組み合わせを次のア～カから選び，記号で答えなさい。

A	誰でも自由に投書することができる目安箱《めやすばこ》を設置した。
B	裁判《さいばん》の公正をはがるために，裁判の基準となる公事方御定書《くじがたおさだめがき》をつくった。
C	印旛沼《いんばぬま》や手賀沼《てがぬま》の干拓など，新田開発をめざした。
D	江戸に出てきている農民を村に帰らせ，農村の再建をはかった。

ア．A・B　イ．A・C　ウ．A・D

エ．B・C　オ．B・D　カ．C・D

問７　文中の下線部⑥について，この時代に大政奉還を行い，政権を天皇に返上した将軍を次のア～エから選び，記号で答えなさい。

ア．徳川家茂《とくがわいえもち》　イ．徳川家斉《とくがわいえなり》　ウ．徳川家定《とくがわいえさだ》　エ．徳川慶喜《とくがわよしのぶ》

3　日本国憲法についての文を読み，あとの問いに答えなさい。

日本国憲法は，①1946年11月３日に公布され，その半年後の1947年５月３日から施行《しこう》されました。この憲法が施行されたことは戦後の民主化政策の中でもっとも重要なできごとの一つであると言えます。

この憲法は，民主主義の考えにもとづき，（　　　）・②平和主義・③基本的人権の尊重の三大原則を中心として前文および103条から成り立っています。

④憲法改正には，憲法は国の最高法規であるため，法律と違って慎重《しんちょう》な手続きを進めています。

問１　文中の（　）にあてはまる言葉を漢字で答えなさい。

問２　文中の下線部①について，日本国憲法が(A)公布された日，(B)施行された日は，現在国民の祝日になっています。それぞれ何という祝日ですか。あとのア～エからそれぞれ１つずつ選び，記

号で答えなさい。

ア．建国記念の日　　イ．憲法記念日　　ウ．文化の日　　エ．秋分の日

問３　文中の下線部②について，次の条文を読み，問いに答えなさい。

１、日本国民は，正義と秩序《ちつじょ》を基調とする国際平和を誠実に希求《ききゅう》し，国権の発動たる（　Ａ　）と，武力による威嚇《いかく》又は武力の行使は，国際（　Ｂ　）を解決する手段としては，永久にこれを放棄《ほうき》する。 ２、前項の目的を達するため，陸海空軍その他の戦力は，これを保持しない。国の（　Ｃ　）は，これを認めない。

文中の（Ａ）・（Ｂ）・（Ｃ）にあてはまる言葉を次のア～オからそれぞれ１つずつ選び，記号で答えなさい。

ア．戦力　　イ．戦争　　ウ．紛争《ふんそう》　　エ．交戦権　　オ．武力

問４　文中の下線部③について，⑴～⑶の問いに答えなさい。

⑴　基本的人権の説明として正しいものを次のア～エから１つ選び，記号で答えなさい。

ア．20歳以上の男女だけに認められている権利

イ．だれもが生まれながらにしてもっている権利

ウ．税金を納めているすべての国民に認められている権利

エ．25歳以上の男子だけに認められている権利

⑵　基本的人権のうち，すべて国民は法の下に平等であって，人種・信条《しんじょう》・性別・身分などによって左右されない権利のことを何というか，漢字で答えなさい。

⑶　憲法では，国民の基本的人権を尊重するとともに，国民に課せられた義務も定めています。そして特に重要なものを三大義務といいます。（　）にあてはまる言葉を漢字２字で答えなさい。

国民の三大義務 ・教育の義務 ・勤労の義務 ・（　　　）の義務

問５　下線部④についての次の文を読み，⑴～⑶の問いに答えなさい。

国会で改正の議案が出されると，衆議院・参議院とも総議員の（　Ａ　）以上の賛成で発議される。次に国会で発議された改正案について（　Ｂ　）をおこない，有効投票数の過半数が賛成すれば改正が決まり，（　Ｃ　）が国民の名で公布する。

⑴　文中の（Ａ）にあてはまる語句を次のア～エから１つ選び，記号で答えなさい。

ア．３分の２　　イ．２分の１　　ウ．３分の１　　エ．４分の１

⑵　文中の（Ｂ）にあてはまる言葉を答えなさい。

⑶　文中の（Ｃ）にあてはまる言葉を答えなさい。

(2) 会社のソウギョウ者に会う。

(3) 背筋にオカンが走る。

問二　次のことわざの空欄に入る言葉をひらがなで書きなさい。

(1) （　　）の川流れ

(2) 井の中の（　　）大海を知らず

(3) 泣きっ面に（　　）

問三　次の四字熟語の空欄には同じ言葉が入ります。漢字一字で答えなさい。

(1) （　）種（　）様……皆同じではなく、それぞれに異なること

(2) （　）給（　）足……生活に必要なものを全て自分で作ること

(3) （　）世（　）代……一生に一度だけの立派なことをすること

問四　村上春樹の作品はどれですか。最も適切なものを一つ選び、記号で答えなさい。

ア　銀河鉄道の夜　　イ　ＩＱ８４

ウ　吾輩は猫である　　エ　夢をかなえるゾウ

問五　『学問のすすめ』で知られ、一万円札にもなっている人物は誰ですか。最も適切なものを一つ選び、記号で答えなさい。

ア　樋口一葉　　イ　夏目漱石　　ウ　紫式部　　エ　福沢諭吉

ア　いつも上じいが時間を持て余しているから。
イ　悪さをして上じいを困らせたいから。
ウ　働いたお金でご飯を一緒に食べたいのは上じいだけだから。
エ　上じいの体調が悪くなるのを止めたいから。

問二　傍線部②「一人になることが多かった」のはなぜですか。適切でないものを次の中から一つ選び、記号で答えなさい。
ア　母さんはバリバリ働いているから。
イ　父さんがいないから。
ウ　母さんとけんかばかりするから。
エ　母さんが恋愛をばんばんするから。

問三　傍線部③「そりが合わなかった」とありますが、この言葉と同じ意味を持つ慣用句で用いられる動物は何ですか。「～が合わない」に合うように漢字で答えなさい。

問四　「上じい」とはどのような人物ですか。適切でないものを次の中から一つ選び、記号で答えなさい。
ア　定年間近の社会の教師である。　イ　髪《かみ》が白く、痩せている。
ウ　気の抜けたような話し方をする。　エ　三年一組の担任である。

問五　傍線部④「勝手に決めつけ」とあるが、何を決めつけたのですか。次の空欄（Ⅰ）（Ⅱ）に当てはまる言葉を文章中から抜き出して答えなさい。

> 上じいは（　Ⅰ　三字　）の理由を、三好が（　Ⅱ　四字　）しているからだと勝手に決めつけた。

問六　空欄 ⑤ に当てはまる上じいのセリフはどれですか。最も適切なものを次の中から一つ選び、記号で答えなさい。
ア　ここはうどんより丼ものがうまいんや。知っとるか。
イ　わしより先に食べ始めるな。覚えとけ。
ウ　箸じゃなくてスプーンで食え。店のルールや。
エ　食う前には、いただきますと言え。作った人に失礼や。

問七　傍線部⑥「もうごちそうしてくれへんのか？」と言った時の三好の気持ちはどれですか。最も適切なものを次の中から一つ選び、記号で答えなさい。
ア　これからも玉子丼を食べさせてくれるだろうという期待。
イ　上じいと一緒にご飯が食べられなくなる寂しさ。
ウ　この一回しか天丼が食べられないという焦り。
エ　今後は上じいと会わなくても良い喜び。

問八　空欄 ⑦ に当てはまる言葉を文章中から抜き出しなさい。

問九　本文の内容にふさわしいものはどれですか。最も適切なものを次の中から一つ選び、記号で答えなさい。
ア　「最後の晩餐」は上じいとの最後の食事ではなくなった。
イ　上じいは「最後の晩餐」に玉子丼を選んだ。
ウ　洋服屋の仕事が決まったために「最後の晩餐」を上じいがごちそうした。
エ　「最後の晩餐」中に上じいと三好はけんかした。

三　次の各問いに答えなさい。

問一　次のカタカナを漢字に直しなさい。
(1)　シジ政党に投票する。

くなるわ」

　上じいはそう言いながら、運ばれてきた天丼に目を輝かせた。

「すごいなあ。見てみろ三好。海老が載《の》ってるぞ」

「ああ、そうやな」

「そうやなって、しけた面すんな」

　上じいは手を合わせると、すぐに海老を口に入れた。

「なんや寂《さみ》しいな」

　俺は天丼を前にして、ぼそりと言った。

「寂しいってか。三好は案外センチメンタルなんやな」

「なんやねん。上じいかって、俺と一緒に飯食えへんようになるの寂しいやろ」

　俺がそう言うと、上じいは「あほ言え」と笑った。

「どうせ、もうすぐ三好、卒業やないか。わしとも高校とも、おさらばや」

「そやけど……」

「ぐずぐず言うとらんと、はよ食べな。天ぷらがまずなるで。せっかく揚《あ》げたてやのに。こんなごちそうめったに食べられへんやろ。よう味わって食べや」

　天丼は玉子丼より数段豪華《ごうか》だった。でも、俺はなんだか胸が詰まって、味なんかさっぱりわからなかった。⑦よりも、もうこの店で玉子丼を食べられないことが寂しかった。

　だけど、最後の晩餐の三ヶ月後、俺と上じいはまたこの店で玉子丼を食べることになる。

　仕事について、二回目の給料日。給料を何に使おうかと考えて、すぐに俺の頭に浮かんだのが、玉子丼だ。

　一回目の給料は、新しく借りたアパートの敷金《しききん》や生活用品にあっけなく消えてしまい、ほとんどお金が残らなかった。二回目の給料にしてようやく、使い道を考える余裕《よゆう》ができたのだ。

　俺は就職が決まってから、家を出て一人暮らしをはじめた。働きはじめて二ヶ月。職場には同世代の人間もいるし、一緒にご飯を食べるくらいの仲間も何人かいた。

　でも、俺の働いたお金で、ご飯を一緒に食べたい。そう思って、頭に浮かぶのは上じいだけだった。

　いつものうどん屋で待ってる、と電話で告げたら、上じいはご機嫌《きげん》にやってきた。定年退職した上じいは少し痩せて、上じいというあだ名がさらにはまっていた。

「なんや、三好。お前がごちそうしてくれんのか」

　上じいはそう言うと、嬉《うれ》しそうに「玉子丼二つ」と注文した。

「なんか、照れるな」

　俺は目の前の上じいの姿に、わずかに赤くなった。

「ついこないだ、これが最後の晩餐やなって、三好しくしくしとったくせになあ」

　上じいは俺をからかいながら、おいしそうに玉子丼を食べた。

　それ以来、俺の給料日イコール上じいと玉子丼を食べる日、となったのだ。

（瀬尾まいこ『おしまいのデート』）

問一　傍線部①「働きはじめて二年近く、ずっと続いている習慣」になったのはなぜですか。最も適切なものを次の中から一つ選び、記号で答えなさい。

上じいに連れて行かれたうどん屋は、カウンター席と三つのテーブル席しかない小さな古びた店で、俺たち以外に客はいなかった。店の主人は人のよさそうなおじさんで、にこにこしながら鍋《なべ》に向かっていた。

「まあ、食え。お前がけんかするのは、いらいらしとるからやろ？　いらいらすんのは、腹減っとるからや」

上じいは④勝手に決めつけて、俺を座らせると、

「玉子丼二つ」

と、注文した。

「俺、玉子丼なんか全然好きちゃうのに、勝手に決めんなや」

反抗的《はんこうてき》だった俺はそう言ったけど、本当は店の中の甘いだしのにおいに急速に腹が減って、何でもいいから早く食べたかった。上じいも、

「なんや、お前、人におごってもらうのに、ええもん食おうとするつもりか。ごちそうしてもらう時は、一番安いもん食うのが礼儀《れいぎ》と決まっとるんや」

と言って、俺の言い分なんて聞いてくれなかった。

玉子丼はすぐに運ばれてきた。甘辛い、いいにおいがする。半熟の玉子がつやつやして見るからにおいしそうだ。

俺がさっそく箸《はし》をつけようとすると、上じいに、

「［　⑤　］」

と頭をはたかれた。なんなんだよ。と言いたかったけど、何より早く食べたかった俺は、素直に「いただきます」と手を合わせた。一人で飯を食べる時に、「いただきます」なんて言うことは、まずない。手を合わせるなんて、小学校の給食以来でなんだか照れくさかった。

（中略）

その日以来、俺はちょくちょく上じいと食事をした。俺が悪さをして生徒指導室なんかに呼び出されると、上じいが間延びした調子で、

「なんや、三好。またやったのか。どうや、飯でも食おうか」

と誘ってきた。毎日空腹だった俺は、はいはいと上じいについていった。

（中略）

「天丼二つ」

二月も終わりかけの寒い日、上じいはいつものうどん屋で大きな声で誇《ほこ》らしげに注文をした。

「なんや、今日は玉子丼ちゃうの？」

俺は上じいの顔を見た。いったいどういう風の吹《ふ》き回しだろう。上じいがおごってくれるのは、この店で一番安い玉子丼と決まっていた。

「そうや。今日は奮発して天丼や。最後の晩餐《ばんさん》やからな」

「最後の晩餐？」

「そや。もう、三好、就職が決まったんやろう？」

俺は大型スーパーから内定の通知をもらっていた。卒業間際になってようやく進路が確定したのだ。

「それはそうやけど、上じい、⑥もうごちそうしてくれへんのか？」

「当たり前や。就職決まったのに、なんでわしがごちそうせなあかんねん。まさか、三好はまだちゃらちゃらするつもりなんか？」

「そんなつもりはない。俺かって、まともになるわ。そやけど、悪さしんと夕飯にありつけへんってことか？」

「そうや。まともなやつにごちそうしとったら、生徒みんなにごちそうせなあかんことになるやないか。そんなんしとったら、わしの貯金がな

【国　語】（五〇分）〈満点：一〇〇点〉

一　※問題に使用された作品の著作権者が二次使用の許可を出していないため、問題を掲載しておりません。

（出典：清水真砂子『大人になるっておもしろい？』）

二　次の文章をよく読み、後の問いに答えなさい。

毎月、二十四日の給料日には必ず玉子丼を食べる。①働きはじめて二年近く、ずっと続いている習慣だ。彼女と、ではない。六十二歳のじいさんとだ。

（中略）

俺《おれ》が初めて上じいと玉子丼を食べたのは、高校三年生の時だ。

俺の家は、生まれながらにして母子家庭だった。父親がいないのは、慣れさえすればどうでもいいことだけど、困るのはもっと実質的なことだ。

父親がいないとなると、経済的に不自由になる。ということは、母さんはバリバリ働かないといけない。それに、亭主《ていしゅ》がいないとなると、自由もある。ということは、母さんはいい年をして恋愛《れんあい》もばんばんする。

仕事も恋愛もしまくる母さんの下、必然的に俺は②一人になることが多かった。小学生のころは、母さんの実家のばあちゃんが様子を見に来てくれることもあったけど、中学生になり、高校生にもなると、一人でたいていのことができるようになってくるし、子どもの時みたいにかわいげもないから、ほうっておかれることが多くなった。当然のことだけど、これは結構難しい。

（中略）

そんな高校三年生の夏の日、二組の山根とけんかをした。くだらないことをぐちぐち言うやつで、理由は忘れたけど、むかついたから顔面を殴《なぐ》ったら、鼻血が噴《ふ》き出してしまった。山根が必要以上に大騒《おおさわ》ぎしたおかげで、俺は放課後、担任の本田にしこたま怒られるはめになった。

本田は四十代半ばの数学教師で、几帳面《きちょうめん》で周りをつくろうことばかり一生懸命《いっしょうけんめい》なやつで、もともと俺と③そりが合わなかった。長い本田の説教のせいで、とっぷり日も暮れてから生徒指導室を出ると、二組の担任である上じいが立っていた。今度は山根の担任に文句を言われるのかと、うんざりした顔を向けると、上じいは意外なことに、「飯を食おう」と誘《さそ》ってきた。

「なんで、俺が隣《となり》のクラスの担任と飯食わなあかんねん」

と、俺は断った。

それまで上じいと接点はなかった。授業は教えてもらってはいたけど、担任になったこともないし、クラブの顧問《こもん》でもなかったから、話をしたこともなかった。

ところが上じいは、

「まあ、三好。そう言うなって」

と言いながら、俺を無理やり学校近くのうどん屋に連れて行った。

上じいは定年間近の社会の教師だった。もちろん、上じいというのはあだ名で、本当の名前は上田だ。だけど、頭はきれいに白くなっていて、痩《や》せてよぼよぼしていて、年寄りしか着ないようなえんじ色のカーディガンを着て、気の抜けたようにしゃべり、のらりくらりと動き、とにかく上じいというあだ名がぴったりだった。

MEMO

大切なことはメモしておこうネ！

2021年度

解　答　と　解　説

《2021年度の配点は解答欄に掲載してあります。》

＜算数解答＞《学校からの正答の発表はありません。》

1　(1)　3　(2)　$3\frac{14}{15}$　(3)　$10\frac{2}{3}$　(4)　6.5　(5)　24.8　(6)　$6\frac{1}{4}$

2　(1)　46人　(2)　36クラス・30か所　(3)　24m　(4)　(イ)　(5)　161cm
(6)　290房

3　(1)　4分後　(2)　3周

4　(1)　38.4L　(2)　6時間40分

5　(1)　10cm　(2)　28.5cm^2

6　(1)　7週目　(2)　11週目

○推定配点○

各5点×20(2(2)完答)　計100点

＜算数解説＞

1　(四則計算，単位の換算)

(1)　31－28＝3

(2)　$6\frac{20}{15}-3\frac{6}{15}=3\frac{14}{15}$

(3)　$12\times8\div9=\frac{32}{3}$

(4)　$\frac{20}{3}\times\frac{6}{5}-1.5=6.5$

(5)　1.24×20＝24.8

(6)　$\frac{5}{4}\times5=\frac{25}{4}$

2　(割合と比，単位の換算，相当算，平面図形，図形や点の移動，平均算，鶴亀算)

基本　(1)　60×8＝480(分)　480÷18＝26…12　480÷24＝20
したがって，26＋20＝46(人)の髪の毛を切ることができる。

基本　(2)　25×66÷45＝36…30
したがって，36クラス入れられ，30か所は使用しない。

重要　(3)　$\frac{1}{6}-\frac{1}{8}=\frac{1}{24}$が1mに相当する。
したがって，全体の長さは1×24＝24(m)

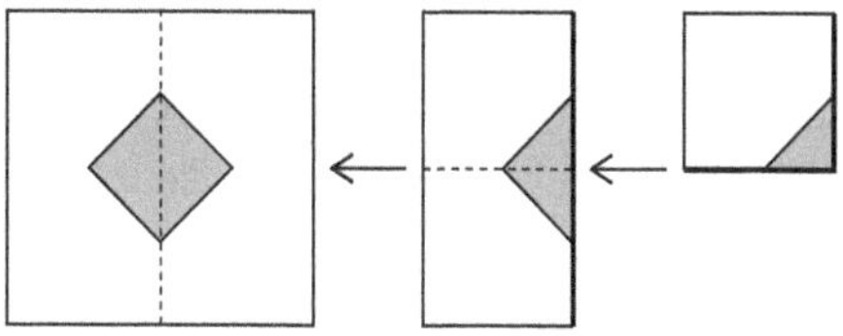

重要　(4)　右図より，図形は(イ)になる。

基本　(5)　156×6－155×5＝161(cm)

重要　(6)　(100×500－41300)÷(100×0.3)＝290(房)

3　(速さの三公式と比，旅人算，単位の換算)

基本　(1)　1400÷(140＋210)＝4(分後)

重要　(2)　BさんがAさんに追いつくのは1400÷(210－140)＝20(分後)
したがって，210×20÷1400＝3(周)したとき追いつく。

4　(速さの三公式と比，割合と比，規則性，単位の換算)

基本　(1)　480÷12.5＝38.4(L)

重要 (2) 90×2＝180(km) 480÷180＝2…120 したがって，全体の時間は2時間40分×2＝5時間20分に120÷90＝$1\frac{1}{3}$(時間)すなわち1時間20分を加えた6時間40分

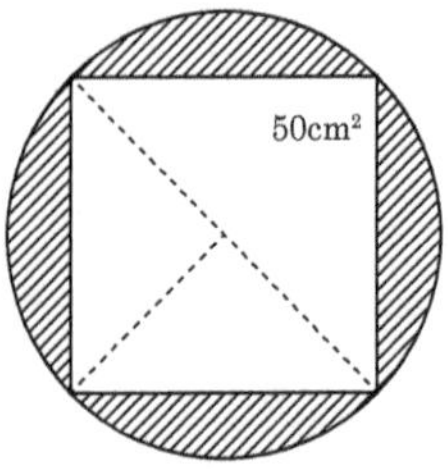

重要 5 (平面図形)

(1) 「対角線の長さ×対角線の長さ÷2」が50cm²に等しく対角線の長さは50×2＝100＝10×10より，10cm

(2) (1)より，5×5×3.14－50＝28.5(cm²)

重要 6 (規則性，割合と比)

(1) 商品が届く週を○，届かない週を×で表すと右表になる。
したがって，2回目にすべての商品が届くのは7週目…2週，3週の最小公倍数6週＋1週

トマト	○○○○○○	○
刺　身	○×○×○×	○
野菜ジ	○××○××	○

(2) (1)より，6週目までの金額の合計は150×6＋850×3＋980×2＝5410(円)，12週目までの金額の合計は5410×2＝10820(円) したがって，10000円を超えるのは11週目…10820－150＝10670(円)

★ワンポイントアドバイス★

2(6)「バナナの房の数」は「鶴亀算」を利用し，5(1)「正方形の対角線の長さ」は，正方形の面積から求める。まず，1，2で着実に得点し，各問題を解き始める前に，それぞれの問題文をよく読むことから始めよう。

＜理科解答＞《学校からの正答の発表はありません。》

1 問1 エ 問2 (シマウマ) イ (ライオン) ウ 問3 イ 問4 A 多く B 重く C 少なく 問5 (関係) しょくもつれんさ (記号) イ，エ，オ

2 問1 イ 問2 イ 問3 しんしょく(作用)，うんぱん(作用) 問4 エ 問5 ウ 問6 ウ

3 問1 4.8(％) 問2 (記号) イ，カ，キ アルカリ(性) 問3 ウ，ク 問4 ウ 問5 中(性) 問6 ウ

4 問1 イ 問2 (例) おしぼうを押し込みすぎないようにするため 問3 体積 問4 ア 問5 ウ 問6 (例) 液体は圧力を加えても体積が変化しにくい

5 イ

○推定配点○

1 各2点×7(問2，問5各完答) 2 問1，問2 各1点×2 他 各2点×4(問3完答)
3 各2点×6(問2完答) 4 各2点×6 5 2点 計50点

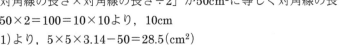

＜理科解説＞

1 (動物―動物のちがい・食物連鎖)

基本 問1　草食動物は草をすりつぶすための臼歯が発達しており，肉食動物は引き裂くための犬歯が発達している。

重要 問2　シマウマなど，草食動物は肉食動物から襲われないために，広い視野が見えるように目が顔の両側についている。肉食動物は獲物が立体的に見えるように，目が顔の前についている。

重要 問3　エサになるシマウマの数が減ると，ライオンの数が少なくなる。シマウマのエサになっていた植物は，シマウマに食べられなくなるので増える。

重要 問4　食べられる側の生物の数は多く，全体の重さも重くなる。食べる側の生物の数は少ない。

問5　落ち葉の腐ったものなどを食べるのは，カブトムシの幼虫，ヤスデ，ダンゴムシである。これらは分解者と呼ばれる。

基本 2 (流水・地層・岩石―流水の作用)

問1　水量が多いほど水の流れも速くなる。

問2　水量が多いほど水の流れが速くなり，大きな力で砂山がけずられる。

問3　水が多いほど，しんしょく作用，うんぱん作用が大きくなる。

問4　川が広い場所に出ると流れが急にゆるやかになり，たい積作用が大きくなる。川の河口付近でたい積作用によってできる地形を三角州という。

問5　川のカーブの外側では流れが速く，しんしょく作用が大きくなる。内側では流れが緩やかでたい積作用が大きくなる。

問6　遊水地は水の量が多くなったとき，一時的に水を蓄えておく場所である。砂防ダムは石や砂が下流に流されないようにダムでせき止める役目をする。川の堤防をコンクリートやブロックで固めることで，しんしょく作用で堤防が決壊するのを防ぐ。放水路は川の水を少なくするための人工の水路のこと。

3 (水溶液の性質・物質との反応―水溶液の区別)

基本 問1　水100gに5gの砂糖を溶かしたので，$(5 \div 105) \times 100 = 4.76 \fallingdotseq 4.8\%$である。

基本 問2　赤色リトマス紙を青くするのは，アルカリ性の水溶液である。表1のうちアルカリ性のものは，アンモニア水，水酸化ナトリウム水溶液，石灰水である。

問3　ムラサキキャベツの色素は，酸性で赤紫色や赤色になる。表1の中で酸性の水溶液は塩酸と炭酸水である。

問4　鉄と反応して水素が出るのは塩酸である。炭酸も酸性であるがここでは選択肢から除かれているので含めない。炭酸水では酸性が弱く変化がゆっくりしか起きないので，泡が出るのがわかりにくい。

基本 問5　強い酸性の塩酸と強いアルカリ性の水酸化ナトリウム水溶液をちょうど反応するように混ぜたので，反応後の水溶液は中性になる。

重要 問6　石灰水の確認には二酸化炭素を吹き込む。石灰水が白くにごることで確認できる。

4 (圧力―体積の変化と圧力)

問1　前の球と後ろの球でつつの中の空気が逃げないように閉じ込め，おしぼうを押して圧縮して圧力が高くなるようにしている。

問2　おしぼうを押し込みすぎると後ろの球がつつの先端から飛び出してしまい，次の球が打てなくなる。

基本 問3　空気の体積が小さくなると圧力は大きくなる。

問4　おしぼうを押し込むとつつの中の圧力が大きくなる。このとき風船の中の空気も圧力を受けて風船がちぢむ。

問5　風船の中の水も圧力を受けるが，気体に比べて液体は圧力が大きくなっても体積はあまり変化しない。そのため風船の大きさは変化しない。

問6　気体は圧力が変化すると体積も大きく変化するが，液体は圧力が大きくなっても体積はあまり変化しない。

5　**(環境と時事―スーパーコンピューター)**

「富岳」は2020年から，理化学研究所で使われているスーパーコンピューターである。

★ワンポイントアドバイス★

基本的な内容を問う問題が大半である。基礎力をしっかりと身につけよう。さらに時事問題や地域の特色を題材とした問題の出題が目立つ。

＜社会解答＞《学校からの正答の発表はありません。》

1　問1　(1)　北　(2)　等高線　問2　3500(m)　問3　消防署　問4　エ
問5　図C　イ　図D　エ　図E　ア　問6　E，面積　問7　D　問8　E
問9　D

2　問1　(1)　邪馬台国　(2)　紫式部　(3)　西南　問2　ウ　問3　エ
問4　建武　問5　ウ　問6　ア　問7　エ

3　問1　国民主権　問2　(A)ウ　(B)　イ　問3　(A)　イ　(B)　ウ　(C)　エ
問4　(1)　イ　(2)　平等(権)　(3)　納税
問5　(1)　ア　(2)　国民投票　(3)　天皇

○推定配点○

1　問1・問2　各2点×3　他　各1点×9
2　各2点×9
3　問1・問4(2)・(3)・問5(2)・(3)　各2点×5　他　各1点×7　計50点

＜社会解説＞

1　**(地理―地図の見方，日本の国土と自然)**

問1　地形図の方位は，方位を示す記号によって指定がないときは，上が北，下が南，右が東，左が西となる。等高線とは，地表の同じ高さのところを結んだ線である。

問2　2万5千分の1の地形図上で14cmの実際の距離は，25000×14cm＝350000cm＝3500mとなる。

問3　最初に右手に見えるのは，消防署の地図記号である。

やや難　問4　図Bを注意深く考察すると，1894年～1915年に作成された地図上の写真の位置は，海岸線が迫っていることから，この段差に堤防があったと考えられる。

問5　図Cは，緯線と経線が直角に交わるメリカトル図法，図Dは，中心から距離と方位が正しい正距方位図法，図Eは，面積が正しいモルワイデ図法である。

重要 問6　モルワイデ図法は，19世紀にドイツのモルワイデが考案した図法で，地球を楕円形にして，北極/南極に近い地方の形のゆがみを少なくした図法ということが特徴である。主に各分布図で使用されている。したがって，世界各国の人口分布をあらわすのに，選択肢の中では一番適している。

問7　正距方位図法上の直線は，正確な最短距離を表している。

重要 問8　メルカトル図法は，地図上の2点を結ぶ直線は等角航路となり，羅針盤による航海には便利である。そのために海図に利用されている。

重要 問9　正距方位図法上の中心から他の1地点を結ぶ直線が，図の中心からの正しい方位，最短経路を表し，図の中心からの距離を正しく求めることができる。このため，飛行機の最短経路や方位を見るための航空図に使われてる。

2　(日本の歴史―弥生時代から江戸時代)

基本 問1　邪馬台国の女王は，卑弥呼という神に仕えた人物である。源氏物語の作者は，紫式部である。西郷隆盛は，明治政府に不満を持つ士族とともに西南戦争を起こしてしまった。

問2　遣隋使派遣のことは，十七条の憲法には出ていない。

問3　1232年，執権北条泰時は，御成敗式目(貞永式目)を定めた。

問4　鎌倉幕府の滅亡で，天皇中心の新しい政治である建武の新政が始まり，後醍醐天皇は，武家の政治を否定し，公家(貴族)重視の政策を続けた。

問5　アの太閤検地，イのバテレン追放令，エの刀狩は，いずれも，豊臣秀吉の政策である。ウの糸割符制度は，江戸時代の徳川家康の政策である。

問6　Aの目安箱，Bの公事方御定書は，いずれも，享保の改革における徳川吉宗の政策である。Cは田沼意次，Dは水野忠邦，それぞれの政策である。

問7　幕末の情勢の中で，第15代将軍となった徳川慶喜は，朝廷を中心とする，幕府にかわる新政権の中で主導権をにぎるために，1867年10月に大政奉還を行って政権を朝廷に返した。

3　(政治―憲法の原理・基本的人権，時事問題)

基本 問1　国民主権，平和主義，基本的人権の尊重は，日本国憲法の三つの基本原理である。

問2　公布日の11月3日が文化の日，施行日の5月3日が憲法記念日である。

問3　この文は，平和主義を規定した憲法第9条(戦争の放棄，軍備及び交戦権の否認)である。

問4　基本的人権は，だれもが生まれながらにして持っている権利であり，人間が自由に人間らしく生きていくことができるように，様々な権利を規定している。憲法14条(法の下の平等)は，すべての人は平等であって，平等なあつかいを受ける権利である平等権を表している。日本国憲法は，子どもに普通教育を受けさせる義務(教育の義務)，勤労の義務，納税の義務の三つの義務を上げている。

問5　憲法改正については，憲法96条(改正の手続，その公布)に規定されている。

★ワンポイントアドバイス★

2問3御成敗式目は，執権政治を進めるための法律であり，武士の社会でおこなわれていた慣習にもとづいて定められたものである。3問4基本的人権には，平等権，自由権，社会権，参政権などがある。

＜国語解答＞《学校からの正答の発表はありません。》

一　問一　A　参加者　B　演台　C　勤務　問二　「先生，本当に悩んだっていいんですよね」　問三　悩むことを否定的に捉えていること　問四　不快　問五　Ⅰ　いけない　Ⅱ　あたりまえ　問六　ウ　問七　ア　問八　エ

二　問一　ウ　問二　ウ　問三　馬(が合わない)　問四　エ　問五　Ⅰ　けんか　Ⅱ　いらいら　問六　エ　問七　イ　問八　卒業　問九　ア

三　問一　(1)　支持　(2)　創業　(3)　悪寒　問二　(1)　かっぱ　(2)　かわず　(3)　はち　問三　(1)　多　(2)　自　(3)　一　問四　イ　問五　エ

○推定配点○

一　問二・問三　各5点×2　他　各3点×9　二　各3点×10　三　各3点×11
計100点

＜国語解説＞

一　(論説文―漢字の書き取り，内容理解，空欄補充，要旨)

問一　A　「参」の字形に注意する。　B　「演台」は，講演や演説のときに，話す人の前に置く机のこと。　C　「勤務」は，職務に従事すること。

問二　文章を前にさかのぼって，「」のある部分をとらえる。

やや難　問三　問二でとらえた大学院生の言葉を，筆者がどのように受け止めたかを考える。傍線部②の直前の段落に注目。

問四　「悩むこと」について，「快」か「不快」で考えれば，普通は「不快」と考えるだろうということ。

問五　「生きていれば悩みが生じてくるのはあたりまえのこと」なのに，「悩むことはいけないことと若い人たちに思い込ませたものはいったい何なんだろう」と，筆者は感じている。

問六　直後に注目。「その高校の先生のことばにではありません。そんなことばを真に受けてきた学生に，です」とある。この内容がウに合致している。

基本　問七　「もちろん，……ではありません」といったん事柄を認めたうえで，「ただ，……増えてきている」と，その事柄と食い違う事柄を述べる形である。

重要　問八　最後の段落で筆者は，「笑ってすますことのできないほどには，そういう人たちが増えてきている。そう感じないではいられません」と述べている。「そういう人たち」とは，それまでの段落で述べてきた「悩むことをいけないことと」思う人のことである。この内容がエに合致している。

二　(小説―内容理解，慣用句，人物像，空欄補充，心情理解)

問一　本文後半の，「俺」の「二回目の給料日」に，「俺の働いたお金で，ご飯を一緒に食べたい。そう思って，頭に浮かぶのは上じいだけだった」とあることに注目。

問二　「父親がいないとなると，経済的に不自由になる。ということは，母さんはバリバリ働かないといけない」がア・イに，「母さんはいい年をして恋愛もばんばんする」がエに合致する。ウの内容は本文中に書かれていない。

基本　問三　「馬が合う」は，気が合う，という意味。

問四　「二組の担任である上じい」とあるので，エが適切でない。「上じいは定年間近の社会の教師だった」「頭はきれいに白くなっていて，痩せてよぼよぼしていて，……気の抜けたようにしゃべり」という内容が，ア・イ・ウに合致している。

問五　直前の上じいの言葉「お前がけんかするのは，いらいらしとるからやろ？」に注目する。

問六　直後に「俺」が「素直に『いただきます』と手を合わせた」とあることから考える。

重要 問七　「俺」の就職が決まって，上じいとの「最後の晩餐」であること，あとに「俺」が「なんか寂しいな」と言っていることから，イが正解である。

問八　「玉子丼を食べられないこと」の寂しさと，何の寂しさを比べているのかを考える。

やや難 問九　「だけど，最後の晩餐の三ヶ月後，俺と上じいはまたこの店で玉子丼を食べることになる」という内容が，アに合致している。上じいは「最後の晩餐」に「天丼二つ」を注文しているので，イは誤り。「俺は大型スーパーから内定の通知をもらっていた」とあるので，ウは誤り。エの内容は本文中には書かれていない。

三　（漢字の書き取り，ことわざ，四字熟語，文学史）

問一　(1)「支持」は，主義・政策・意見などに賛同して援助すること。　(2)「創業」は，事業を新しく始めること。　(3)「悪寒」は，発熱のために，ぞくぞくと寒けを感ずること。

重要 問二　(1)「かっぱの川流れ」は，達人もときには失敗を招くことがある，という意味。似た意味のことわざに「猿も木から落ちる」「弘法も筆の誤り」がある。　(2)「井の中のかわず大海を知らず」は，世間知らずで見識の狭いこと。　(3)「泣きっ面にはち」は，不運の人にさらに苦痛や不幸が重なること。

基本 問三　(1)「多種多様」は「たしゅたよう」，(2)「自給自足」は「じきゅうじそく」，(3)「一世一代」は「いっせいちだい」と読む。

問四　村上春樹は1949年生まれの作家。ア『銀河鉄道の夜』は宮澤賢治，ウ『吾輩は猫である』は夏目漱石，エ『夢をかなえるゾウ』は水野敬也の作品。

問五　福沢諭吉（1834 ～ 1901年）は思想家・教育家。著書に『学問のすゝめ』『文明論之概略』など。

★ワンポイントアドバイス★

読解問題のほか，ことわざや四字熟語などの語句や，文学史の知識を問う問題が出題されている。読解は選択肢と書き抜きの問題が出題されている。知識を正確に身につけ，文章の内容を的確に把握する力を蓄えよう。

MEMO

大切なことはメモしておこうネ！

T.G

データ対応

収録から外れてしまった年度の
問題・解答解説・解答用紙を弊社ホームページで公開しております。
巻頭ページ＜収録内容＞下方のQRコードからアクセス可。

※都合によりホームページでの公開ができない内容については，
次ページ以降に収録しております。

問一　まなぶ君の家の話し合いで（A）に入るものを資料①から読み取り、答えなさい。

資料①

1．お客様が迷惑と感じる行為

（1）総合ランキング

順位（昨年）		迷惑行為項目	割合％（昨年）
1	（1）	騒々しい会話・はしゃぎまわり等	33.2（33.8）
2	（3）	座席の座り方	31.1（29.6）
3	（4）	荷物の持ち方・置き方	29.8（27.3）
4	（2）	歩きながらの携帯電話・スマートフォンの操作	29.6（30.6）
5	（4）	乗降時のマナー	28.1（27.3）
6	（6）	ヘッドホンからの音もれ	20.1（22.6）
7	（7）	携帯電話・スマートフォンの着信音や通話	18.5（19.3）
8	（9）	ゴミ・空き缶等の放置	16.0（15.4）
9	（11）	喫煙	15.3（13.0）
9	（10）	酔っ払って乗車する	15.3（13.7）
11	（8）	車内での化粧	13.7（15.7）
12	（12）	電車の床に座る	11.8（11.8）
13	（13）	混雑した車内での飲み食い	10.3（10.8）
14	（14）	混雑した車内で新聞や雑誌・書籍を読む	7.9（7.8）
15	（15）	その他	6.4（6.8）
16	（16）	電子機器類（ゲーム機・パソコン等）の操作音	4.8（5.8）
17	（17）	特にない	0.4（0.3）

※回答は最大3つまで選択可として設問しました。

問二　お父さんが電車内で経験した迷惑行為について、今年の順位と迷惑行為項目を答えなさい。

問三　（B）について、まなぶ君が中学生になったら、公共の場所ではどのようなことに気を付けたらよいですか。会話を参考に答えなさい。

問四　資料①の今年の1位から5位の項目で、まなぶ君の家での会話に含まれていないものが一つだけあります。その順位と迷惑行為項目を答えなさい。

四　次の各問いに答えなさい。

問一　次の――線部の漢字の読み方が他と違うものをそれぞれ一つずつ選び、記号で答えなさい。

⑴　ア　復興　イ　閉口　ウ　降参　エ　工面

⑵　ア　絶景　イ　形相　ウ　敬具　エ　境内

⑶　ア　首相　イ　発想　ウ　聡明　エ　車窓

問二　次の――線部を、漢字はひらがなに、カタカナは漢字に直しなさい。

⑴　水牛がムれをなす

⑵　へびやとかげの類いは苦手だ

⑶　シンセンな野菜を食べる

⑷　キャベツを刻んで皿に盛る

⑸　買い物でリョウシュウ証をもらう

問三　次の語の対義語として最も適切なものを次から一つずつ選び、それぞれ記号で答えなさい。

⑴　素人

ア　玄人　イ　凡人　ウ　名手　エ　助っ人

⑵　理性

ア　原因　イ　客観　ウ　感情　エ　事実

問二　少年がおかねを必要とする理由は何ですか。本文中の言葉を使って答えなさい。

問三　少年が求めたものと木が与えたものを整理しました。次のＡＢに当てはまる言葉を答えなさい。

少年が求めたもの	木が与えたもの
おかね	りんご
家	Ａ
Ｂ	みき

問四　少年は老人となり求めるものがなくなり、木も与えるものがなくなったところでラストシーンは終わります。このあと、少年と木はどうなると考えますか。この話の続きの一文を三〇字以内で答えなさい。

三　次の問いに答えなさい。

日本民営鉄道協会は、今年10月から2カ月間実施していた「駅と電車内のマナーに関するアンケート」の結果を発表しました。２４１９人の回答から「駅と電車内の迷惑行為ランキング」を公開しています。

まなぶ君の家ではそれをもとに夕食の時間に家族で話し合いがありました。これらを踏まえて後の問いに答えなさい。

母　まなぶ、東海大浦安の中学生になると電車に乗って学校に行くんだからね。中学生になると荷物も多いし、お母さん心配しているの。

まなぶ　僕は毎日電車に乗るなんてわくわくするよ。電車では友達とゲームやサッカーの話をして盛り上がれたらいいな。

父　まなぶ、電車は大変だぞ。お父さんが電車を降りるとき、「降ります。」って叫んでも、入り口付近にいる人が場所を空けてくれなくて降りられないこともあるんだよ。まなぶだったら学校に遅刻してしまうかもね。

まなぶ　でも道徳の時間に、電車では駅に着いたらドア付近の人は一回降りて場所を空けるものだって先生が言ってたよ。もしみんなにそういう気持ちがあれば、お父さんみたいに困る人が出ないのにね。

母　そうね。ほかにも迷惑な行為といえば、電車内で大きな声で話をしている人をうるさいと感じることがあるね。自分たちだけがいる場所だって勘違いしていてはだめでしょう。

父　そうだな。人には気遣いができないといけないな。例えばまなぶがリュックを持って出かけるときは特にスペースを取るし、後ろの人にぶつけないように気を配らないとね。

まなぶ　そういえば、中学生になったら携帯電話買ってくれるんでしょう。電車の中ではゲームをしたり、音楽を聞いたりして、友達とは大声で話さないようにするよ。

母　まなぶ、だめよ。このランキングを見て！　アンケートの迷惑行為の上位には、携帯電話の項目が増えているの。通話よりも（　Ａ　）を問題としている割合が多いみたい。

まなぶ　そうか、ぼくは中学生になったら、（　Ｂ　）を気を付けるよ。

母　まなぶ、まずは合格を勝ち取るためにあと少しがんばってね。

「ぼくはふねがほしい。ここじゃないずっととおくにぼくをはこんでくれるふねが。ぼくにふねをおくれよ」

「わたしのみきを切ってふねをつくりなさい」

と木はいいました。

「それにのってとおくにいって…しあわせにおなりなさい」

いわれたように少年はみきを切りたおしました。

それでふねをつくり、とおくにたびだちました。

それで木はしあわせに…

なんてなれませんよね。

ずいぶんながいじかんがながれ、

少年はまたもどってきました。

「ごめんなさい、ほうや」

と木はいいました。

「わたしにはもうなにもないの。あなたにあげられるものがⅠ」

「りんごはもうひとつもないし」

「ぼくの歯はよわくて、りんごなんてたべられないさ」

と少年はいいました。

「えだだってもうないし」

と木はいいました。「ぶらさがってあそぶことも――」

「えだにぶらさがってあそぶには、ぼくはとしをとりすぎている」

と少年はいいました。

「みきだってないわ」と木はいいました。「もうわたしにのぼることも――」

「木のぼりするようなげんきは、もうぼくにはないよ」

と少年はいいました。

「かわいそうに」といって木はためいきをつきました。

「あなたになにかをあげられるといいのだけれど…でもわたしにはもうなにものこっていない。いまのわたしはただのふるい切りかぶ。わるいんだけれど…」

「ぼくはもう、とくになにもひつようとはしない」

と少年はいいました。

「こしをおろしてやすめる、しずかなばしょがあればそれでいいんだ。ずいぶんつかれてしまった」

「それなら」と木はいいました。そしてできるだけしゃんと、まっすぐからだをのばしました。

「ふるい切りかぶなら、こしをおろしてやすむにはぴったりよ。いらっしゃい、ぼうや、わたしにおすわりなさい。すわって、ゆっくりおやすみなさい」

少年はそこにこしをおろしました。

それで木はしあわせでした。

（シェル・シルヴァスタイン作、村上春樹 訳『おおきな木』）

問一　少年は木のもとでどのようなことをしてあそびましたか。次に挙《あ》げたもの以外を本文中より二つ答えなさい。

えだにぶらさがる
はっぱをあつめて、かんむりをつくり王になる
りんごをたべる

だれよりもなによりも。

木はしあわせでした。

でもじかんがながれます。

少年はだんだんおおきくなっていきます。

木がひとりぼっちになることがおおくなります。

そしてある日、少年が木の下にやってきました。

木はいいました。

「いらっしゃい、ぼうや。わたしにおのぼりなさい。えだにぶらさがって、りんごをおたべなさい。わたしのこかげであそんで、しあわせにおなりなさい」

「もう木のぼりをしてあそぶとしじゃないよ」

と少年はいいました。

「ものを買ってたのしみたいんだ。おかねがいるんだよ。おかねがなくっちゃ。ぼくにおかねをちょうだい」

「ごめんなさい、おかねはないの」

と木はいいました。

「わたしにあるのは、はっぱとりんごだけ。りんごをもっていきなさい、ぼうや。それをまちでお売りなさい。そのおかねでしあわせにおなりなさい」

いわれたとおり少年は木にのぼり、あるだけのりんごをあつめ、それをはこんでいきました。

木はしあわせになりました。

でもそのあとながいあいだ少年はすがたをみせません…。

木はかなしくなりました。

そんなある日、少年がまた木の下にやってきました。

木はよろこびにからだをふるわせました。

「おいで、ぼうや。わたしにおのぼりなさい。そしてえだにぶらさがってあそんで、しあわせにおなりなさい」

「ぼくはいそがしくて、木のぼりなんてしていられないよ」

と少年はいいました。

「ぼくにはあたたかくくらせる家がいるんだ」

と少年はいいました。

「おくさんもほしいし、こどももほしいし、それには家がいるんだ。ぼくに家をちょうだいよ」

「わたしは家をもっていないの」

と木はいいました。

「この森がわたしの家なのだから。でもわたしのえだを切って、それで家をつくればいいわ。そうしてしあわせにおなりなさい」

少年はいわれたとおり木のえだを切り、それをはこんでいって家をつくりました。

木はしあわせでした。

でもそのあとながいあいだ少年はすがたをみせませんでした。

少年がまたもどってきたとき、木はこころからしあわせでした。

それこそもうくちもきけないくらい。

「いらっしゃい、ぼうや」と木はささやきかけました。

「楽しくあそびましょう」

「ぼくはあそぶにはとしをとりすぎているし、こころがかなしすぎる」

と少年はいいました。

イ　俳句に適した題材を詠むこと
ウ　見たものに説明を尽くし伝えること
エ　変容の瞬間を切り取ること

問三　[A] [B] [C] に入るものとして最も適切なものを次の中から一つずつ選び、それぞれ記号で答えなさい。（記号は一度しか使えません。）

ア　また　イ　しかし　ウ　もし　エ　たとえば
オ　だから

問四　――線部③「短い上に型があって制約されています」とありますが、俳句は何音で表現するものですか。算用数字で答えなさい。

問五　――線部④「物の文学」とありますが、物の文学といわれる理由を本文中の言葉を使って、二十五字以内で答えなさい。（句読点・記号も一字に含まれます。）

問六　（⑤）（⑥）に入るものとして最も適切なものを次の中から一つずつ選び、それぞれ記号で答えなさい。

ア　体得　イ　表現　ウ　説明　エ　仮託

問七　――線部⑦の四字熟語は「二つのものの関係が、表と裏のように深い関わりがある」という意味です。□に当てはまる漢字を答えなさい。

問八　――線部⑧「時間経過を直接的に表現することも無理です」とありますが、芭蕉の句ではどのように時間経過を表現しますか。次の文の【　】にあてはまる言葉を指定された字数で答えなさい。

芭蕉の句は、写生された【A　2字】の中に漂わせた時間の経過を【B　10字】ことで、【C　2字】もの時間経過をあらわしている。

問九　――線部⑨の名句が収められている芭蕉の紀行文の題名を答えなさい。

問十　（⑩）に入るものとして最も適切なものを次の中から一つ選び、記号で答えなさい。

ア　俳句に改良を続けて新たな表現を模索することです。
イ　俳句の枠の中で時間経過を直接的に表現していくしかないのです。
ウ　俳句以外の表現手段を選ぶしかないのです。
エ　限られた文字数でわかりやすく言いたいことを全て説明することです。

[二]　次の文章を読んで、後の問いに答えなさい。

あるところに、いっぽんの木がありました。
その木はひとりの少年のことがだいすきでした。
少年はまいにちその木の下にやってきました。
そしてはっぱをいっぱいあつめました。
はっぱでかんむりをつくり森の王さまになりました。
木のぼりだってしました。
えだにぶらさがってあそびました。
そしてりんごをたべました。
いっしょに「かくれんぼ」をしてあそびました。
くたびれるとこかげで少年はねむりました。
少年はその木がだいすきでした…

【国　語】（五〇分）〈満点：一〇〇点〉

一　次の文章を読んで、後の問いに答えなさい。

私はつねに、「俳句とは何か」ということを自分に問い続けています。私だけではなく、①古今の俳人の多くが、そのように問い続けてきたことと思います。

俳句とは、つねに②自分を律する文学だと思います。

③短い上に型があって制約されています。それゆえに、いっさいの説明を拒みます。言いたいことはすべて〝物〟に仮託《かたく》して表します。だから④「物の文学」、「沈黙の文学」といわれるのです。いかに黙るか……それが俳句を詠《よ》むということです。

このような非常にストイックな手段を表現者に課すのです。自分につねにブレーキをかけていなければならないのです。［A］、俳句になるものとならないものとは、自ずからあり、それは自分で見分けなければなりません。

このようなことは、（⑤）されて理解することではなくて、（⑥）していくものだと思うのです。つねに自己との闘《たた》い、おのれを律しつつの格闘《かくとう》が必要なのです。それを乗り越えてこそ、俳句の楽しさもまた体得してゆくことができます。

言い尽くさないということと、何でも詠めるということは実は⑦表裏一□なのです。

人に説明しなくては伝わらないような特異な内容を詠むのは、俳句では無理です。説明するだけの文字数がないからです。［B］UFOを見たとか、本来あるはずのないものがあったとか。実際それを見た人にしかわからないものを俳句に詠むのは無理なのです。

また⑧時間経過を直接的に表現することも無理です。俳句は瞬間を切り取るものです。今目の前にあるもののうつろいゆく瞬間を詠むのです。その切り取った時間の断片（つまり瞬間）に、時の経過を漂《ただよ》わせることはできます。

芭蕉の名句を例に挙げます。

⑨夏草や兵《つはもの》どもが夢の跡

古戦場が今では一面夏草に覆《おお》われています。そこにはかつて一戦を交えた武将たちの夥《おびただ》しい数の夢が今も尚《なお》くすぶっているかのようです。眼前《がんぜん》の夏草を写生しながらも、そこに千年もの時間経過が表出されています。これは読者が読み取っていく時間経過です。こういうことがあって、ああいうこともあって、［C］今はこうなった……というような時間経過を俳句では表現しません。それをどうしても伝えたいならば、（⑩）

（茂木健一郎、黛まどか『俳句脳―発想、ひらめき、美意識』）

問一　――線部①「古今の俳人」について、次の問いに答えなさい。

（1）読み方をひらがなで答えなさい。

（2）意味として最も適切なものを次の中から一つ選び、記号で答えなさい。

ア　今より優れた俳人　　イ　昔から今日に至るまでの俳人

ウ　昔から有名な俳人　　エ　広い世界の俳人

問二　――線部②「自分を律する文学」を創作する際に求められることとして、当てはまらないものを次の中から一つ選び、記号で答えなさい。

ア　言いたいことにブレーキをかけること

時分学校の二階から飛び降りて一週間ほど腰を抜かした事はある。

④　朝、食堂でスウプを一さじ、すっと吸ってお母さまが、「あ」と幽《かす》かな叫び声をおあげになった。「髪の毛？」スウプに何か、イヤなものでも入っていたのかしら、と思った。

【作者】

a　夏目漱石

b　太宰治

c　滝沢馬琴

d　松尾芭蕉

e　芥川龍之介

【作品名】

ア　羅生門

イ　斜陽

ウ　南総里見八犬伝

エ　坊ちゃん

オ　おくの細道

問七　次の語の読みを、仮名づかいに注意してひらがなで答えなさい。

①　専ら　②　言伝　③　出納

問四　次の①～④の言葉の意味をそれぞれ選び、記号で答えなさい。

①　たけなわ　②　ひとかど　③　もくろみ　④　あんばい

【選択肢】

ア　物事の一番の盛り。

イ　事の成り行き。

ウ　計画。企て。

エ　ひときわすぐれていること。一人前。

オ　物事や体の具合。ほどよく処理すること。

問五　次の手紙について、後の問いに答えなさい。

①（　　）

②（　　）

③　お元気ですか。

④　私は中学校生活も2年目になり後輩を迎え、上級生としての自覚を持ち、がんばっています。

⑤　さて、私も中学校の生活にすっかり慣れ、野球部に所属し練習に打ち込みながら、勉強との両立を図っています。

⑥（　　）

⑦　せっかくのお休みに心苦しいのですが、私の勇姿をぜひ見に来てください。お待ちしています。

⑧　季節柄くれぐれも健康にはご留意ください。

⑨　敬具

⑩　四月十二日

⑪（　　）

⑫　山田太郎先生

(1)　①に入る言葉を、次より選び記号で答えなさい。

ア　早々　イ　拝啓　ウ　拝復　エ　前略

(2)　上の手紙の②⑥⑪にあてはまるものを次より選び、記号で答えなさい。

ア　東海浦男

イ　木々もすっかり芽吹き、緑色が日一日と濃くなる季節となってきました。

ウ　来る四月二十九日午後一時、浦安文化会館で英語英語弁論大会に出場することになっています。当日は、スポーツと世界平和というテーマでスピーチをします。

(3)　⑤のような文のことを何と言いますか。次より選び記号で答えなさい。

ア　安否確認　イ　時候の挨拶

ウ　心象風景　エ　近況報告

(4)　手紙文の主文に当たる番号をすべて答えなさい。

問六　次の文章はある小説の冒頭箇所です。作品名と作者名をそれぞれ答えなさい。

①　月日は百代の過客にして、行かふ年も又旅人なり。舟の上に生涯をうかべ、馬の口とらへて老をむかふる者は、日々旅にして旅を栖とす。古人も多く旅に死せるあり。

②　或日の暮方の事である。一人の下人が、羅生門の下で雨やみを待っていた。広い門の下にはこの男の外に誰もいない。唯、所々丹《に》塗《ぬ》の剥げた、大きな円柱に、蟋蟀《きりぎりす》が一匹とまっている。

③　親譲りの無鉄砲で子供の時から損ばかりしている。小学校にいる

まうんだろうか。夜空の星のように、明日も、あさっても、いつまでも、消えずに浮かんでいたらいいのにな、と思った。

志保ちゃんはもう次のコーナーにさしかかって、きみに背中を向けていた。

きみは目尻に指をかける。

「あーがり目、さーがり目……」

怒った顔。泣いた顔。最後に「にゃんこの目」をしたら、指先に、涙が触れた。

（『きみの友だち「にゃんこの目」』重松清）

問一 ――線部①「恵美ちゃんの声や態度はそっけない」とありますが、恵美ちゃんのそっけない態度が具体的に表れている一文を探し、最初の五字を抜き出しなさい。

問二 ――線部②「恵美ちゃんならわかってくれそうな気がした。」とありますが、なぜそう思うのですか。恵美ちゃんと私という言葉を使い、四十五字以内で答えなさい。

問三 ――線部③「寂しくないよ、べつに」とありますが、恵美ちゃんにとって友達とはどういうものですか。本文中より二十字以内で抜き出しなさい。

問四 [A] に入る感情としてふさわしくないものを一つ選び記号で答えなさい。

ア 寂しさ　イ 悲しさ　ウ いとおしさ　エ 悔しさ

問五 ――線部④『もこもこ雲』とありますが、私は青い空の中のどのような雲のことを「もこもこ雲」だと思ったのですか。それがわかる一文を探し、最初の五字を抜き出しなさい。

問六 ――線部⑤「あの雲、花井さんにあげる」と言った恵美ちゃんの気持ちとして、ふさわしいものを次の中から一つ選び記号で答えなさい。

ア 志保ちゃんの身勝手さと私が恵美ちゃんに期待する態度は同じなのだと怒る気持ち。

イ 小さなことで悩む私の存在がうっとうしくて、早く話を切り上げてせいせいしたい気持ち。

ウ 友達との関係に苦しむ私に、自然は大きく悩みはとても小さなものだと伝えたい気持ち。

エ 志保ちゃんの身勝手さに振り回され苦しんでいる私を理解し、なぐさめる気持ち。

三 次の問いに答えなさい。

問一 次の①～③の□に漢数字をそれぞれ入れると四字熟語が完成します。それぞれの□に当てはまる数を考え、その合計の数字を漢字で答えなさい。

① □臓□腑　② □死□生　③ 唯□無□

問二 次の各文の傍線のかなづかいが正しいものは○、正しくないものは正しく答えなさい。

① こじんまりとした住宅地が広がる。

② 今日はうれしいこずかい日だ。

③ ちかぢか模擬試験がある。

問三 次の各組の漢字を漢和辞典に出てくる順に並び替えたとき、最初と最後の漢字を答えなさい。

① 頭 術 往 登　② 側 則 利 刊

また笑われて、きみはムキになってつづけた。

「だって、友だちっていうか、親友だったら、やっぱ一緒にいないと寂しいじゃん」

返事がなかったから、もっとムキになってしまった。

「友だちになるときって……その子とずーっと一緒にいたいから、だから、友だちになるんじゃないの？　そういう子のことを友だちっていうんじゃないの？　それが親友なんじゃないの？」

しゃべっているうちに胸が熱いものでいっぱいになった。[A]がごちゃまぜになって、胸からあふれてまぶたに溜《た》まっていく。

「……悪いけど、恵美ちゃんって、冷たいと思う」

涙が出た。どうして泣くのか自分でもよくわからない。幼い子どもが興奮したすえに泣きじゃくるときみたいに、理由がわからないぶんさらさらした涙が、頬を伝い落ちる。

恵美ちゃんは、あーあ、とうっとうしそうにため息をついて、松葉杖《まつばづえ》を支えに立ち上がった。

「わたしは、一緒にいなくても寂しくない相手のこと、友だちって思うけど」

空を見上げて、言った。

青い空に、白い雲がいくつか浮かんでいる。誰かが空の上を歩きながらポロポロとこぼしてしまったみたいに、雲はひとつながりに並んでいた。

他の雲から少し離れたところに、小さな雲が、ぽつんとあった。きみは涙を溜めたままの目でその雲を見つめ、「ねえ」と指差した。

「④『もこもこ雲』って……あんな雲じゃないの？」

よけいなお世話、あんたなんかに探してほしくない、ほっといて、と邪険《じゃけん》に言われるだろう、と覚悟していた。

でも、恵美ちゃんは「あれでしょ」ときみと同じ雲を指差して、「似てるけど、ちょっと違う」と笑った。「わたしも、それくらいはわかるようになってきたから」

「……そう」

「難しいんだよ、けっこう」

「……だね」

きみも笑い返す。目に溜まった涙が、ぽろん、と頬に落ちる。

「⑤あの雲、花井さんにあげる」

恵美ちゃんはそう言って、松葉杖をついて歩きだした。追いかけようとしたら、「トイレ」ときっぱり突き放された。

きみはまた階段に座り直し、ジャージの袖《そで》で涙をぬぐった。

持久走は終盤にさしかかっていた。足の速い子と遅い子、まじめに走る子とだらだら走る子が入り交じって、長い列になっている。

その列のお尻《しり》のほうに、志保ちゃんがいた。ちょうど昇降口の前を通り過ぎるところだった。きみに気づいた志保ちゃんは、やっほー、と小さく手を振ってきた。笑っていた。

さんざん泣いたおかげで目が洗われてすっきりしたのか、目に残った涙がレンズのようになっているのか、志保ちゃんの顔がひさしぶりにはっきり見えた。空を見上げると、恵美ちゃんからもらったばかりの小さな雲も、くっきりと。

あの雲、これからどうするんだろう。ひとつながりになった他の雲とくっつくんだろうか。それとも、ぽつんと離れたまま、やがて消えてし

でも、志保ちゃんは、きみの眼鏡のことをなにも言ってくれない。「似合うよ」とも「似合わないよ」とも、そもそも「眼鏡かけるようになったの？」と驚くことさえなかった。

一周二百メートルのトラックの外側で、男子が走り高跳びをしていた。順番を待つ戸川くんが、ちらちらとこっちを見る。志保ちゃんも戸川くんの姿に気づいてからは、おしゃべりの間隔が空いて、戸川くんのほうばかり見るようになった。

何周目かで、志保ちゃんが「あ、そうだそうだ」と言った。「土曜日って、ハナ、暇？」

「……なに？」

「暇だったら、うちらと一緒に遊園地行かない？　トガっちもバスケ部の子一人誘うって言ってるし、ダブル・デートって感じで。B組の須藤くんとか、ハナと合うんじゃない？　トガっちとも仲いいし、須藤くんご指名ってことで頼んでみてあげようか？」

だってほら、と志保ちゃんはつづけた。

「わたしばっかりいい思いしちゃって、親友なのに悪いじゃん」

志保ちゃんを振り向いて言い返そうとしたら、足がもつれた。地面がいつかの廊下みたいにねじれて、体勢を立て直す間もなく、膝《ひざ》がガクンと折れてしまった。

擦《す》りむいた膝と手のひらを保健室で消毒してもらい、バンドエイドを貼《は》ってグラウンドに戻った。みんなはまだ走りつづけていたが、両手で×印をつくって先生に伝え、見学にまわった。

昇降口の階段の見学コーナーには、恵美ちゃんがいる。一人で、退屈そうに階段に腰かけて、きみが隣《となり》に座るまでぼんやりとグラウンドを眺めていた。

「リタイア？」

病院で会ったときと同じように、①恵美ちゃんの声や態度はそっけない。

「うん……眼鏡、壊れちゃったし、なんか、かったるいし」

「割れたの？」

「じゃなくて、ツルがゆるんだだけなんだけど……なんかもう、眼鏡、メンドいし」

笑いながら言うと、グラウンドを走るみんなが着ているジャージの赤い色が、少しだけくっきりと見えた。

あ、そう、と軽くうなずく恵美ちゃんに、どうせ本気で聞いてくれないだろうと思いながら、心因性視力障害の話を打ち明けた。同情や心配は要らないし、してほしくない。ただ、話の締めくくりに「まいっちゃうよねー」と笑った気持ちを、なんとなく、②恵美ちゃんならわかってくれそうな気がした。

でも、恵美ちゃんは黙ったままだった。感想も言ってくれないし、訊《き》いてもこないし、相槌《あいづち》すら打ってくれなかった。

沈黙の重さを一人で背負い込むはめになったきみは、たまらず、言った。

「由香ちゃんが休んでて、寂しくない？」

恵美ちゃんはグラウンドを眺めたまま、少しあきれたふうに笑って、やっと口を開いた。

「③寂しくないよ、べつに」

「……友だちなのに？」

う。「ああ、ことばほどおいしいものはない」と。食いしん坊の私は、こうした心と身体を満たしてくれることばなしには、生きる喜びもないとさえ感じる。

（『「ことば」ほどおいしいものはない』山根基世）

〈注〉＊1 蕗の薹……早春、葉の伸出より先に花茎が伸び出す。これを蕗の薹（フキノトウ）と呼んでいる。

＊2 恩寵……恵み、いつくしみ。

＊3 鍛冶屋さん……金属を打ちきたえて種々の器物を作る職人。

＊4 涵養……水が自然に染み込むように、無理をしないでゆっくりと養い育てること。

＊5 反芻……繰り返し考え、よく味わうこと。

問一 ――線部①「滋味」とありますが、本文中で同じ意味で使われている五字の言葉を抜き出しなさい。

問二 ――線部②「納得のいく充実した夕食を食べる」時、筆者にはどのような感情が生まれますか。本文中より抜き出して答えなさい。

問三 ③ に入る語を、次より選び記号で答えなさい。

ア 謝罪　イ 賞味　ウ 贅沢　エ 感謝　オ 祝福

問四 ――線部④「かつて～歩き」とありますが、大勢の人の話は私にとってどのようなものでしたか。本文中より十字以内で抜き出しなさい。

問五 ――線部⑤「日常茶飯事」とありますが、読みを答えなさい。またその意味を記号で答えなさい。

ア 日々のありふれたこと　イ 毎日おこる特別なこと

ウ 日々の飽き飽きすること　エ 毎日積み重ねていくこと

問六 ――線部⑥「話は思いがけない展開」とありますが、話の思いがけない展開をたとえた言葉を十字で抜き出しなさい。（句読点、「」を含む）

問七 本文の内容と合致しているものを選び、記号で答えなさい。

ア 筆者は旅番組で全国各地を歩き、大勢の人のそれぞれの活躍を知り、心から感謝する気持ちがわいた。

イ 筆者はラジオ番組で一人のゲストとじっくり話し影響を受け、自分自身の生き方を考え直すことができた。

ウ 筆者は新しい自分に変わっていく勇気を、高みを目指す芸術家の素直な言葉から与えられた。

エ 筆者は四十歳を超えてから味覚が変わり、おいしいものを素直に喜べる時に戻りたいと思っている。

二 次の文章を読んで、あとの問いに答えなさい。

恵美ちゃんは、いつも一人だ。ときどき、空を見ている。『もこもこ雲』を探しているんだろうな、きっと。

水曜日の体育の授業は、再来週のマラソン大会に備えた持久走だった。

「ハナ、一緒に走ろっ」

志保ちゃんに声をかけられた。

体育の時間はさすがに戸川くんとくっついてはいられないし、戸川くんとべたべたしているうちに、クラスの女子の中ですっかり浮いてしまった。だから――なのだろう、志保ちゃんは並んで走りながら、一緒に遊ばなかった時間を必死に埋め合わせるようにテレビや音楽やお笑いのおしゃべりをつづけた。

【国　語】（五〇分）〈満点：一〇〇点〉

一　次の文章を読んで、あとの問いに答えなさい。

子供のころ、おいしいと思ったこともない豆腐だの蕎麦《そば》だのの味がわかるようになったのは、つい最近のことである。嫌いだった＊1蕗《ふき》の薹《とう》のほろ苦さを「旨《うま》い」と感じはじめたのも、四十の声を聞くころから。かくして私にとっての「おいしいもの」は増える一方。いま、苦み・辛み・臭みをも「①滋味《じみ》」として感じられるようになったことを、＊2恩《おん》寵《ちょう》のように受け止めている。

よく働いて一日の終わりに、贅沢《ぜいたく》ではなくとも②納得のいく充実した夕食を食べるとき、身も心も深々と満たされていく。「ああ、なんておいしいんだろう」。食いしん坊の私はこの満足感なしには、生きていけないような気さえする。この満足感があるからこそ、周囲のすべてに［　③　］する気持ちもわき、明日からもまた頑張ろうという気分にもなれる。

最近気づいたのだが、この満足感は、だれかから「いい話」を聞いたときの満足感とじつによく似ているのだ。

④かつて旅番組で全国各地を歩き、町や村の片隅で暮らす大勢の人に話を聞いた。

新しい品種を開発しながら六十年みかんを作りつづけているお百姓さん、儲からないのを覚悟でひたすら頑丈な道具を作っている＊3鍛冶《かじ》屋さん、若い女性たちに昔ながらの機織《はたお》りを教えている九十歳のおばあさん……その風土や生活によって身体のなかに＊4涵養《かんよう》された彼らのことばには、まことに「よい味わい」があり、聞いている私は身も心も満たされていく心地がしたものだ。そのとき、なぜか私のなかにはつくづくと「おいしいなあ」という感慨《かんがい》がわくのだった。

十年前からは美術番組で、アーティストのアトリエを訪ね、話を聞く仕事を担当してきた。

⑤日常茶飯事のすべてを栄養として取り込み、昨日よりは今日、今日よりは明日と、より高い自分だけの表現を目指す芸術家たちの率直なことばは、私自身の生き方を振り返らせ、新しい自分に変わっていく勇気をくれた。彼らのことばは栄養に満ちたご馳走《ちそう》で、私の心と身体の細胞の一つひとつを、大きく元気にしてくれるようだった。私はそんなことばを「なんて、おいしいんでしょう」と、何度も＊5反芻《はんすう》した。

この四年、毎週土曜日のラジオで一人のゲストに一時間半、じっくりと話を聞くインタビュー番組をもっている。

これまでに出演していただいたゲストの年齢は十代から八十代までと幅広く、有名無名を問わず、職業や経歴もさまざま。たっぷりとした時間と生放送のスタジオならではの緊張感。ゲストと私とが真剣に向き合うとき、⑥話は思いがけない展開を見せることがある。母親の話をしていて感極まって声を詰まらせる人、話したあとで「そんなことを考えていたのか」と自分でビックリしている人……。つくづく思うのは「ことばは生き物だ」ということ。どんなに周到に準備して構成を考えても、けっしてそのとおりにはならないのである。そこが面白い。

味覚と同じように、ことばに対する感受性も年とともに深まっていくようだ。いま、私にはこうした生き生きとした会話がおいしくてならない。互いに話し尽くし、聞き尽くしたと満足して話を終えるとき、最上の料理を食べ尽くしたときのような深い満足感に包まれる。そして思

し質問している。

ウ　インタビューが盛り上がるように冗談《じょうだん》などを入れて雰囲《ふんい》気《き》をよくしている。

エ　相手の情報を事前に調べて、円滑《えんかつ》にインタビューを進めている。

④　「お年寄りの趣味から学んだこと」について、斉藤さんの生き方を参考にして、あなたならどのようにまとめますか。五十字～六十字で答えなさい。

問二　次の漢字の訓読みと音読みの両方を使って、名詞を一つずつ作りなさい。例）痛（痛み・頭痛）

①　幸　　②　親

問三　次の①・②の――線部のカタカナを漢字に直し、送り仮名も正しくふりなさい。

①　失礼な態度をとったことをアヤマル。

②　歯の痛みがオサマル。

三

次の各設問に答えなさい。

問一　次にあげたのは、ある件についてインタビューをして記事をまとめる作業を記したものです。これらを読んであとの問いに答えなさい。

田中さんと中村くんは、学習発表会で「お年寄りの趣味《しゅみ》から学んだこと」についてまとめ、発表します。二人は、俳句を楽しむ斉藤《さいとう》さんのもとへインタビューに行きました。次にあげたのは、二人が事前に用意したインタビューの【メモ】と【インタビューの一部】です。

【メモ】

ア　俳句を始めた時期

イ　俳句への思い

ウ　俳句の歴史

エ　生活の変化

オ　学ぶ意味

【インタビューの一部】

田中　斉藤さんは、大学の生涯《しょうがい》教育センターで俳句を勉強しているようですが、いつごろから始めたのですか。

斉藤　仕事を退職して一年過ぎたころから始めました。今年で三十年になります。

中村　（　　　）

斉藤　皇居を散歩していたら、偶然《ぐうぜん》昔の知り合いに会いました。彼は散歩の途中《とちゅう》で感じたことをメモに残して俳句を作っていました。二人で話をしているうちに私も興味がわき、俳句を作ってみようか、と思うようになりました。

田中　先日、地域の新聞に斉藤さんが紹介《しょうかい》されていましたね。斉藤さんの「俳句を勉強することで人生が楽しくなった」という言葉がとても印象に残りましたが、どうしてそう思ったのですか。

斉藤　それは俳句を勉強することで仲間が増えたからです。仲間と学ぶことはとても楽しいです。

①　斉藤さんにインタビューするのに、【メモ】の中で必要のない項目が一つあります。それを一つ選び、記号で答えなさい。

②　中村くんはどのような質問をしましたか。（　　　）にあてはまる内容をしっかり考えて答えなさい。

③　田中さんと中村くんはインタビューをするにあたってどんなことを心がけていたと思いますか。次の中から最も適切なものを一つ選び、記号で答えなさい。

ア　内容を深めるために俳句を深く学んでからインタビューに臨んでいる。

イ　内容を正確に伝えるために声を大きくして何度も繰《く》り返《かえ》

体はとうにこの世にはない。しかし、言葉は残っている。兼好の見事な論理と表現は、何百年の時を超《こ》えて、感情のひだをも伝えるようにこちらの胸に迫《せま》ってくる。

外国の著者の場合は、いっそうその感が強い。私はゲーテ※3が好きで、ゲーテを自分のおじさんのようにも感じている。しかし、ゲーテと私とは時も場所も離れた関係にある。こちらから積極的に本を読まなければ、向こうからは来てはくれない。訪ねていって話を聴《き》く。⑦そうしたゲーテの家の「門を叩《たた》く」という構えがなければ、出会いが起きない。

時と場所が離れた人間と出会うということは、ふだんのコミュニケーションとは違《ちが》う楽しい緊張感《きんちょうかん》を味わわせてくれる。

（『読書力』齋藤孝）

〈注〉※1　喚起させる……呼び起こさせる。
※2　媒体……………伝達をとりもつ手段。新聞やテレビ放送などのメディア。
※3　ゲーテ…………ドイツの詩人・作家。

問一　――線部①「自己を培うことは難しい」とありますが、自分自身の内側だけ見つめるのではない有効な手段とは何ですか。本文中の言葉を抜き出して答えなさい。

問二　本文中の [②] に入る言葉は何ですか。本文中の言葉を使って答えなさい。

問三　――線部③「とたんにすごみを増してくる」とありますが、「言葉」とそれを述べた人間がどのような関係にあるからですか。「関係」に続く形で本文中より十字以内で抜き出して答えなさい。

問四　本文中で述べられている「テレビ」の特徴《とくちょう》としてあてはまるものはどれですか。次の中から最も適切なものを一つ選び、記号で答えなさい。

ア　見る側が自分の内面と向き合うのが難しい。
イ　見る側が自分の外側の問題に興味を持てない。
ウ　見る側の気持ちがどんな状況か配慮《はいりょ》がない。
エ　見る側が情報量や得るスピードをコントロールできる。

問五　[④]・[⑤] にあてはまる言葉を、次の中からそれぞれ一つずつ選び、記号で答えなさい。

ア　積極的　イ　意図的　ウ　典型的
エ　効果的　オ　必然的　カ　好意的

問六　――線部⑥「言葉がその著者の身体からは一度切り離されている」とありますが、これにより、読者はどのような相手とどのような出会いが可能になりますか。「～を生じさせる出会いが可能になる」に続くように、本文中の言葉を使って四十字以内で答えなさい。

問七　――線部⑦「そうしたゲーテの家の「門を叩く」という構え」とありますが、これは実際にどうすることですか。本文中の言葉を使って二十二字で答えなさい。

ア　迷惑《めいわく》な行動ばかりする父であったが、いつも家族に対して優しく接してくれて嬉しかったと感じる思い。

イ　父の自分勝手なふるまいは、いつも母を悲しませてばかりだったと腹立たしく感じる思い。

ウ　自分勝手で怒りっぽい父ではあったが、父なりのやり方で子供たちに愛情を注いでくれたのだと感謝する思い。

エ　怒りっぽく帰りも遅かった父だったが、折詰を食べさせてくれたことを懐《なつ》かしく感じる思い。

二　次の文章を読んで、あとの問いに答えなさい。

「自分は本当に何をしたいのか」、「自分は向上しているのか」といった問いを自分自身に向けるのは、時に辛《つら》いことだ。自分自身が何者であるかを内側に向かって追求していくだけでは、①自己を培《つちか》うことは難しい。タマネギの皮を剥《む》くように、いくら剥いていっても何もなかったという気持ちに襲《おそ》われることもある。読書の場合は、優れた相手との出会いがあり、細かな思考内容までが自分の内側に入ってくる。

自分自身の内側だけを見つめているのでは到底《とうてい》見えてこない世界に開かれるのが、読書のおもしろさだ。［②］の力は、それを発した人間と完全には切り離せない。情報だけではさしたる影響力《えいきょうりょく》を持たない場合でも、その言葉が誰か知っている人の言葉であれば、別の生きた意味を持ってくる。何でもない言葉でもシェイクスピアのセリフだと聞けば、③とたんにすごみを増してくる。

誰のものともわからない言葉よりも、本という形で著者がまとまった考えを述べてくれている言葉の方が、深く心に入ってきやすい。一人の著者の考え方に慣れて、次々に同じ著者の著作を読むのも、ある時期の読書としては［④］だ。そのことで読書が人との対話の時間になりうるのだということを知ることになる。

一日のうちで、自分と向き合う時間が何もないという過ごし方もできる。テレビを見ている時間が、［⑤］にそれだ。テレビの娯楽《ごらく》番組を見ていれば、自分に向き合う必要もないし、テレビはそのような隙《すき》も与えない。自分と向き合うことを主題としたテレビ番組は多くない。テレビは、自分の外側の問題に興味を喚起《かんき》※1させる力はあるが、自分自身と向き合う時間はつくりにくい媒体《ばいたい》※2だ。

テレビの時間は、テレビをつくる側が管理している。どのようなテンポでどんな情報を組み合わせれば視聴者《しちょうしゃ》が退屈《たいくつ》しないのかを計算しながら時間の流れをつくっている。読書の場合は、読書の速度を決めるのは、主に読者の方だ。途中で休んでもいいし、速いスピードで読みつづけてもいい。読書の時間は、読者の側がコントロールしているのである。

本のおもしろさは、一人の著者がまとまった考えを述べているにもかかわらず、⑥言葉がその著者の身体からは一度切り離《はな》されているところにある。たとえば吉田兼好《よしだけんこう》の『徒然草《つれづれぐさ》』を読む。兼好の身

※4　福助頭……………幸福を招く福助人形のように頭が異様に大きいこと。
※5　按配……………様子。状況《じょうきょう》。
※6　疫痢……………病気。伝染病。
※7　いでたち…………服装。身なり。
※8　チンピラやくざ……下《した》っ端《ぱ》のやくざもの。
※9　ご不浄……………トイレ。
※10　水蜜桃……………桃の品種の一つ。明治時代に入って中国から輸入された。

問一　本文中の ① ・ ④ ・ ⑦ ・ ⑧ にあてはまる言葉を次の中からそれぞれ一つずつ選び、記号で答えなさい。
ア　なにしろ　　イ　とうとう　　ウ　なかなか
エ　それでも　　オ　たかが　　カ　やっと
キ　しかも

問二　――線部②「閉口」とありますが、この言葉の意味として適切なものは何ですか。次の中から最も適切なものを一つ選び、記号で答えなさい。
ア　悩《なや》み抜《ぬ》く　　イ　困り果てる
ウ　がっかりする　　エ　あきらめる

問三　――線部③「日頃は怒りっぽい父」とありますが、父の怒りっぽい性格がわかる一文を本文中より探し、最初の五字を抜き出して答えなさい。

問四　――線部⑤「遂にたまりかねた」とありますが、何にたまりかねたのですか。本文中より五字以内で抜き出して答えなさい。

問五　――線部⑥「さすがの父」とは父のいつもの様子（「怒りっぽい」以外）を表現したものですが、普段《ふだん》の父はどのような様子でしたか。次の中から最も適切なものを一つ選び、記号で答えなさい。
ア　いつもしつこく自分の考えを曲げない
イ　家族に対し自分の思い通り振《ふ》る舞《ま》う
ウ　酔っぱらって疲れを紛《まぎ》らわせている
エ　子供たちの機嫌をいつも気にしている

問六　――線部⑨「父は朝刊で顔をかくす」とありますが、どうして父は朝刊で顔を隠《かく》していたのですか。次の中から最も適切なものを一つ選び、記号で答えなさい。
ア　子供たちがまだ起きてこないので、不満に思っているから。
イ　昨夜の自分の振る舞いを思い出すと恥《は》ずかしいから。
ウ　散らかった寿司を片付けない妻に対して、腹立たしいから。
エ　昨夜、子どもたちの喜ぶ顔が見られず、寂《さび》しかったから。

問七　折詰を土産に帰ってきた昨夜の父の機嫌のよい様子が最もよく表れている行動を、本文中より三十字以内で抜き出して答えなさい。（句読点は含みません。）

問八　筆者の父に対する思いはどのようなものでしたか。次の中から最も適切なものを一つ選び、記号で答えなさい。

例によって深夜、鮨《すし》折《お》りの土産をぶら下げてご帰館《きかん》になり、「子供たちを起《おこ》せ」とどなったのだが、夏場でもあり、母が「※6疫痢《えきり》にでもなったら大変ですから」ととめたところ、

「そうか。そんなら食わせるな」

と庭へ投げ捨てたというのである。

乾いて赤黒く変色したトロや卵焼が芝生《しばふ》や庭石にこびりつき、大きな蠅《はえ》がたかっていた。みせしめのためか、母は父が出勤するまで取り片づけず、⑨父は朝刊で顔をかくすようにして、ブスッとした顔で宿酔《ふつかよい》の薬を飲んでいた。

子供たちが夜中に起されるのは折詰だけではなかった。藤色《ふじいろ》のフエルトの帽子であったり、黒いビロードの黒猫《くろねこ》のハンドバッグであったり、童話の本や羽子板《はごいた》であったりした。パジャマの肩に反物《たんもの》をあてがわれ、

「どうだ。気に入ったろう」

と何度もたずねられた覚えもある。

こういう時の子供たちの※7いでたちというのが全員パジャマの上に毛糸の腹巻《はらまき》なのである。

この格好《かっこう》が、三人ならんで、

「お父さん、お先におやすみなさい」

と礼儀正しく挨拶《あいさつ》するところは、※8チンピラやくざが仁義を切るようなもので、他人が見たらさぞ滑稽《こっけい》な眺《なが》めだったろうと思う。私も大きくなるにしたがって毛糸の腹巻がきまりが悪くてたまらず、父の転勤で親許《おやもと》を離れて暮《くら》した時は、この格好をしなくてもすむというだけで嬉しかった。

私は子供にしては目ざといたちだったらしく、夜更《よふ》けに、よく大人達が、物を食べているのに気がついた。ご※9不浄《ふじょう》にゆくついでに茶の間をあげると、たしかに餅《もち》を焼く匂《にお》いがしたのに、父は本をひろげ、母と祖母は繕《つくろ》い物をしていて、食卓には湯呑《ゆの》み茶碗《ちゃわん》しかのっていない。

バナナや※10水蜜桃《すいみつとう》、西瓜《すいか》など、当時の子供が食べると疫痢になるといわれたものを、親達は子供が寝てから食べていたらしい。その証拠《しょうこ》に私が少し大きくなると、

「保雄や迪子《みちこ》には内緒《ないしょ》だよ」

とバナナをほんの一口、口に入れてくれることもあった。

「お水を飲んじゃいけないよ」

といわれながら、大人扱《あつか》いされるのが嬉しくて、翌朝、ゆうべの出来事をほのめかして妹や弟をかまい祖母に叱《しか》られたこともあった。

(「父の詫《わ》び状」向田邦子)

〈注〉※1　折詰…………食品を折箱に詰めて土産にしたもの。

※2　チャンチャンコ……防寒用の袖《そで》なし羽織。

※3　口取りや二の膳……宴席で出てくる料理の順番。

【国語】〈五〇分〉〈満点：一〇〇点〉

一　次の文章を読んで、あとの問いに答えなさい。

子供の頃はよく夜中に起された。

父が宴会《えんかい》から折詰《おりづめ》※1を持って帰ってくるのである。末の妹はまだ乳のみ児だったから、私をかしらに姉弟三人がパジャマの上にセーターを羽織《はお》ったり綿入れのチャンチャンコ※2を着せられたりして、茶の間に連れてこられる。食卓では赤い顔をした父が待ちかまえていて、

「今日は保雄《やすお》から先に取れ」

と長男を立てたり、

「この前は保雄が先だったか。それじゃあ今晩は邦子《くにこ》がイチだ」

と長女の私の機嫌《きげん》を取ったりしながら、自分で取皿に取り分けてくれる。宴席《えんせき》で手をつけなかった口取り※3や二《に》の膳《ぜん》のものを詰めてくるのだろうが、今考えても ① 豪勢《ごうせい》なものだった。

鯛《たい》の尾頭つきをまん中にして、かまぼこ、きんとん、海老《えび》の鬼がら焼きや緑色の羊羹《ようかん》まで入っていた。酒くさい息は②閉口だったが、③日頃は怒りっぽい父が、人が変ったようにやさしく、

「さあお上り」

と世話をやいてくれるのは嬉《うれ》しかったし、好きなものをひと口ずつ食べられるのも悪くなかったが、 ④ 眠《ねむ》いのである。眠たがり屋の弟は、いつも目をつぶって口を動かしていた。祖母が父に聞えぬような小さな声で、

「可哀《かわい》そうだから寝《ね》かせたほうがいいよ」

と母に言うのだが、母は、上機嫌《じょうきげん》で調子外《ちょうしはず》れの鼻唄《はなうた》を歌いながら子供たちの食べるのを眺《なが》めている父の方に目くばせをしながら、祖母をとめていた。

⑤遂《つい》にたまりかねたのか、弟は人一倍大きな福助頭《ふくすけあたま》※4をぐらりと前へのめらせて自分の取皿を引っくり返し、⑥さすがの父も、

「もういいから寝かせてやれ」

ということになった。

祖母に抱《だ》き抱《かか》えられた弟は、 ⑦ 箸《はし》をしっかり握《にぎ》っていて、母が指を一本一本開いて取っていたのを覚えている。もっとも眠い思いも、たかが十五分か二十分のことで、食卓《しょくたく》に肘《ひじ》をついたり、腕《うで》枕《まくら》で子供たちの食べるのを眺めていた父は、酔《よ》いが廻《まわ》るのか雷《かみなり》のような大いびきで眠ってしまう。

「さあ、よし。 ⑧ お父さんが寝た」

と祖母と母はほっとして、これも半分眠っている子供たちをそれぞれの部屋に連れてゆき寝かせるのである。

こんな按配《あんばい》※5だから、朝になって折詰の残りが食卓にならんでいても、本当に昨夜食べたのかどうか半信半疑で、二番目の妹などは、よく、

「あたしは食べなかった」

と泣いていた。

ある朝、起きたら、庭に鯖《さば》の折りが散乱していたことがあった。

三 次の各問いに答えなさい。

問一　次のポスターを見て、①～⑤の問いに答えなさい。

お知らせ
〈秋の朝読書大会〉
食欲の秋、スポーツの秋、そして読書の秋がやってきました。みなさん、本を読みましょう！

●期間は10月11日から10月21日です。
●読んだ本の題名、作者名、感想をカードに書きます。
●最終日、図書委員がカードを回収し、読んだ冊数を数えます。
●よりたくさん本を読んだ人、1位から3位までに金賞、銀賞、銅賞の表彰があります。
★★注意★★たくさん読んでも、カードに感想が書いてないと読んだ数にはなりません。また、マンガや雑誌、教科書は除きます。

① 朝読書の期間は何日間ですか。解答欄《らん》に合わせて答えなさい。

② カードに書くことはどんなことですか。ポスターにある言葉を使ってすべて答えなさい。

③ 読んだ本の冊数が二番目の人にはどのような表彰《ひょうしょう》がありますか。ポスターにある言葉を使って答えなさい。

④ 読む本の条件は何ですか。ポスターにある言葉を使って答えなさい。

⑤ クラスのAさんから次のような意見が出ました。

「私はいつも長編小説を読んでいます。秋の朝読書大会中も大好きな小説を読もうと思っています。でも、絵本やうすい本を読むつもりだと言っている人もいます。このルールには絶対に反対します。読んだページ数で順位を決めてほしいです。」

Aさんはどうしてこのような意見を述べたのですか。三十字以内で説明しなさい。（句読点を含みます。）

問二　次の①・②の意味に合うよう、（　）部分に漢字一字を入れてそれぞれ慣用句を完成させなさい。

① （　）が利《き》く……（意味）よく見分ける。見分ける能力がすぐれているさま。

② （　）が煮《に》える…（意味）強く怒《おこ》る、またはいきどおるさま。

問三　次の①～④の各――線部について、カタカナは漢字に、漢字はひらがなに直しなさい。

① 出だしの一文をアンキしなさい。

② オーケストラでシキをする。

③ 容姿を気にするお年頃。

④ 個人情報を厳重に管理する。

〈注〉※1 学術用語……学問研究上の専門的な言葉。
※2 模した……ある形をまねて作る。似せる。
※3 シリコン……耐熱・耐薬性、電気絶縁性《ぜつえんせい》に優れたケイ素化合物。

問一 ――線部①「ぷかぷかの帽子」とありますが、これはどんな様子を表現していますか。次の中から最も適切なものを一つ選び、記号で答えなさい。

ア サイズが合わない帽子をかぶった様子。
イ 水にぬれた帽子が乾いた様子。
ウ 帽子が水に浮かんで揺れている様子。
エ カモメの入った帽子が少し動いた様子。

問二 ――線部②「それ」が指す内容を本文中から四文字で抜き出して答えなさい。

問三 ――線部③「こっけい」の類義語として適切でないものを次の中から一つ選び、記号で答えなさい。

ア おもしろい
イ ひょうきん
ウ ユーモラス
エ こばか

問四 ――線部④「愛でる」を説明した四十文字程度の一文を本文中から探し、最初の五文字を抜き出して答えなさい。

問五 本文中の ⑤ ～ ⑦ に当てはまる言葉の組み合わせとして最も適切なものを次の中から一つ選び、記号で答えなさい。

	⑤	⑥	⑦
ア	だから	やはり	それで
イ	もちろん	しかし	ところで
ウ	そして	なぜなら	なお
エ	つまり	また	ただし

問六 本文中の ⑧ に当てはまるオノマトペとして最も適切なものを次の中から一つ選び、記号で答えなさい。

ア ぷにぷに
イ ふわふわ
ウ ぷるぷる
エ ぐにゃぐにゃ

問七 本文の内容と合っているものはどれですか。次の中から一つ選び、記号で答えなさい

ア オノマトペを楽しむためには、客観的な対象として見ないことが重要である。
イ オノマトペを効果的に使い、時間と心の余裕を持って対象を解釈すべきである。
ウ コミュニケーション能力アップのためには、オノマトペを積極的に使用することである。
エ オノマトペを楽しむとは、誰かの感覚と一体化し、追体験することである。

入ったものをゆっくりと時間をかけて、なんどでも繰り返して味わう。これが、「愛でる」である。

また、誰かが創ったり、使ったオノマトペを、自分の心の中で再生し、共感する。そうやって、誰かの感覚と一体になる。これが「感じる」である。「感じる」と比べると、「愛でる」は、「わがこと」とはいえ、まだ、少し「ひとごと」のようなところがある。「愛でる」対象は、まだ、自分の外にあるからだ。

［⑥］、「感じる」は、もはや、自分の中にとりこまれた感覚である。「感じる」という境地は、まさに「わがこと」。最高到達点なのである。

［⑦］、あるとき、あなたのもっとも気に入っているオノマトペはなんだ、と尋《たず》ねられたことがある。このような質問は、実は苦手である。もっとも好きな食べ物は？　もっとも好きな色は？　もっとも好きな女優は？　イヌとネコとではどっちが好き？　時と場合によるではないか。

けれども、そのような質問に答えようと思いをめぐらしていると、自分をかえりみるいい機会にもなる。自分って、本当は、なにが好きなんだっけ、と。

それで思いいたったのは、「ぷにぷに」であった。私のもっとも好きなオノマトペは、「ぷにぷに」だったのである。自分でも驚いた。

何を連想するであろうか。「ぷにぷに」。柔らかい。しかも、ほどよい弾力がある。押すとへこむけれども、すぐに、もとにもどる。なんど押しても飽《あ》きない。ここちよい。

何？　それは、おっぱいではないのかって？　いやー、それもあるかもしれない。まあ、あってもいい。いいですよ。ええ。

けれども、私が思っていたのは、実は、ネコの足の肉球《にくきゅう》である。それも、指のほうである。掌《てのひら》の部分ではない。あそこを、あのちっちゃい、それこそネコの額よりもさらにせまいところを、人差し指の先で、ちょんちょんと、つっつく。ネコには迷惑《めいわく》だろう。すまん。しかし、楽しいではないか。

ネコの肉球好きのひとは、とても多いと思う。全日本肉球愛好者連合とかつくったら、大きな団体になるのではないか。ただ、略称はむずかしいが。全肉連。変だ。全球連。やはり、変だ。

ネコの肉球を模した※2マウスパッドがあると聞いて、さっそく購入した。肉球の部分は、シリコン※3でできている。感触は、まあまあ似ている。が、欲を言えば、これでは、弾力がやや足りない。「［⑧］」にならない。押し返してくる力が、若干《じゃっかん》よわいのである。

というわけで、オノマトペは、「ぷにぷに」を愛でている。その感覚を、感じてもらえるであろうか。

先人のみごとなオノマトペを楽しみ、愛で、感じる、ということは、すなわち、先人のすぐれたコミュニケーションを追体験する、ということでもある。まあ、私の「ぷにぷに」はどうでもいいので、日々目にする小説や、ふとした会話の中に、楽しみ、愛で、感じられるオノマトペを見つけてほしい。見つけられたら、それは、自分のコミュニケーション能力が少しアップしたことになるのである。

（『オノマトペがあるから日本語は楽しい――擬音語・擬態語の豊かな世界』小野　正弘）

ちょっと面白くもある。かぶっていても恥ずかしくない。どこか誇《ほこ》らしくさえある。

「ぷかぷか麦わら帽子」の与えてくれるニュアンスは、考えてみると、けっこう深いのである。

「ぷかぷか」というオノマトペ自体は、新しいものではない。けれども、帽子のありさまについては、普通、言わないものであった。そういう意味では、「ぷかぷかの帽子」は、やはり、新しく創ったオノマトペだといってよいであろう。

もう少しくわしく見る。

まず、「ぷかぷか」という手持ちのオノマトペがある。これを別のなにかに使えないかと周りをみまわすと、あったあった、水に濡れて乾いた、どこか芯のなくなってしまった麦わら帽子だ。

というのではないだろう。

カモメを入れて、海の水に濡れて型くずれがしてしまった麦わら帽子。それでも、せっかく神戸のおじさんに買ってもらったのだから、簡単にすてるわけにはいかない。だから、日にあてて乾かした。けれども、いったん水に濡れた麦わら帽子は、もとの弾力《だんりょく》とすがたをとりもどさない。かぶって歩くたびに、ふわふわ揺《ゆ》れる。――そんな帽子を想像する。そうしたら、心に浮かんできたのが、「ぷかぷか」というオノマトペだった。

こっちではないだろうか。

だから、厳密にいうと、手持ちの、いままでもあったものを転用したのではなく、やはり、あらたに心に浮かべて「創った」のである。

まったく新しく創られたオノマトペを、楽しむ。

いままでにもあったオノマトペの、新しい使い方を、楽しむ。

いままでにもあったオノマトペの、新しくはないかもしれないが、とても効果的な使い方を、楽しむ。

オノマトペの楽しみ方は、さまざまある。

前の章では、自分で創って楽しむほうを考えてみたが、この章では、誰かが創ったり、使ったオノマトペを楽しむ、という方向から考えてきた。

オノマトペ・ウォッチャーになるのである。

ほほう、そうですか。なるほどなるほど。へえ、工夫しましたねえ。おっと、これは、メモしておきましょうかね――などと、オノマトペを楽しむのである。

「楽しむ」の先には、④「愛《め》でる」がある。

「楽しむ」は、まだ、どことなく「ひとごと」である。自分の外にある、客観的な対象として見ている。しかし、「愛でる」となると、少し「わがこと」になってくる。自分の感覚を信じて、対象を認識し、解釈する。

「ひとごと」※1と「わがこと」というのは、国語学者の渡辺実氏が編みだした学術用語であるが、「楽しむ」と「愛でる」のちがいを説明するのに、とてもうまくあてはまるような気がする。学術の世界にも、こんな、みやびでやさしい用語があるのだ。

愛でるためには、余裕がなければならない。時間の余裕と心の余裕が必要である。ゆっくりと時間をかけて味わう。なんども繰《く》り返して味わう。

[⑤]、その対象は、とても気に入ったものである。とても気に

間違いがない、というのは、内容ももちろんのことであるが、言葉《ことば》遣《づか》いの面でもそうである。と考えると、勝手に創ったオノマトペが、はたして載《の》るのだろうか、と思ってしまうわけである。

　けれども、そんなことはなかった。中学校一年の国語の教科書（光村図書）にあった。児童文学作家の今江祥智《いまえよしとも》による「麦わら帽子《ぼうし》」という小品のなかのものである。

　　①麦わら帽子は乾《かわ》いたけれど、形がくずれ、色も落ちて、おかしなぷかぷかの帽子になってしまった。

の、「ぷかぷか」がそれである。

　帽子が「ぷかぷか」とは、どういうことなのだろう。「ぶかぶか」というのは聞いたことがあるが、「ぶかぶかの帽子」は、大きすぎて頭とのあいだにかなりのすきまがあり、安定の悪いもののことを言う。だから、②それにはあてはまらない。

　また、教科書のさし絵を見ると、帽子は、頭の大きさという点では、マキという女の子の頭に、ぴったりあっている。また、この帽子は、神戸のおじさんがわざわざマキのために送ってきたものらしいから、頭にあわないものではないはずである。

　すると、「ぷかぷかの帽子」とは、いったいどんなものなのか。「ぷかぷか」でふつう思い起こす例は、

　　水鳥が川にぷかぷか浮かんでいる。

　　たばこの煙《けむり》をプカプカふかす。

といったようなものである。軽くただよい、つかみどころがなく、たよりない感じ、といったところであろうか。

「麦わら帽子」という小品を読んでみると、兄とその友達との三人で小さな無人島にいったマキは、そこで緑色をした麦わら帽子をかぶっているのである。その小島で、マキは傷ついたカモメを見つける。カモメははじめはなつかない。カモメは帽子におびえていたらしい。

　帽子をぬぐと、カモメはおとなしくなる。ところが、小島に潮が満ちはじめる。カモメをかばおうと、マキは麦わら帽子にカモメを入れる。そのために、麦わら帽子は、海水にぬれ、かたちもくずれてしまうのである。

　マキをほったらかしにしていたことに、気づいた兄とその友達は、あわててマキを救いにくる。が、カモメを入れていた麦わら帽子はぐっしょりぬれてしまう。

　それが、乾いたあとの描写《びょうしゃ》が、「ぷかぷか」なのである。

　ということは、やはり、「ぷかぷか」というオノマトペの持つ、軽く、つかみどころがなく、たよりない、という特徴《とくちょう》が生きているのである。

　型くずれがして、水に濡《ぬ》れたため、芯《しん》のなくなった麦わら帽子は、歩くだけの震動《しんどう》で、上下に、ふらふらゆれるであろう。しかし、「ふらふら」ではない。どこか、まだ少し張りが残っている。だから、「ぷかぷか」という表現になる。

　それだけではない。ちょっと、③こっけいな感じもある。だけれども、

ウ　母が旅行する許可を医者にとること。
エ　父を説得して温泉旅行に一緒に行くこと。
オ　父の頑固《がんこ》な性格を家族が受け止めること。

問三　――線部③「そんな」とはどんなことを指していますか。本文中から三文字で見つけ、抜き出して答えなさい。

問四　――線部④「虚を突かれた」とほぼ同じ意味を表す熟語はどれですか。次の中から最も適切なものを一つ選び、記号で答えなさい。
ア　共感
イ　驚愕《きょうがく》
ウ　焦燥《しょうそう》
エ　油断

問五　――線部⑤「僕と父は駆けずり回った」とありますが、これは僕にとってどのような気持ちになった瞬間でしたか。次の文の（　ア　）・（　イ　）に当てはまる言葉を本文中から抜き出して答えなさい。
僕が（　ア　）になってから初めて父と（　イ　）を同じくした瞬間。

問六　――線部⑥「眠れなかった」とありますが、この時の僕はどのように考えていましたか。次の中から最も適切なものを一つ選び、記号で答えなさい。
ア　病気の母をなぜ無理をしてまで旅行に連れ出してしまったのか。
イ　僕と父はどうして気まずい関係になってしまったのか。
ウ　親子で布団を並べて寝るのが今日で最後になるのではないか。
エ　古ぼけた宿に泊まることになってしまったのになぜ母は満足そうなのか。
オ　どこの温泉宿も満室だったのにどうしてこの宿を見つけることができたのか。

問七　――線部⑦「母さんは自分が旅に行きたいわけじゃなかった」とありますが、母さんの旅の目的は一体何でしたか。次の文の（　）部分に、あてはまるものを本文中から十八文字で抜き出して答えなさい。
母さんの旅の本当の目的は（　　）だった。

問八　――線部⑧「静かに僕は泣いていた」とありますが、それはどうしてですか。次の中から最も適切なものを一つ選び、記号で答えなさい。
ア　病気の母の痛みや苦しみがどれくらい辛かったか今になって気づいたから。
イ　父に反抗する僕の態度を母が辛く思っていたことに今さらながら気づいたから。
ウ　死ぬ間際まで家族の仲を大事にしていたという母の気持ちに気づいたから。
エ　キャベツの存在が僕の傷ついた気持ちを和らげていてくれたことを気づいたから。

二

本文は「オノマトペ（＝擬音語《ぎおんご》・擬声語《ぎせいご》・擬態語《ぎたいご》）」について説明した文章です。これを読み、あとの問いに答えなさい。

た。

そして改めて写真を見直して僕は気付いた。

⑦〝母さんは自分が旅に行きたいわけじゃなかった〟

ただ僕と父に仲直りして欲しかっただけなんだ。

僕と父が最後に一緒に時を過ごし、話している姿を見たかっただけなんだ。

ああ、と思わず声が漏《も》れる。

なんで気付かなかったのだろうか。僕を生んでから、すべての時間を父と僕のためにささげてきた母さんが、最後の最後に自分のためにその時間を使うはずがなかった。母さんは最後まで父と僕のために、みずからの時間を使おうとしたのだ。

母さん騙《だま》されたよ。いままで全然気付かなかったよ。僕は写真を見つめる。写真のなかの父はなんだか照れくさそうに笑っている。僕もそっくりな顔で照れ笑いをしている。そして母さんは、これ以上ないほど幸せそうに笑っていた。

その母さんの顔を見ていると、胸が苦しくなってきた。苦しくて、悲しくて、情けなくて、気がつくと僕はキャベツの前で涙を流していた。声も出さず、表情も変えず。ただ写真を見つめながら⑧静かに僕は泣いていた。

心配そうにキャベツがそばに寄ってきて、膝の上にちょこんと乗る。その温もりが僕の体に伝わり、心が穏《おだ》やかになっていく。

猫というのは大したものだ。いつも僕の気持ちには反応してくれないくせに、本当に辛《つら》いときはこうしてそばにいてくれる。

（『世界から猫が消えたなら』 川村　元気）

〈注〉

※1　躊躇われた……あれこれ迷って決心がつかなかった。
※2　紋切り型……決まりきった型式。型どおりのやり方。
※3　女将……旅館やホテルの女主人。
※4　体躯……身体。体つき。
※5　ハイシーズン…繁忙期《はんぼうき》。混雑期。かきいれ時。
※6　仲居……旅館やホテルで働く主に客室係を担当する人。
※7　クマ……疲れると目の下に出てくる黒ずんだ部分。

問一　――線部①「この写真」に写っている光景として、正しいものはどれですか。次の中から二つ選び、記号で答えなさい。

ア　母の左隣に宿の主人が微笑《ほほえ》んで立っている。
イ　車椅子に座っている母の両脇に父と僕が座っている。
ウ　キャベツは母の足元でうずくまっている。
エ　父は気まずそうにキャベツの頭をなでている。
オ　海を背景にして家族三人と猫が写っている。

問二　――線部②「海の見える温泉に行きたいわ」という母の願いを叶《かな》えるにはどのような問題がありましたか。本文の内容に当てはまらないものを次の中から一つ選び、記号で答えなさい。

ア　母の病状が悪化して動かすのが困難であること。
イ　母と父との関係が長年気まずかったこと。

息だけが、波音に重なって反復していた。

ようやく外が明るくなり始めた。おそらく四時か五時か。僕は布団から抜け出し、窓際のいすに腰かけた。カーテンを引き、窓の外を見て、驚いた。古びた旅館の窓の外には、広大な海が広がっていたのだ。暗がりの中を走り回って見つけた宿だったから、まさかこんな目の前に海があるとは思わなかった。

それからしばらくのあいだ、ぼんやりとした光に包まれる幻想的《げんそうてき》な海を眺《なが》めていると、背後で父と母さんが起きだした。ふり返って見ると、ふたりとも目の下にはクマ※7。やっぱりみんな眠れなかったのだろう。

「写真、撮《と》ろう。朝の海が大好きなの」

浴衣姿《ゆかたすがた》の母さんは、窓の外に広がる海を見て、僕に提案した。

眠っているキャベツを無理やり母さんの膝《ひざ》の上に乗せ、浴衣を直して部屋を出た。車いすを押して海岸へ向かう。まだ外は薄暗《うすぐら》く、肌《はだ》寒かった。もっと海の近くへ、と母さんが言うのだが、湿《しめ》って重たい砂につかまり、車いすはなかなか前に進まない。すると海岸線の向こうに朝日が昇《のぼ》り始め、キラキラと海面を照らし始める。あまりにも美しいその景色に圧倒されて、僕ら家族は立ち止まった。そして、光り輝く海をじっと見つめた。

「早く！　写真！」

母さんの言葉に我に返り、僕はカメラを用意する。父と僕が交互《こうご》に写真を撮ろうとしていると、宿のご主人が出てきて「撮りましょうか」と言ってくれた。海を背負い、車いすに座った母さんを挟《はさ》んで、父と僕が横にしゃがむ。ようやく目を覚ましたキャベツは不機嫌《ふきげん》そうに、母さんの膝の上で大きなあくびしている。

「はい、チーズ」

ご主人がシャッターを押す。

「ありがとうございます」

僕がカメラを受け取りに行くと、「うーん、もう一枚」とのこと。

僕はまた母さんのもとへ戻り、肩を並べる。

「笑って……はーいチーズケーキ！」

かなり強引なご主人のダジャレに無理やり僕らが笑わされた瞬間に、シャッターが切られた。

「何か思い出した？」

最後の旅の物語を話し終えた僕は、キャベツに尋《たず》ねた。

「ううむ……やはり思い出せないでござる」

「そうか、残念だよ。キャベツ」

「申し訳ない。どうしても思い出せないでござる。ただ……」

「ただ？」

「幸せだった、ということだけは覚えているでござる」

「幸せだった？」

「そうでござる。この写真に写っている、このときが、幸せだったということだけは覚えているのでござる」

母さんのことも、父のことも、古ぼけた旅館やこの海のことも、キャベツは何も覚えていない。でも〝幸せだった〟ということだけを覚えていた。

何か不思議な感覚だった。キャベツの言葉に引っかかるものがあっ

の旅なのだ。それなのに、あまりに理不尽《りふじん》だ。だが宿の※3女将《おかみ》は平謝りするだけで、どうにもならない状態だった。途方にくれた。母さんに申し訳なかった。

「気にしなくていいわよ」

母さんは笑いながら言った。でも僕は自分が許せなかった。情けなくて、悔《くや》しくて涙が出そうだった。どうしたらいいのか分からず、僕はただ立ち尽くしていた。

すると父が、その大きくて固い手で僕の肩を強くたたいた。

「野宿はごめんだ」

父はそう言うと、突然走り出した。あまりに唐突《とうとつ》な父の行動に④虚《きょ》を突かれたが、僕はあわてて後を追った。

父は並び立つ旅館に次から次へと飛び込み、空きがないかどうか聞いて回った。時計店のなかで、何時間も黙《だま》って座り込み時計の修理をしている父の姿しか見たことがなかった僕は、驚き圧倒されてしまった。僕の運動会に来ても石のように座って動かない人だったから、こんなに走り回る姿を見るのは生まれて初めてだった。

「ああ見えて父さんは、昔はとても足が速かったのよ」

小さく骨太なその※4体躯《たいく》に似合わず美しいフォームで温泉街を走っていく父の後ろ姿を追いながら、母さんがよく僕に言っていた言葉がよみがえってくる。

※5ハイシーズンの週末だったからか、宿はどこも満室だった。断られ、また断られ、⑤僕と父は駆《か》けずり回った。ときには手分けして、ときには一緒に頭を下げて。母さんに野宿をさせるわけにはいかない。これは母さんの最後の旅なのだ。それは僕が大人になって初めて父と心を通わせ、同じ気持ちで動いた瞬間《しゅんかん》だった。

僕らは海辺の旅館を探して探して、走り回って、ようやく空いている宿を見つけた。もうあたりは暗くなっており、外観はよく見えなかったのだが、一目でずいぶんと古びた宿であることが分かった。中に入ると、やはり建物は古くて、歩くと床がぎしぎしと鳴った。

「なかなかいい宿じゃない」

母さんは嬉《うれ》しそうに言った。でも僕は苦しかった。こんな宿に泊まらせるのかと思うと、胸がつまりそうだった。でも仕方がない。父が言うように、野宿をするわけにはいかなかった。僕らは仕方なくこの宿に泊まることにした。

宿は古かったが、※6仲居《なかい》さんもご主人もとても親切だった。食事も豪《ご》華《か》ではないが、手が込んでいて美味《おい》しかった。母さんは何度も何度も、いいわね、美味しいわね、と笑った。その笑顔で僕の申し訳ない気持ちは少しだけ和らいだ。

その夜、家族三人で布団を並べて寝た。こんなことは、何十年ぶりだろう。

僕は古い板張りの天井を見上げながら、小学生の頃に住んでいた家を思い出していた。僕らが住んでいた家は部屋数が少なくて、いつも二階の寝室に家族三人で布団を並べて寝ていた。

二十年が経ち、僕らはまたこうやって天井を見上げている。不思議な気持ちだった。きっと今夜が三人で過ごす最後の夜になる。そう思うと⑥眠れなかった。たぶん父も、そして母さんも眠れなかったんだと思う。狭く暗い部屋の中を、ただキャベツのスースーという小さな寝

【国　語】（五〇分）〈満点：一〇〇点〉

一　次の文章を読み、あとの問いに答えなさい。

僕はキャベツの記憶をもう少し手繰《たぐ》り寄せたくなって、①この写真について語って聞かせることにした。

いまから四年前のことだ。

母さんの病状はもう絶望的な状態だった。毎日吐《は》いて苦しんで、眠れずに過ごしていた。でもある朝、起きると突然僕を呼び出して言った。

「②海の見える温泉に行きたいわ」

僕は困惑《こんわく》して、本意なのか何度も確認した。けれども、母さんはどうしても行きたいと言って聞かなかった。いままでそんなわがままを一度も言ったことがない人だったから、僕は驚《おどろ》いた。

僕はなんとか医者を説得して外出する許可を得たが、ひとつ厄介《やっかい》な問題があった。

「あなたと、お父さんと、キャベツと、家族全員で行きたいのよ」

母さんは僕と父と一緒に行くことにこだわった。

そのときの僕は、母さんが③そんな状態なのにもかかわらず、父と口もきかず、目すら合わせない状態が続いていた。長い年月をかけて固まりきってしまった関係はどうしようもないところまで来ていた。だから、父と温泉に行くことはもちろん、父にその話をすることも※1躊躇《ためら》われた。けれど、これが母さんにとって最後の旅になることは分かっていた。僕は父を説得することにした。

「そんな馬鹿げたことを」と父は相変わらず※2紋切《もんき》り型《がた》な返答を繰り返し、僕はそんな父に心底呆《あき》れながらもなんとか説き伏せた。

母さんの最後の旅。いままで母さんを旅行に連れていくことなんてなかったから、僕は最高の旅程を作ることにした。電車に乗って三時間の海辺の温泉地。遠浅《とおあさ》の海岸が広がり、柔《やわ》らかな太陽の光に包まれて、風情のある旅館が海辺に立ち並ぶ美しい街《まち》だった。

「いつか行ってみたいわ」と母さんはいつも雑誌でその温泉地を見る度に言っていた。

宿はとびきり上等な旅館にした。築百年を超える日本家屋を改築し、旅館に仕立てた美しい宿。ふたつしか部屋がなく、二階の部屋からは海が一望できる。露天風呂《ろてんぶろ》の先には海岸が広がり、夕日を見ることもできる宿だった。きっと母さんが喜んでくれるだろうと思い、僕は奮発してその宿を予約した。

そして約束の日、医者や看護師たちに見送られ、僕たち家族は旅に出た。久々の家族三人（と猫）の旅だった。

電車の中。狭《せま》いボックスシートに隣り合わせで座っているのに、ろくに話さない僕と父を母さんはにこにこしながら見ていた。無言の三時間が続き、同じ空間を共有していることが限界に達し始めたとき、車掌《しゃしょう》のアナウンスが温泉地に到着したことを告げた。

僕は母さんの車いすを押しながら、足取り軽く宿に向かった。

だが、宿に到着して愕然《がくぜん》とした。予約が入っておらず、すでにほかの客で埋まってしまっているのだという。

僕は怒った。

電話で予約を入れたことを、繰り返し訴《うった》えた。これは母さんの最後

解答用紙集

〇月×日 △曜日　天気（合格日和）

◆ご利用のみなさまへ

＊解答用紙の公表を行っていない学校につきましては、弊社の責任において、解答用紙を制作いたしました。

＊編集上の理由により一部縮小掲載した解答用紙がございます。

＊編集上の理由により一部実物と異なる形式の解答用紙がございます。

人間の最も偉大な力とは、その一番の弱点を克服したところから生まれてくるものである。 ――カール・ヒルティ――

東京学参株式会社

※ 143％に拡大していただくと，解答欄は実物大になります。

答えは□の中に書きなさい。

1	(1)		2	(5)	日目
	(2)			(6)	cm^2
	(3)		3	(1)	通り
	(4)			(2)	通り
	(5)			(3)	通り
	(6)		4	(1)	人
2	(1)	円		(2)	人
	(2)	時速　km		(3)	人
	(3)	午後　時　分	5	(1)	時速　km
	(4)	g		(2)	km

東海大学付属浦安高等学校中等部　2024年度

◇理科◇

※ 123％に拡大していただくと，解答欄は実物大になります。

1

問1		問2		問3	
問4					
問5					

2

問1	ア	イ	問2		問3			
問4	東経　　度	問5		問6	ア	イ		

3

問1		問2		問3	(1)	(2)	問4	
問5								

4

問1	A	B	C	問2						
問3										
問4		問5								

5

東海大学付属浦安高等学校中等部　2024年度

◇社会◇

※ 122％に拡大していただくと，解答欄は実物大になります。

1

問 1			問 2		問 3	

問 4	(1)	(2)

問 5	海岸	問 6	

2

問 1		問 2	
問 3	制	問 4	

問 5		問 6		問 7	

問 8		問 9		問10		問11		問12	

問13		問14	

3

問 1	A	B	C	D

問 2		問 3	(1)	(2)	問 4	1	2	3	4

2024年度

東海大学付属浦安高等学校中等部

※127%に拡大していただくと、解答欄は実物大になります。

◇国語◇

一

問一

問二

問三

問四

問五 ⑤ ⑥ ⑦ ⑧

問六

問七

問八

二

問一

問二

問三

問四

問五

問六

問七

問八

問九

三

問一 ① ② ③ ④ ⑤

問二 ① ② ③ ④ ⑤

問三 ① ② ③ ④ ⑤

東海大学付属浦安高等学校中等部　2023年度

◇算数◇

※ 143％に拡大していただくと，解答欄は実物大になります。

1	(1)	
	(2)	
	(3)	
	(4)	
	(5)	
	(6)	
2	(1)	枚
	(2)	分　秒後
	(3)	%
	(4)	円
	(5)	cm^2
2	(6)	cm^3
3	(1)	%
	(2)	倍
4	(1)	cm
	(2)	cm
5	(1)	人
	(2)	人
6	(1)	毎分　L
	(2)	毎分　L

※ 123％に拡大していただくと，解答欄は実物大になります。

1

問1		問2	①	②
問3		問4	→ →	
問5	色			
問6				

2

問1		問2		問3	① ②
問4		問5		問6	

3

問1		問2		問3		問4		問5	
問6									

4

問1	A	cm	B	cm	
問2		問3	A	cm	B cm
問4	g	問5		問6	g

5

東海大学付属浦安高等学校中等部　2023年度　　◇社会◇

※ 122％に拡大していただくと，解答欄は実物大になります。

1

問1		問2		問3	

問4	(1)	(2)	(3)

問5		問6	あ	い	う	え	問7	

問8	

2

問1		問2		問3		の乱			
問4		問5		問6		問7		問8	
問9		問10		問11					

3

問1	

問2	(B)	(C)	(D)	(E)	問3	(1)	(2)	問4	

問5	(1)	(2)	(3)
	税	税	税

東海大学付属浦安高等学校中等部　２０２３年度

※１２７％に拡大していただくと、解答欄は実物大になります。

◇国語◇

一

問一　がある から。

問二

問三

問四　八字／九字

問五

問六　十三字／十八字

問七　読み方／意味

問八

問九

二

問一　から。

問二

問三

問四

問五

問六

問七

問八

三

問一　①　②　③　④

問二　①　②　③　④

問三　①　②

問四　①　②　③　④

問五　ア　イ　ウ　エ　オ　カ　キ　ク

東海大学付属浦安高等学校中等部　2022年度

◇算数◇

※ 143％に拡大していただくと，解答欄は実物大になります。

答えは ☐ の中に，必要があれば余白には途《と》中の計算および式を書きなさい。

1	(1)		2	(5)	％
1	(2)		2	(6)	時間　分
1	(3)		3	(1)	本
1	(4)		3	(2)	枚
1	(5)		4	(1)	
1	(6)	個	4	(2)	位
2	(1)	個	4	(3)	
2	(2)	cm^2	5	(1)	
2	(3)	m	5	(2)	cm^3
2	(4)	月　日	5	(3)	cm^2

東海大学付属浦安高等学校中等部　2022年度

◇理科◇

※ 123%に拡大していただくと，解答欄は実物大になります。

1

問1		問2	アサガオ	おしべ	めしべ	ヘチマ	おしべ	めしべ	問3

問4	(1) と	(2) と	(3) と

2

問1	から へ	問2	① → → → →

問3		問4		問5	
問6		問7			

3

問1		問2		問3	g
問4	食塩 g	ミョウバン g		問5	g

4

問1		問2	つなぎ	問3		問4	
問5	図	問6	図				

5

東海大学付属浦安高等学校中等部　2022年度

◇社会◇

※ 122%に拡大していただくと，解答欄は実物大になります。

1

問1	

	東京		愛知	
問2	工業地帯		工業地帯	
	大阪			
	工業地帯			

	(1)	(2)	(3)
問3			

					A	B	C
問4		問5		問6			

2

問1		問2		問3	

問4			令	問5			検	地

問6		問7		問8	

問9		問10		問11		問12	

3

	(あ)		(い)	
問1				

	A	B	C	D
問2				

	①	②	③	④
問3				

◇国語◇

東海大学付属浦安高等学校中等部　２０２２年度

※１２７％に拡大していただくと、解答欄は実物大になります。

一

問一

問二　問三

問四　④　⑥

問五　問六　問七

二

問一　問二

問三　問四

問五　A　B

問六　問七

問八

問九

三

問一　(1)　(2)　(3)

問二　(1)　(2)　(3)

問三　(1)　(2)　(3)　(4)

東海大学付属浦安高等学校中等部　2021年度

◇算数◇

※ 141％に拡大していただくと，解答欄は実物大になります。

答えは□の中に，余白には途《と》中の計算および式を書きなさい。

大問	小問	解答欄
1	(1)	
	(2)	
	(3)	
	(4)	
	(5)	
	(6)	
2	(1)	人
	(2)	クラス か所
	(3)	m
	(4)	
	(5)	cm
	(6)	房
3	(1)	分後
	(2)	周
4	(1)	L
	(2)	時間　分
5	(1)	cm
	(2)	cm^2
6	(1)	週目
	(2)	週目

※ 122％に拡大していただくと，解答欄は実物大になります。

1

問1		問2	シマウマ	ライオン	問3	

問4	A	B	C

問5	関係	記号

2

問1		問2		問3	作用	作用
問4		問5		問6		

3

問1	％	問2	記号		性		
問3		問4		問5	性	問6	

4

問1		問2					
問3			問4		問5		
問6							

5

東海大学付属浦安高等学校中等部　2021年度

◇社会◇

※ 125％に拡大していただくと，解答欄は実物大になります。

1

問1	1			2				
問2	m	問3						
問4		問5	C	D	E	問6	記号	理由
問7		問8		問9				

2

問1	1		2		3	
問2		問3		問4		
問5		問6		問7		

3

問1						
問2	（A）	（B）	問3	（A）	（B）	（C）
問4	(1)	(2) 権	(3)			
問5	(1)	(2)	(3)			

◇国語◇

東海大学付属浦安高等学校中等部　２０２１年度

※１３７％に拡大していただくと、解答欄は実物大になります。

一

問一 A　B　C

問二

問三

問四

問五 Ⅰ　Ⅱ

問六　問七　問八

二

問一　問二

問三　が合わない　問四

問五 Ⅰ　Ⅱ

問六　問七

問八　問九

三

問一 (1)　(2)　(3)

問二 (1)　(2)　(3)

問三 (1)　(2)　(3)

問四　問五

MEMO

大切なことはメモしておこうネ！

MEMO

大切なことはメモしておこうネ！

MEMO

大切なことはメモしておこうネ！

MEMO

大切なことはメモしておこうネ！

MEMO

大切なことはメモしておこうネ！

MEMO

大切なことはメモしておこうネ！

東京学参の
中学校別入試過去問題シリーズ

＊出版校は一部変更することがあります。一覧にない学校はお問い合わせください。

東京ラインナップ

あ　青山学院中等部(L04)
麻布中学(K01)
桜蔭中学(K02)
お茶の水女子大附属中学(K07)
か　海城中学(K09)
開成中学(M01)
学習院中等科(M03)
慶應義塾中等部(K04)
啓明学園中学(N29)
晃華学園中学(N13)
攻玉社中学(L11)
国学院大久我山中学
(一般・CC)(N22)
(ＳＴ)(N23)
駒場東邦中学(L01)
さ　芝中学(K16)
芝浦工業大附属中学(M06)
城北中学(M05)
女子学院中学(K03)
巣鴨中学(M02)
成蹊中学(N06)
成城中学(K28)
成城学園中学(L05)
青稜中学(K23)
創価中学(N14)★
た　玉川学園中学部(N17)
中央大附属中学(N08)
筑波大附属中学(K06)
筑波大附属駒場中学(L02)
帝京大中学(N16)
東海大菅生高中等部(N27)
東京学芸大附属竹早中学(K08)
東京都市大付属中学(L13)
桐朋中学(N03)
東洋英和女学院中学部(K15)
豊島岡女子学園中学(M12)
な　日本大第一中学(M14)
日本大第三中学(N19)
日本大第二中学(N10)
は　雙葉中学(K05)
法政大学中学(N11)
本郷中学(M08)
ま　武蔵中学(N01)
明治大付属中野中学(N05)
明治大付属八王子中学(N07)
明治大付属明治中学(K13)
ら　立教池袋中学(M04)
わ　和光中学(N21)
早稲田中学(K10)
早稲田実業学校中等部(K11)
早稲田大高等学院中学部(N12)

神奈川ラインナップ

あ　浅野中学(O04)
栄光学園中学(O06)
か　神奈川大附属中学(O08)
鎌倉女学院中学(O27)
関東学院六浦中学(O31)
慶應義塾湘南藤沢中等部(O07)
慶應義塾普通部(O01)
さ　相模女子大中学部(O32)
サレジオ学院中学(O17)
逗子開成中学(O22)
聖光学院中学(O11)
清泉女学院中学(O20)
洗足学園中学(O18)
捜真女学校中学部(O29)
た　桐蔭学園中等教育学校(O02)
東海大付属相模高中等部(O24)
桐光学園中学(O16)
な　日本大中学(O09)
は　フェリス女学院中学(O03)
法政大第二中学(O19)
や　山手学院中学(O15)
横浜隼人中学(O26)

千・埼・茨・他ラインナップ

あ　市川中学(P01)
浦和明の星女子中学(Q06)
か　海陽中等教育学校
(入試Ⅰ・Ⅱ)(T01)
(特別給費生選抜)(T02)
久留米大附設中学(Y04)
さ　栄東中学(東大・難関大)(Q09)
栄東中学(東大特待)(Q10)
狭山ヶ丘高校付属中学(Q01)
芝浦工業大柏中学(P14)
渋谷教育学園幕張中学(P09)
城北埼玉中学(Q07)
昭和学院秀英中学(P05)
清真学園中学(S01)
西南学院中学(Y02)
西武学園文理中学(Q03)
西武台新座中学(Q02)
専修大松戸中学(P13)
た　筑紫女学園中学(Y03)
千葉日本大第一中学(P07)
千葉明徳中学(P12)
東海大付属浦安高中等部(P06)
東邦大付属東邦中学(P08)
東洋大附属牛久中学(S02)
獨協埼玉中学(Q08)
な　長崎日本大中学(Y01)
成田高校付属中学(P15)
は　函館ラ・サール中学(X01)
日出学園中学(P03)
福岡大附属大濠中学(Y05)
北嶺中学(X03)
細田学園中学(Q04)
や　八千代松陰中学(P10)
ら　ラ・サール中学(Y07)
立命館慶祥中学(X02)
立教新座中学(Q05)
わ　早稲田佐賀中学(Y06)

公立中高一貫校ラインナップ

北海道　市立札幌開成中等教育学校(J22)
宮　城　宮城県仙台二華・古川黎明中学校(J17)
市立仙台青陵中等教育学校(J33)
山　形　県立東桜学館・致道館中学校(J27)
茨　城　茨城県立中学・中等教育学校(J09)
栃　木　県立宇都宮東・佐野・矢板東高校附属中学校(J11)
群　馬　県立中央・市立四ツ葉学園中等教育学校・
市立太田中学校(J10)
埼　玉　市立浦和中学校(J06)
県立伊奈学園中学校(J31)
さいたま市立大宮国際中等教育学校(J32)
川口市立高等学校附属中学校(J35)
千　葉　県立千葉・東葛飾中学校(J07)
市立稲毛国際中等教育学校(J25)
東　京　区立九段中等教育学校(J21)
都立大泉高等学校附属中学校(J28)
都立両国高等学校附属中学校(J01)
都立白鷗高等学校附属中学校(J02)
都立富士高等学校附属中学校(J03)
都立三鷹中等教育学校(J29)
都立南多摩中等教育学校(J30)
都立武蔵高等学校附属中学校(J04)
都立立川国際中等教育学校(J05)
都立小石川中等教育学校(J23)
都立桜修館中等教育学校(J24)
神奈川　川崎市立川崎高等学校附属中学校(J26)
県立平塚・相模原中等教育学校(J08)
横浜市立南高等学校附属中学校(J20)
横浜サイエンスフロンティア高校附属中学校(J34)
広　島　県立広島中学校(J16)
県立三次中学校(J37)
徳　島　県立城ノ内中等教育学校・富岡東・川島中学校(J18)
愛　媛　県立今治東・松山西中等教育学校(J19)
福　岡　福岡県立中学校・中等教育学校(J12)
佐　賀　県立香楠・致遠館・唐津東・武雄青陵中学校(J13)
宮　崎　県立五ヶ瀬中等教育学校・宮崎西・都城泉ヶ丘高校附属中学校(J15)
長　崎　県立長崎東・佐世保北・諫早高校附属中学校(J14)

公立中高一貫校「適性検査対策」問題集シリーズ

総合編　作文問題編　資料問題編　数と図形編　生活と科学編　実力確認テスト編

私立中・高スクールガイド
THE《ザ》 私立
私立中学＆高校の学校生活がわかる！

〈ダウンロードコンテンツについて〉

本問題集のダウンロードコンテンツ、弊社ホームページで配信しております。現在ご利用いただけるのは「2025年度受験用」に対応したもので、**2025年3月末日**までダウンロード可能です。弊社ホームページにアクセスの上、ご利用ください。

※配信期間が終了いたしますと、ご利用いただけませんのでご了承ください。

中学別入試過去問題シリーズ

東海大学付属浦安高等学校中等部　2025年度

ISBN978-4-8141-3214-0

[発行所] 東京学参株式会社

〒153-0043　東京都目黒区東山2-6-4

書籍の内容についてのお問い合わせは右のQRコードから ⇒

※書籍の内容についてのお電話でのお問い合わせ、本書の内容を超えたご質問には対応できませんのでご了承ください。

2024年6月28日　初版